OS MANUSCRITOS DO MAR MORTO

EDMUND WILSON

OS MANUSCRITOS DO MAR MORTO

1947-1969

Tradução
Hildegard Feist

COMPANHIA DE BOLSO

Grafia atualizada segundo o Acordo Ortográfico da Língua Portuguesa de 1990, que entrou em vigor no Brasil em 2009.

Título original
The Dead sea scrolls
1947-1969

Capa
Jeff Fisher

Preparação
Stella Weiss

Revisão
Renato Potenza Rodrigues
Marcelo D. de Brito Riqueti

Índice remissivo
Juliane Kaori

Dados Internacionais de Catalogação na Publicação (CIP)
(Câmara Brasileira do Livro, SP, Brasil)

Wilson, Edmund
Os manuscritos do mar Morto : 1947-1969 / Edmund Wilson ; tradução Hildegard Feist. — 1ª ed. — São Paulo : Companhia de Bolso, 2009.

Tradução de: The Dead Sea Scrolls : 1947-1969.
ISBN 978-85-359-1475-7

1. Manuscritos do mar Morto I. Título.

09-04638 CDD-296.155

Índices para catálogo sistemático:
1. Manuscritos de Qumrã 296.155
2. Manuscritos do mar Morto 296.155

EDITORA SCHWARCZ S.A.
Rua Bandeira Paulista, 702, cj. 32
04532-002 — São Paulo — SP
Telefone: (11) 3707-3500
www.companhiadasletras.com.br
www.blogdacompanhia.com.br

SUMÁRIO

Este volume contém, primeiro, uma reedição ligeiramente revista de meu livro *The scrolls from the Dead sea* [Os manuscritos do mar Morto], publicado em 1955. Precedia-o na edição original a seguinte nota:

O presente ensaio foi publicado pela primeira vez, em forma reduzida, na revista *New Yorker*. Sou grato a esse periódico por ter possibilitado minha viagem à Palestina, e a seus editores e seu departamento de revisão pela meticulosa atenção que deram ao texto. Devo agradecer também ao metropolita, mar Athanasius Yeshue Samuel, ao padre Roland de Vaux, da École Biblique da Velha Jerusalém, ao dr. James Muilenberg, do Union Theological Seminary, e ao dr. W. F. Albright, da Johns Hopkins, que leram o manuscrito, na íntegra ou em parte, fizeram suas críticas e correções e me prestaram ainda outros tipos de ajuda. Tenho uma dívida especial de gratidão para com Stewart Perowne, de Jerusalém, que cuidou de minha expedição ao mar Morto.

Segue-se um relato do trabalho feito com os pergaminhos a partir de 1955 e de minha viagem ao Oriente Médio — também financiada pela *New Yorker* —, efetuada em 1967 com o objetivo de atualizar o texto anterior. A maior parte desse material foi publicada originalmente na *New Yorker*. Outros agradecimentos relativos a isso estão na apresentação. Na segunda parte não hesitei em repetir informações que constavam da primeira, pois o assunto é tão complexo e tão desconhecido para a maioria dos leitores que estes podem não se lembrar muito bem dos nomes e fatos mencionados nos capítulos anteriores.

OS MANUSCRITOS DO MAR MORTO 1955

1. O METROPOLITA SAMUEL

EM ALGUM MOMENTO NO INÍCIO DA PRIMAVERA de 1947, um garoto beduíno chamado Muhammed, o Lobo, pastoreava umas cabras perto de um rochedo na margem ocidental do mar Morto. Escalando a rocha para reconduzir ao rebanho uma cabra que se afastara, o menino se deparou com uma caverna que nunca tinha visto e jogou uma pedra em seu interior. Ouviu um barulho incomum de coisas se quebrando. Assustou-se e fugiu. Mais tarde, no entanto, voltou com outro menino e juntos exploraram a caverna. Ela continha diversos jarros altos de argila, entre os cacos de outros jarros. Quando retiraram as tampas, sentiram um cheiro muito ruim que se desprendia dos objetos escuros e oblongos encontrados em todos os jarros. Levaram tais objetos para fora da caverna e então viram que estavam envoltos em faixas de linho e recobertos de uma substância preta que parecia piche ou cera. Desembrulharam-nos e descobriram longos manuscritos, o texto anotado em colunas paralelas sobre folhas finas costuradas entre si. Embora desbotados e rotos em alguns lugares, os manuscritos em geral apresentavam extraordinária nitidez. Os caracteres não eram arábicos. Os garotos admirados se apoderaram dos pergaminhos e foram embora.

Esses pequenos beduínos pertenciam a um grupo de contrabandistas que levavam suas cabras e outras mercadorias da Transjordânia para a Palestina. Haviam se desviado tanto para o sul porque queriam evitar a ponte sobre o Jordão, guardada por aduaneiros armados, e passaram seu contrabando pelo rio. Agora se dirigiam a Belém, onde pretendiam vender seus produtos no mercado negro, e foram até o mar Morto a fim de se abastecer de água na fonte de Ain Feshkha, a única existente em vários quilômetros daquela região árida, quente e desolada.

Ali estavam seguros: tratava-se de uma localidade desprovida de atrativos, à qual ninguém ia. Em Belém venderam seu contrabando e mostraram os manuscritos ao comerciante que o comprara. O homem não sabia o que vinha a ser aquilo e recusou-se a pagar as vinte libras exigidas; assim, os contrabandistas os ofereceram a outro mercador, do qual sempre compravam suas provisões. Sendo sírio, esse segundo comerciante achou que os textos podiam estar escritos em siríaco antigo e através de um compatriota avisou o metropolita sírio no mosteiro de São Marcos, na Velha Jerusalém.

O metropolita, mar Athanasius Yeshue Samuel, demonstrou inegável interesse. Sabia que desde os primeiros séculos do cristianismo ninguém havia vivido perto de Ain Feshkha e ficou impressionado quando lhe contaram que os manuscritos estavam "envoltos como múmias". Levaram-lhe um dos rolos; o metropolita rasgou um pedaço, queimou-o e pelo cheiro concluiu que era de couro ou pergaminho. Reconheceu o idioma como hebraico, porém não o entendia o bastante para descobrir do que se tratava. Mandou dizer que compraria os rolos, mas entrementes os beduínos partiram em outra expedição. Passaram-se várias semanas. Em julho um dos sírios apareceu para dizer ao metropolita que ele e os beduínos lhe levariam os manuscritos. O metropolita esperou-os a manhã inteira. Por fim foi almoçar, e então os visitantes chegaram. Foram despachados na porta, e o padre que se recusou a recebê-los foi dizer ao metropolita que uns árabes de má catadura tinham estado ali com uns rolos velhos e sujos e que, vendo que o idioma dos textos não era siríaco e sim hebraico, mandara-os a uma escola judaica. O metropolita imediatamente entrou em contato com o sírio que levara os beduínos até o mosteiro e soube que estes haviam mostrado os pergaminhos a um comerciante judeu que encontraram na porta de Jafa. Esse comerciante ofereceu-lhes o que consideraram um bom preço, mas explicou que deviam ir receber o dinheiro em seu escritório, na estrada de Jafa, na Cidade Nova e predominantemente judia.

No verão de 1947, Jerusalém já era uma cidade nitidamente

dividida entre árabes e judeus. Em seu esforço para ganhar a simpatia dos árabes e mantê-los longe da Rússia, os ingleses impediram que refugiados da Europa desembarcassem em portos palestinos, o que criou muitas dificuldades para os emigrantes e chegou mesmo a causar grande número de mortes. Em represália os judeus organizaram um grupo terrorista, que matou soldados ingleses, e os ingleses andaram enforcando esses terroristas. Os judeus reagiram com bombas e minas, deixando um laço de corda no cenário de cada assassinato. Os ingleses raptaram então um garoto de dezesseis anos que seria membro do Grupo Stern. Os judeus acharam que o menino foi torturado e morto: nunca se encontrou seu corpo; e os terroristas explodiram o cárcere onde os ingleses trancafiavam prisioneiros políticos. Alguns dos homens que fizeram isso foram capturados e enforcados, e os judeus enforcaram dois sargentos ingleses e a um dos corpos ataram uma bomba. Na época em que os manuscritos foram postos à venda os setores judaicos de Jerusalém se encontravam sob lei marcial; por conseguinte o comerciante sírio que negociou os rolos com o mosteiro não teve dificuldade em convencer os beduínos de que o comerciante judeu estava planejando uma armadilha para eles — que, uma vez na estrada de Jafa, seriam despojados de sua propriedade e aprisionados; e mencionou a lei palestina segundo a qual as antiguidades descobertas deviam ser imediatamente entregues ao governo. Até persuadiu os beduínos a deixarem cinco manuscritos em sua loja e por fim os levarem ao mosteiro, onde o metropolita os comprou, juntamente com alguns fragmentos, por um preço que nunca foi divulgado, mas que, segundo se diz, foi da ordem de cinquenta libras.

Às vezes se critica o metropolita Samuel pela forma ardilosa com que lidou com os manuscritos do mar Morto; entretanto, se usou de esperteza, acredito que foi apenas no cuidado de não revelar suas verdadeiras intenções, como é bastante comum no Oriente Médio — uma exigência rotineira e mínima num lugar onde todas as transações comerciais se baseiam na regra da barganha. Na verdade eu diria que, longe de criar problema para si mesmo sendo esperto demais, o metropolita acabou prejudicado pela inocência. Desconhecendo o mundo ocidental, demorou muito, como veremos mais adiante, para beneficiar-se em algum nível proporcional ao valor de sua aquisição extraordinária; e merece um crédito enorme; só se pode admirar — sobretudo levando-se em conta o capítulo de inépcia que se segue — seu bom senso em reconhecer que manuscritos até então desconhecidos da região inabitada do mar Morto poderiam revelar-se interessantes e sua fidelidade a essa convicção, apesar do esmorecimento. Com sua abundante barba negra, seus grandes olhos castanhos, sua mitra de cetim preto, seus mantos negros de mangas imensas, a enorme cruz de ouro e o ícone da Virgem que lhe pendem das correntes no pescoço, o metropolita — com uma corpulência e uma palidez que não são muito clericais — é um belo homem, que lembraria um baixo-relevo assírio se tivesse uma expressão feroz ao invés de gentil. Possui um aspecto digno, simples e calmo, talvez com algo de infantil. Não é um "intelectual", não nutre nenhum interesse cultural específico, mas desempenha com zelo seu papel de sacerdote da Igreja jacobita síria, que é muito anterior à grega e se vangloria de descender diretamente da Santa Sé de Antioquia fundada por Pedro e de ter dominado outrora toda a cristandade oriental. É uma das cinco igrejas permanentemente representadas na igreja do Santo Sepulcro, e diz-se que o mosteiro de São Marcos se ergue no local da casa onde ocorreu a Santa Ceia.

A primeira coisa que fez ao comprar os manuscritos hebraicos foi mandar um de seus padres, acompanhado do mercador, verificar a história da caverna. Encontraram a caverna no lugar indicado pelos beduínos e em seu interior viram os jarros, fragmentos dos invólucros de linho e dos manuscritos. Passaram a noite ali, sufocando com o calor horrível — era a segunda semana de agosto — e, como todas as suas provisões eram alguns melões, resolveram não ficar mais tempo na caverna. Nem conseguiram levar um dos grandes jarros de argila, como a princípio esperavam. (Os beduínos, contudo, apossaram-se de dois, que usavam para carregar água.) O problema agora consistia em descobrir o que eram os manuscritos e que idade tinham. O metropolita

Samuel consultou um sírio seu conhecido que trabalhava no Departamento Palestino de Antiguidades e um padre francês da École Biblique dominicana, um centro de pesquisa arqueológica na Velha Jerusalém.

Quem está do lado de fora não pode deixar de se impressionar com a frequente relutância do mundo erudito em reconhecer descobertas importantes. Referindo-se ao fracasso dos estudiosos em admitir a antiguidade dos manuscritos do mar Morto, o professor W. F. Albright, da Johns Hopkins, assinalou que

> na época, personalidades ilustres relegaram ao reino da ficção a descoberta de Pompeia e Herculano; que, iniciadas as escavações de Hissarlik [a antiga Troia], alguns arqueólogos e muitos filólogos rejeitaram durante décadas os resultados estratigráficos de Schliemann e Dörpfeld; e que só bem depois de terminado o século XIX os informados estudiosos da Antiguidade aceitaram a decifração da escrita cuneiforme.

É óbvio que houve fraudes e imposturas: os falsos livros de Tito Lívio, o suplemento de Petrônio; e o estudioso tem de ficar atento para não engolir inocentemente esses produtos. Entretanto aqui atua também o instinto natural de simplificar os problemas do conhecimento estabelecendo um campo fechado. As pessoas gostam de achar que examinaram todos os dados. Dominaram sua disciplina e trabalharam suas teorias; e é um transtorno — sobretudo para quem sofre de limitações da imaginação — ser obrigado a lidar com material novo. Em alguns lugares ainda há dúvidas sobre a autenticidade do grande poema medieval russo, *A expedição de Igor*. O único manuscrito desse poema foi descoberto no século XVIII, e o original, embora tivesse sido copiado, desapareceu no incêndio de Moscou em 1812. A oposição a esse texto baseia-se no argumento de que não existe nada parecido com ele, e o argumento a favor de sua autenticidade foi formulado por Pushkin, ao declarar que não se sabia de nenhum escritor russo do século XVIII que tivesse talento e cultura suficientes para cometer uma fraude tão brilhante. Muito mais fortes, contra e a favor, são os argumentos relativos aos pergaminhos. Muito mais improvável, por um lado, é a descoberta dos manuscritos bíblicos anteriores aos que já se conheciam. E ainda mais improvável que alguém tivesse tentado cometer uma fraude tão complicada.

Para compreender a importância dos manuscritos do mar Morto e a obstinada incredulidade dos estudiosos deve-se notar que, exceto um ou dois fragmentos, nosso texto mais antigo da Bíblia hebraica — o chamado texto massorético —, embora tivesse sido datado do século II a.C., não é anterior ao século IX d.C.; e que antes disso nossas principais versões das Escrituras são a dos Setenta de Alexandria, a tradução para o grego que se julga ter começado no século III a.C. e concluída só duzentos anos depois, e a Vulgata de são Jerônimo, elaborada no século IV. Todo o nosso conhecimento literário do mundo bíblico baseou-se nesse antigo texto cristão e nessas duas traduções posteriores, bem como num Pentateuco samaritano, em alguns excertos de versões aramaicas primitivas e nas citações gregas de Justino, o Mártir, em seu diálogo com o rabino Trífon. Todas essas fontes foram muito discutidas, pois diferem entre si de maneiras que parecem indicar que surgiram de outras versões hebraicas que não o texto massorético. No entanto é preciso alguma coragem para encarar novos materiais hebraicos cuja existência nem se imaginava. "Em nenhum dos episódios semelhantes dos últimos dois séculos [...]", continua o professor Albright, "houve tão ampla recusa por parte dos estudiosos em aceitarem evidências definitivas." Os primeiros especialistas consultados pelo metropolita Samuel não o encorajaram. Na época os dois arqueólogos mais competentes naquela parte do globo eram G. Lankester Harding, do Departamento de Antiguidades da Transjordânia, e o padre Roland de Vaux, da École Biblique; porém o último se encontrava então em Paris, e ao primeiro o metropolita não teve acesso. As pessoas que procurou nessas instituições disseram-lhe que a coisa era inédita: os manuscritos não podiam ser antigos. Parece que ninguém se esforçou para lê-los até que o metropolita os mostrou ao padre J. van der Ploeg, um erudito holandês que visitava a École Biblique e identificou um dos rolos como de Isaías; contudo os eruditos da escola o dissuadiram de se aprofundar no assunto.

O metropolita levou os pergaminhos ao patriarca sírio de Antioquia, que lhes atribuiu não mais que três séculos de idade, porém sugeriu ao prelado que consultasse o professor de hebraico da American University em Beirute. O metropolita foi a Beirute, mas descobriu que o professor estava de férias. Decidiu então estudar o problema sozinho e, de volta a Jerusalém, pediu a seu amigo do Departamento de Antiguidades que lhe fornecesse alguns livros sobre o alfabeto hebraico. O arqueólogo sírio garantiu-lhe que era perda de tempo, que os rolos "não valiam um xelim"; todavia levou ao mosteiro um judeu da Cidade Nova, Tovia Wechsler, especialista em hebraico. Segundo o metropolita, essa visita de Wechsler ocorreu em fins de setembro. Entretanto Wechsler se lembra de ter ido ao mosteiro em julho, e sua afirmação contradiz o que mais tarde se soube sobre os manuscritos. Ele também não acreditou que fossem tão antigos quanto o metropolita esperava. Wechsler apontou para a mesa onde estavam os pergaminhos — quanto a isso os relatos de ambos concordam — e declarou: "Se essa mesa fosse uma caixa e o senhor a enchesse com notas de libras, mesmo assim não alcançaria o valor dos manuscritos, se tivessem de fato 2 mil anos de idade, como o senhor diz". Não acreditava que haviam sido encontrados numa caverna junto ao mar Morto. Examinou um deles e notou que as correções escritas nas margens e os acréscimos no final das colunas, onde o texto se apagava, foram feitos com uma tinta que pela clareza contrastava com a tinta do copista original e a partir disso deduziu que o rolo "foi usado por uma comunidade muito pobre durante um tempo considerável e abandonado recentemente". Daí concluiu que os manuscritos foram roubados de uma sinagoga palestina na época dos tumultos antijudaicos provocados pelos árabes em 1929. Reconheceu um texto de Isaías e constatou que diferia ligeiramente do texto massorético. O segundo documento que examinou era, a seu ver, um rolo de Haftaroth — a saber, uma seleção das lições dos Profetas lidas nas sinagogas. Todavia não se encontrou nenhum Haftaroth entre os manuscritos conhecidos do mar Morto, e o metropolita diz que o que Wechsler deve ter tomado por um rolo de Haftaroth era um manuscrito da Torá (o Pentateuco), que lhe mostrou na mesma visita e que não tinha nada a ver com os pergaminhos do mar Morto. Entre estes, como se descobriu posteriormente, havia três livros não bíblicos que não se conheciam, e outros pensam que Wechsler deve ter tomado um deles por um rolo de sinagoga moderno. Wechsler rebate essa teoria, dizendo que lhe lembra a "história do homem que contou ter visto um camelo e depois de descrever o animal ouviu uma pergunta da plateia: 'Você não teria visto um gato?'".O incidente permanece obscuro. Quando a American School of Oriental Research examinou o assunto, o único manuscrito hebraico que os pesquisadores encontraram na biblioteca do mosteiro foi uma Torá relativamente moderna.

"Desnecessário é dizer que fiquei desanimado", escreve o metropolita, "mas ainda achava que estavam errados." A princípio podemos nos surpreender com o fato de um homem de tamanha importância em Jerusalém — o equivalente a um arcebispo ocidental — ter demorado tanto para procurar as autoridades competentes, que estavam bem ali à mão; todavia, em Jerusalém, a gente muitas vezes se surpreende com a falta de conhecimento e de interesse demonstrada pelos vários grupos em relação aos assuntos dos outros. Na discussão dos manuscritos posteriormente publicada, o metropolita Samuel às vezes é mencionado como "o patriarca"; e, conversando com eruditos na Cidade Nova, numa visita recente a Israel, fiquei perplexo com sua vagueza em relação a ele; alguns acreditavam que ainda estava no mosteiro, embora Samuel o tivesse deixado em 1948. Veremos que em seus esforços para lidar com os pergaminhos o metropolita quase sempre recorreu a outros sírios. Parece que no Oriente Médio a Igreja de cada um é seu mundo social e pouco se sabe das outras. Mesmo nos Estados Unidos os fiéis das quatro diferentes Igrejas sírias pouco se misturam; e ao cruzar qualquer fronteira no Oriente Médio às vezes um americano fica perplexo quando lhe perguntam sua "nacionalidade", pois já declarou sua cidadania americana: "nacionalidade", explicam-lhe, quer dizer "religião". De qualquer modo, parece que foi por mero acaso que o metropolita Samuel finalmente entrou em contato com uma instituição que podia ajudá-lo, e mesmo assim o contato não surtiu resultados. Acontece que um médico judeu foi até o mosteiro se informar sobre o aluguel de um edifício que pertencia à propriedade da igreja. O metropolita aproveitou a oportunidade para lhe falar sobre os manuscritos. O visitante tomou a atitude óbvia: chamou o presidente Magnes da Universidade Hebraica. Poucas semanas depois o dr. Magnes enviou dois homens da biblioteca da universidade. Estes disseram que teriam de consultar uma autoridade no assunto e pediram para fotografar algumas colunas de um dos manuscritos. O metropolita consentiu, porém os bibliotecários jamais voltaram. Na mesma tarde, também chamado pelo médico, um judeu negociante de antiguidades chegou ao mosteiro. Aconselhou remeter os pergaminhos a determinados comerciantes da Europa e dos Estados Unidos. "Recusei-me a fazer isso", conta Samuel.

Não se sabe ao certo se os homens da biblioteca não voltaram ao mosteiro, conforme prometeram, em função da situação conturbada ou da ausência de E. L. Sukenik, arqueólogo chefe da universidade. De qualquer maneira o professor Sukenik retornou em fins de novembro e através de um judeu negociante de antiguidades (não o mesmo que estivera no mosteiro) soube que alguns manuscritos de uma caverna junto ao mar Morto estavam em poder de um comerciante de Belém. Tratava-se do comprador do contrabando que fora o primeiro ao qual os beduínos ofereceram os rolos. Ele descobriu que tinham algum valor e adquirira os pergaminhos restantes. Esses eram os outros três rolos que o metropolita Samuel não pôde comprar.

Sukenik registrou em seu diário o que se seguiu:

> 25 de novembro de 1947: Hoje encontrei X [negociante de antiguidades]. Descobriu-se num jarro um livro hebraico. Ele

me mostrou um fragmento escrito em pergaminho. *Genizah*?! [*Genizah* é uma sala da sinagoga onde se guardam velhos manuscritos abandonados. Todos os manuscritos da sinagoga são sagrados e não se pode destruí-los. Sukenik achou que a caverna do mar Morto fora usada para esse fim.]

27 de novembro de 1947: Vi na loja de X [o negociante] quatro peças de couro com texto em hebraico. A escrita me parece antiga, muito semelhante à da inscrição de Azarias. É possível? Ele diz que também há jarros. Examinei e encontrei um bom hebraico bíblico, um texto desconhecido para mim. Ele diz que um beduíno da tribo Ta'âmireh lhe levou os pergaminhos.

29 de novembro de 1947: Hoje de manhã estive na loja de X. Tornei a examinar os pergaminhos, que inspiram estranhos pensamentos. À tarde fui com X a Belém. Vi os jarros e tive dificuldade em me pronunciar quanto a sua data. Levei-os comigo. Hoje à noite soubemos que a proposta de partilha foi aceita por uma maioria de mais de dois terços. Parabéns!

Tratava-se da partilha da Palestina, votada nesse dia pelas Nações Unidas. O clima era muito tenso. Sukenik perguntou a seu filho, um oficial do Haganah, o grupo clandestino de defesa judaica, se as estradas eram seguras o bastante para ir a Belém. "Como militar", diz o jovem Sukenik (hoje general Yigael Yadin), "respondi que não devia realizar a viagem; como arqueólogo, respondi que devia ir; como seu filho — que tinha de guardar minha opinião para mim." O pai foi a Belém e levou na volta todo o segundo lote de rolos à exceção de um — descobriu-se depois que consistia de três manuscritos (um deles em três peças) e um punhado de fragmentos. No dia seguinte explodiram as hostilidades abertas e violentas. Os árabes tentaram isolar os judeus cortando suas comunicações com Tel Aviv: emboscaram ônibus de judeus, queimaram-nos e dispararam contra eles.

O diário de Sukenik prossegue:

1º de dezembro de 1947: X diz que não devemos nos ver no futuro próximo por causa do ataque dos árabes, anunciado para os três dias seguintes.

Li um pouco mais dos "pergaminhos". Receio ir longe demais ao refletir sobre eles. Esta pode ser uma das maiores descobertas já feitas na Palestina, a qual nunca esperávamos.

5 de dezembro de 1947: Mais matança. Hoje o ataque terminou, porém a violência não. A descoberta não me dá sossego. Estou ansioso para saber o que resultará disso tudo. Pode ser que a vizinhança possua muitas coisas desse tipo. Quem sabe que surpresas ainda nos aguardam!

6 de dezembro de 1947: É noite. Estou aqui sentado, pensando nos manuscritos. Quando vou ver outros? Paciência, paciência.

21 de dezembro de 1947: Dias de medo. Entrei em contato com X. Vamos nos encontrar amanhã ao meio-dia perto do portão [da Zona de Segurança].

Fui lá. Comprei outro rolo em péssimas condições.

13 de janeiro de 1948: Fui ao correio central (perto da fronteira). X apareceu. Prometeu-me contatar Belém. Ao partir, rezei a bênção de *Hagomel* [uma oração que se diz ao escapar de um perigo mortal].

31 de dezembro de 1948: Um ano histórico para nosso povo chegou ao fim. Um ano doloroso — Matti morreu, que Deus o tenha! [o filho caçula do autor, piloto de combate desaparecido em ação]. Não fosse a *genizah*, o ano teria sido insuportável para mim.

A descoberta dos manuscritos empolgou-o a tal ponto que quase o fez esquecer a guerra. Numa época em que todas as tardes, entre as três e as cinco horas, a Legião Árabe bombardeava a Agência Judaica no meio da Nova Jerusalém, ele não hesitou em convocar uma entrevista coletiva nesse local e nesse horário perigoso para transmitir à imprensa uma notícia importante. Comparecer a tal entrevista exigia nervos de aço. Um correspondente americano desmaiou na rua ao dirigir-se para lá e teve de ser carregado pelos colegas. Os repórteres ficaram estupefatos quando Sukenik, que parecia imperturbável ante as explosões, anunciou a descoberta dos pergaminhos do mar Morto: os primeiros manuscritos hebraicos antigos conhecidos, à exceção de alguns poucos fragmentos encontrados no passado. Achava que datavam do século I ou II a.C. Ouviram o nome de Isaías e algo sobre uma obra até então inédita que Sukenik intitulou de "A Guerra dos Filhos da Luz contra os Filhos das Trevas". No momento em que dizia isso uma bomba explodiu. A princípio os repórteres se irritaram por terem sido chamados a arriscar a própria pele por uns manuscritos velhos, mas acabaram ficando impressionados com o entusiasmo contagiante do professor.

Entretanto só em fevereiro de 1948 o metropolita Samuel conseguiu entrar em contato com alguém que pudesse lhe falar sobre os manuscritos. Um de seus monges, o irmão Butros Sowmy, lembrou que dez anos antes, quando tivera a oportunidade de visitar a American School of Oriental Research, fora bem recebido e sugeriu procurar o pessoal da escola. Foi o que se fez, e em 18 de fevereiro o irmão Butros Sowmy mostrou os rolos ao então diretor interino dr. John C. Trever. O diretor titular, dr. Millar Burrows, da Yale Divinity School, encontrava-se no Iraque. Mais jovem e menos experiente, o dr. Trever não conseguiu calcular de imediato a idade dos manuscritos, como o professor Sukenik avaliara; todavia, quando começou a desconfiar do que se tratava, também ficou empolgado. Escreveu na *Biblical Archaeologist*:

> Lembrando-me da caixa de diapositivos em minha escrivaninha, sobre *What lies back of our English Bible?* [O que existe por trás de nossa Bíblia inglesa?], percorri-os à procura da seção referente a manuscritos hebraicos primitivos. Um olhar para a imagem do British Museum Codex do século IX assegurou-me que aqueles pergaminhos eram muito mais antigos. O *slide* seguinte era do Papiro de Nash, um pequeno fragmento que se encontra na biblioteca da uni-

versidade em Cambridge e contém o *Shema* e os Dez Mandamentos.

O chamado Papiro de Nash, que um inglês comprou de um negociante egípcio há cerca de cinquenta anos, contém uma escritura arcaica que naquela época praticamente não se conhecia e era tido em geral como o mais antigo manuscrito hebraico existente. Várias autoridades situaram seu surgimento entre o início do século II a.C. e o final do século I d.C. Assim, era natural que o dr. Trever também ficasse empolgado ao constatar que "a semelhança entre a escritura do papiro e a dos rolos era extraordinária". Entretanto, acrescenta, "a imagem era pequena demais para ser de maior serventia". Não tinha uma máquina fotográfica à mão e, assim, copiou um trecho de um dos manuscritos e no fim o identificou como uma passagem de Isaías. Mais tarde convenceu o metropolita a deixá-lo fotografar todos os pergaminhos, argumentando que seu valor poderia aumentar muito se fossem publicados e se se estimulasse o interesse por eles. Essa decisão, como veremos adiante, foi feliz sob alguns aspectos e infeliz sob outros.

Mas de imediato nada se podia fazer. Durante a batalha pela conquista de Jerusalém cortara-se a eletricidade, e não se sabia se seria possível ter luz suficiente para fotografar os manuscritos. Enquanto esperavam, o dr. Trever e seu colega, o dr. William H. Bronwlee, olharam contra lampiões de querosene tudo que encontraram na biblioteca que pudesse lançar alguma luz sobre o Papiro de Nash. À meia-noite concluíram com bastante segurança que o novo manuscrito de Isaías era tão antigo quanto o Papiro, se não anterior. "O sono chegou com maior dificuldade", escreve o dr. Trever. "O novo dado não me saía da cabeça. Tudo isso parecia incrível. Como podíamos estar certos?" Na manhã seguinte a energia elétrica voltou; mas havia 54 colunas só de Isaías, e ao meio-dia eles estavam longe de terminar o trabalho, de forma que os sírios do mosteiro ficaram para o almoço. "Por muito tempo lembraremos com carinho a hora de camaradagem ao redor da mesa", diz Trever, "pois nos fez sentir a cristandade ecumênica e nos uniu mais em nossa amizade e compreensão dos sírios." Naturalmente o metropolita exultou ao ver justificada sua crença na antiguidade dos pergaminhos. Não querendo revelar a ninguém o local da descoberta, primeiro disse ao pessoal da escola que os rolos eram manuscritos não catalogados que apareceram na biblioteca do mosteiro; depois, quando lhe ganharam a confiança, contou a história toda. Então o dr. Trever lhe explicou que pelas leis da Palestina toda descoberta desse tipo devia ser imediatamente noticiada, e o metropolita assegurou-lhes que no futuro cooperaria com o Departamento de Antiguidades e a escola. Após o almoço retomaram sua tarefa. Algumas partes dos rolos estavam em pedaços, que tiveram de montar. Fixaram-nos com fita adesiva, que logo acabou. Conseguiram consertar só dois pergaminhos quando, à tarde, os sírios tiveram de voltar para o mosteiro, porém o metropolita lhes deixou mais dois rolos, que se revelaram duas partes de um mesmo documento. O rolo menor era tão apertado que viram ali um problema a ser estudado cuidadosamente, e o metropolita o levou consigo.

O dr. Trever imediatamente enviou cópias do manuscrito de Isaías para o dr. W. F. Albright, da Johns Hopkins, um dos mais competentes arqueólogos da Bíblia vivos na época e uma autoridade no tocante ao Papiro de Nash, o qual estudou durante anos. Em 15 de março chegou a resposta. No mesmo dia em que recebera a carta o dr. Albright escreveu:

> Minhas mais entusiásticas congratulações pela maior descoberta de manuscrito da época moderna! Não tenho dúvida de que a escritura é mais arcaica que a do Papiro de Nash [...] Situaria a data em torno do ano 100 a.C. [...] Que achado inacreditável! E felizmente não pode haver a menor dúvida sobre a autenticidade do manuscrito.

Entrementes, mas só depois de comprar os três manuscritos, o professor Sukenik foi informado por um dos bibliotecários da universidade que estiveram no mosteiro da existência dos outros cinco rolos. No entanto, ao saber do interesse de Sukenik, outro comerciante sírio parece que se ofereceu para vendê-los ao professor, sem o conhecimento do metropolita. Em fins de fevereiro foi ao monastério e pediu permissão para mostrar os manuscritos a Sukenik. O metropolita entregou-lhe as fotos, porém o intermediário reclamou que eram pequenas demais. Numa época em que a luta era feroz e a eletricidade novamente fora cortada, Sukenik encontrou o comerciante sírio à noite no território neutro da ACM e examinou os manuscritos à luz de uma lanterna. Convenceu o homem a deixá-lo levar os rolos e ficou com eles dois dias, durante os quais copiou várias colunas de Isaías, que publicou, para irritação do proprietário. (Entre os documentos que Sukenik adquiriu havia um segundo manuscrito de Isaías, porém num estado muito fragmentário.) O professor estava ansioso para comprar esse outro lote de pergaminhos, mas o metropolita Samuel já havia firmado um acordo com os americanos da escola, comprometendo-se a deixá-los publicar os textos que haviam fotografado desde que o fizessem no prazo de três anos. Em troca receberia 50% dos lucros da publicação.

Os americanos da escola queriam muito visitar a caverna, o que era impossível em função da guerra. O mandato internacional expiraria à meia-noite de 14 de maio, quando judeus e árabes se engalfinhariam sozinhos; para os estudiosos o problema mais urgente era sair do país a tempo. Antes que isso ocorresse, um dia o metropolita, sem avisar nada, mandou um táxi escoltado por guarda-costas ir buscar o dr. Trever e conduzi-lo ao mosteiro. O americano ficou apreensivo, mas tranquilizou-se tão logo chegou a São Marcos e viu seu anfitrião no alto da escada, cumprimentando-o com um sorriso.

> Ele me levou a seu gabinete e entregou-me uma folha de papel dobrada. Dentro estava um dos manuscritos! Reconheci-o de imediato como uma parte do rolo de Habacuc, pois a cor do couro em que estava anotado, a escritura, o tamanho e a forma coincidiam. As bordas estavam comidas

> pelos vermes, bem como o início do texto, e o documento parecia igual à parte que faltava da primeira coluna, à direita, cuja ausência tanto decepcionara o dr. Brownlee quando o estudou. Ali estava a metade de uma coluna anterior, provando que originalmente o manuscrito se abria com no mínimo mais uma coluna. [...] Desnecessário é dizer que não perdi tempo e tratei de fotografar também esse novo fragmento.

O dr. Trever ficou ainda mais feliz quando "o metropolita me informou que o irmão Butros partira naquela manhã com todos os manuscritos a fim de guardá-los em lugar seguro, fora da Palestina". Fora isso que os americanos haviam recomendado. Poucos dias depois eles também deixaram o país.

O mandato internacional terminou. Os ingleses simplesmente foram embora. Recusaram-se a admitir a transferência de seu controle para qualquer outro organismo ou a legalização de uma milícia local. Deixavam judeus e árabes se matando e esperavam que os sete Estados árabes preparados para investir contra a pequena colônia judaica a destruíssem ou banissem. Sob o comando do brigadeiro Glubb, que pertencera ao Exército britânico e agora fazia parte da Legião Árabe, os árabes imediatamente se puseram a bombardear o antigo bairro judeu, isolado na Cidade Velha. O mosteiro se situava nas proximidades e foi atingido pelos dois lados. O irmão Butros Sowmy morreu, e o monastério sofreu danos que o metropolita calculou em 30 mil libras. Entretanto Samuel só partiu de Jerusalém no outono, quando o conflito ainda não se encerrara. Depois de passar algum tempo na Transjordânia e na Síria, embarcou com destino à América, aonde chegou no final de janeiro de 1949, levando os manuscritos. O dr. Burrows, que havia voltado a Yale, convencera-o a ir para os Estados Unidos. A American School providenciara a publicação dos manuscritos, e o metropolita esperava que isso o ajudasse a vender os originais. Mas aqui devemos deixar de lado suas aventuras com os pergaminhos, pois um novo capítulo se inicia.

2. A ORDEM DOS ESSÊNIOS

QUANDO A GUERRA ACABOU e a época do ano se tornou favorável — fevereiro de 1949 —, o padre Roland de Vaux, da École Biblique, e G. Lankester Harding, do Departamento de Antiguidades da atual Jordânia, não Transjordânia, trataram de ir logo visitar a caverna onde se encontraram os pergaminhos. Trabalharam ali quase um mês e reuniram muitos fragmentos menores, bem como uma boa quantidade de cacos de cerâmica. Acharam que a maior parte destes eram helenísticos, mas havia também pedaços de uma lâmpada e de uma panela romanas, os quais posteriormente deram origem a uma teoria — para a qual não existem provas reais — de que foram deixados na caverna por Orígenes, um dos primeiros padres da Igreja e editor dos textos bíblicos, que na primeira metade do século III fugiu para a Palestina e diz que perto de Jericó encontrou manuscritos bíblicos contidos num jarro. A cerâmica predominantemente grega parecia mostrar que os manuscritos não podiam ser posteriores ao século I d.C. Pelos cacos de jarros calcularam que a caverna devia ter abrigado uma coleção de no mínimo duzentos rolos.

Ao saber que os manuscritos das cavernas eram valiosos, os beduínos puseram-se a vasculhar outras cavernas e no final de 1951 apareceram na École Biblique com punhados de papiros e pergaminhos despedaçados que obviamente eram os remanescentes de rolos semelhantes. De Vaux imediatamente chamou Harding e lhe disse que deviam se encarregar da busca. Desceram para o mar Morto (em 21 de janeiro de 1952), com o chefe de polícia de Belém e dois soldados da Legião Árabe, e, guiados pelos beduínos, dirigiram-se a um grupo de quatro cavernas, situadas cerca de 24 quilômetros ao sul da primeira caverna, bem no alto dos íngremes rochedos. Com sua chegada, outros beduínos saíram aos bandos desses buracos. As autoridades mandaram alguns poucos para a cadeia, com sentenças brandas, e o Departamento de Antiguidades empregou os demais para ajudarem na busca. Agora Harding e De Vaux estavam oficialmente encarregados de explorar toda essa região. Havia quatro cavernas — enormes, com uns 45 metros de comprimento e uns 4,5 metros de altura e largura. Foram habitadas em vários períodos. Os vestígios mais antigos da presença humana remontavam ao quarto milênio anterior à era cristã. Havia objetos da Idade do Bronze e da Idade do Ferro; e muitas relíquias do período romano, todo o equipamento necessário a uma moradia: lâmpadas, picaretas, dardos, pregos, agulhas, pentes, botões, colheres, tigelas e pratos de madeira, um cinzel, uma foice e uma colher de pedreiro. Havia ainda vinte moedas romanas, datadas de Nero a Adriano. Nove delas pertenciam à época — 132-135 d.C. — da segunda revolta dos judeus contra a dominação romana. Havia muitos fragmentos de manuscritos e cacos de cerâmica usados para escrever: em grego, latim, hebraico e aramaico. Havia diversas cartas em hebraico — uma delas surpreendente: uma nota escrita evidentemente no meio da guerra pelo líder judeu Bar-Kochba, na qual repreende um de seus capitães. Fala dos "galileus", sem deixar claro a quem se refere ou que papel desempenhavam. (Se esses galileus são cristãos, sabemos que se recusaram a apoiar Bar-Kochba por se manter leais a Jesus, que havia dito "Meu reino não é deste mundo".) A partir disso tudo o padre De Vaux concluiu que a caverna foi um baluarte da resistência judaica e acabou sendo atacada pelos romanos. Em suas ruínas encontraram-se fragmentos de rolos da Torá que dão a impressão de que o inimigo os rasgou.

Dentre os fragmentos de manuscritos dessas e de outras cavernas do sul pelo menos um documento importante já veio à luz. Sabemos que os judeus do século II — época em que a cristandade conquistou seu primeiro grande sucesso — irritaram-se muito com os cristãos porque exploravam a Versão dos Setenta para mostrar, através de citações desse texto, que o advento de Jesus como o Messias fora predito pelos Profetas e que eles, os judeus, tinham uma versão criada para invalidar essa interpretação, aproximando mais o texto grego, como diziam, do significado do hebraico oficial. Esse problema é longamente discutido num texto de Justino, o Mártir, o convertido e apologista cristão do século II d.C. — um diálogo que teria ocorrido entre o Mártir e o rabino Trífon. Justino cita várias passagens dessa tradução judaica e declara que, comparadas à Versão dos Setenta, são banais e inadequadas. Até hoje não se conhece essa tradução judaica; entretanto, para sorte dos estudiosos, alguns trechos das passagens dos Profetas que Justino citou para Trífon figuravam entre as que foram encontradas nas cavernas. Tal descoberta se deve ao padre D. Barthélemy, da École Biblique de Jerusalém, que investigou também outras citações de uma tradução grega que não condiz com a Versão dos Setenta e que evidentemente foi obra de um hebreu.

Contudo, tais documentos, apesar de muito interessantes, não têm relação com nosso assunto principal nem, aparentemente, com as descobertas de Qumran (é assim que os árabes chamam o uádi ou ravina em cujas proximidades se encontraram os primeiros rolos). Estes receberiam agora um acréscimo sensacional. O padre francês e o funcionário inglês não haviam terminado de vasculhar as cavernas quando lhes levaram novos fragmentos de manuscritos descobertos numa caverna próxima à primeira que fora explorada. Puseram-se então a examinar sistematicamente todas as cavernas existentes nos arredores de Qumran. Entraram em 267 e em 37 encontraram cerâmica e outros vestígios de ocupação humana. Em 25 a cerâmica era idêntica aos jarros da caverna original. Muitas delas continham rolos que, sem a proteção dos jarros, haviam se desintegrado, com frequência estando enterrados sob várias camadas de pó. Os pesquisadores reuniram dezenas de milhares de fragmentos. Cada vez mais se evidenciava que ali se escondera outrora uma biblioteca, a qual parece que incluíra quase todos os livros da Bíblia, certo número de obras apócrifas e a literatura de uma primitiva seita religiosa. Tão logo foram lidos os primeiros rolos, pensou-se na seita dos essênios — por motivos que passarei a explicar. Antes de encontrar esses novos manuscritos, Harding e o padre De Vaux já haviam tido a ideia de investigar uma velha ruína abandonada perto da primeira caverna e em novembro e dezembro de 1951 começaram a escavá-la. Tal ruína se achava enterrada na praia entre os penhascos e o mar, um pouco ao sul da caverna, e só a ponta de uma pedra se projetava do solo. Os árabes a chamavam de Qirbet Qumran (*Qirbet* significa *ruína*). Em 1851 um viajante francês achou que ali estava um remanescente das ruínas da Gomorra bíblica. Arqueólogos posteriores julgaram que se tratava de um pequeno forte romano. Até essa época a ruína nunca atraiu grandes atenções; agora foi quase inteiramente escavada por Harding e pelo padre De Vaux. O que eles desenterraram é espantoso: um antiquíssimo edifício de pedra, contendo de vinte a trinta aposentos, treze cisternas e grande parte de seu equipamento intacta. A um lado, entre o edifício e o mar, existe um cemitério com mais de mil túmulos. A construção tem o aspecto de um mosteiro, e uma série de elementos não apenas sugere como prova de maneira praticamente inquestionável que se trata de uma das moradas — se não a sede — do que no passado era conhecido como a seita dos essênios. Antes de prosseguirmos, entretanto, cabe-nos explicar quem eram os essênios.

Graças a três escritores do século I — Plínio, o Velho; Flávio Josefo e Fílon, o Judeu — já se sabia muita coisa sobre essa seita. A descrição de Plínio é sucinta mas importantíssima, pois localiza a comunidade dos essênios exatamente onde se encontraram o edifício e a biblioteca.

> Na margem ocidental do mar Morto os essênios se afastaram o suficiente para evitar seus efeitos nocivos — homens solitários e os mais extraordinários do mundo inteiro, que vivem sem mulheres e renunciaram a todo comércio com Vênus e também sem dinheiro, tendo as palmeiras como

única companhia. Renovam-se constantemente com a incessante torrente de refugiados que os procuram em grande número, homens que, cansados da vida, foram levados pelas vicissitudes da sorte a adotar sua maneira de viver. Assim, ao longo de milhares de séculos, por incrível que pareça, um povo se perpetuou sem que em seu meio ninguém nascesse. Utilíssimo para aumentar seu número é o desgosto de outros homens pela vida. Abaixo deles erguia-se outrora a cidade de Engadda [Engadi], que em palmeirais e fertilidade só perdia para Jerusalém, porém hoje não passa de um monte de cinzas como ela. Mais além está Massada, uma fortaleza numa rocha a pequena distância do mar Morto. A Judeia se estende até esse ponto.*

Parece que isso identifica o mosteiro, porém é tudo que Plínio nos diz. Ele é concisamente romano; tem um ponto de vista estrangeiro e irônico. Contudo Fílon e Josefo, ambos judeus, interessam-se muito mais por essa ordem judaica. Os milhares de séculos que Plínio lhe atribui referem-se ao futuro ou simplesmente se devem à vagueza do autor. A partir do texto de Josefo parece provável que os essênios tenham surgido em meados do século anterior. Para Fílon, o erudito alexandrino que possuía

* Na *Revue Biblique* de julho de 1967 o erudito francês Charles Burchard, de Göttingen, chamou a atenção para outra descrição dos essênios contida na *Collectanea rerum memorabilium* [Coletânea de coisas memoráveis], de C. Julius Solinus, que viveu provavelmente no século III d.C. A princípio essa descrição parece ter sido emprestada de Plínio, como boa parte da obra de Solinus, porém há divergências interessantes que sugerem que ambas podem ter derivado da mesma fonte grega em versões nitidamente distintas. Há em Solinus uma curiosa passagem que explica — uma característica da comunidade dos essênios que os outros autores não mencionam — que só os castos e inocentes podem ser admitidos na ordem, pois qualquer outro, "por mais que tente com todas as forças para obter o ingresso, é divinamente rejeitado, *divinitus submovetur*". É impossível dizer o significado exato de *divinitus* (divinamente). Burchard conclui que essa passagem repete uma lenda local segundo a qual os essênios, através de algum meio misterioso, repudiam os candidatos

algo do temperamento monástico, os essênios forneceram um exemplo para ilustrar a tese de seu *Tratado para provar que todo homem bom é também livre*. Nessa obra e em outra passagem, citada pelo historiador Eusébio, ele nos fala das maneiras dos essênios, adequadas ao propósito do historiador e condizentes com sua personalidade. Entretanto, como os relatos de Fílon se repetem em parte no texto mais completo de Josefo, é mais fácil basear neste a própria descrição, notando as divergências de Fílon e suas amplificações dos tópicos de Josefo. Historiador e homem de negócios, Josefo retrata os essênios com um pouco mais de realismo que Fílon; e, como foi membro da ordem, seu depoimento é abalizado. Em sua época, Josefo nos informa, as três seitas principais dos judeus eram os fariseus, os saduceus e os essênios. Ao dezenove anos, diz ele, passara pelas três seitas e ainda vivera três anos no deserto, mortificando a carne, com um santo eremita de nome Bannus, que vestia apenas o que crescia nas árvores, comia apenas alimentos silvestres e se disciplinava na castidade por meio de constantes banhos frios. Josefo saiu fariseu dessas várias experiências religiosas. Mais tarde participou ativamente das guerras dos judeus contra os romanos; todavia a luta pela independência judaica já se tornava desesperada, e a tendência ao ascetismo, à fuga do mundo teve grande influência sobre ele. Josefo se ocupa muito mais dos essênios que de outra seita.

---

inadequados. Num texto sobre *The archaeology and identity of the sect* [A arqueologia e identidade da seita], em *The scrolls and christianity* [Os manuscritos e o cristianismo], da Society for the Propagation of Christian Knowledge, o dr. W. F. Albright considera "absurda" uma tradução de Plínio lançada pela Loeb Library e baseada, como a que citei acima, na hipótese de que "*ab occidente litora Esseni fugiunt usque qua nocent*" significa que se afastaram o máximo possível da praia para fugir aos efeitos nocivos das águas do mar Morto. Acha que o texto é falho, como de fato parece, e propõe corrigi-lo assim: "*Ab occidentali litore Esseni fugiunt usque adhuc ea quae nocent*. Na margem ocidental os essênios até agora se afastaram daquelas coisas que são perniciosas" — ou seja, os males da sociedade. Diz que "no mar Morto nada existe que seja prejudicial a quem vive em suas margens. Ao contrário, antes de 1948 a margem noroeste abrigava diversos balneários de inverno". 1969.

Conta-nos que os essênios são bem mais unidos que essas outras seitas: na verdade constituem uma confraria que tem algo em comum com os pitagóricos. Renunciaram ao prazer, identificando-o com o vício, e exercitam-se na temperança e no autocontrole.

> Desprezam o casamento, porém adotam os filhos de outros homens, enquanto ainda são maleáveis e dóceis, aceitando-os como seus parentes e moldando-os de acordo com seus princípios. [Fílon discorda: diz que entre os essênios não há jovens nem crianças, só homens maduros são admitidos.] Na realidade não condenam o matrimônio, a propagação da raça, mas desejam proteger-se da lascívia das mulheres, convencidos de que nenhuma delas mantém sua palavra empenhada com um homem.

Fílon complementa, afirmando que os essênios repudiam o casamento

> porque o veem com clareza como o único ou principal perigo para a manutenção da vida comunitária e também porque praticam a continência. Pois nenhum essênio toma esposa porque uma esposa é uma criatura egoísta, ciumenta em excesso e perita em burlar os princípios morais do marido e em seduzi-lo com suas continuadas imposturas. Pois com o falar bajulador que pratica e os outros meios com que desempenha seu papel como uma atriz no palco ela primeiro captura a vista e o ouvido e depois, quando essas vítimas foram ludibriadas, conquista com lisonjas a mente soberana. E se vêm os filhos, cheios do espírito da arrogância e da ousadia no falar, ela expressa com maior atrevimento coisas que antes insinuava veladamente e sob disfarce e, abandonando toda a vergonha, impele o marido a realizar ações hostis à vida de companheirismo. Pois ele, que está ou preso nas seduções amorosas da esposa ou so-

> frendo a pressão da natureza, faz dos filhos seu primeiro cuidado, deixa de ser o mesmo com os outros e inconscientemente se tornou um homem diferente e passou da liberdade à escravidão.

Os essênios também renunciaram à riqueza: comem apenas o alimento mais simples e usam as roupas e os calçados até se reduzirem a farrapos para então providenciar vestes e sapatos novos.

Fílon diz que existem mais de 4 mil essênios; Josefo, que são cerca de 4 mil (um número grande para a Palestina da época). "Não ocupam uma única cidade, porém se instalam, numerosos, em todas as cidades", informa-nos Josefo. Fílon também diz que moram em muitas partes da Judeia, mas acrescenta que evitam as cidades grandes e preferem "viver nas aldeias". O que os dois enfatizam é que os essênios organizaram comunidades agrupadas em torno de um centro, onde se reúnem para tomar suas refeições e pelas quais são sempre responsáveis. Seus pertences são comuns a todos. Os novos membros devem entregar seus bens à ordem, e todos precisam contribuir com seus ganhos. Em troca recebem tudo de que necessitam. Um mordomo ou administrador faz todas as compras e manuseia todo o dinheiro. Ficar com alguma coisa é um ato severamente punido. Até as roupas são propriedade comum. Eles dispõem de grossas capas para o inverno e mantos leves para o verão. Em seu meio não há compra nem venda, e qualquer um pode tomar qualquer coisa do "irmão" sem dar nada em troca; entretanto não podem presentear seus parentes, a menos que tenham a permissão de seus superiores. Quando viajam nada levam, exceto armas para se defenderem dos bandidos, pois um essênio será recebido cordialmente em qualquer comunidade de essênios. De fato, em cada cidade onde os essênios estabeleceram uma comunidade um membro da seita é designado para dar as boas-vindas aos recém-chegados de outros lugares e providenciar para que nada lhes falte. Os doentes são sustentados, se não podem trabalhar; os velhos recebem cuidados, diz Fílon, como se tivessem muitos filhos, ainda que não tenham nenhum. Muitos deles, informa Josefo, vivem mais de cem anos.

Cultivam a terra ou dedicam-se a artes pacíficas (Fílon). São lavradores, pastores, vaqueiros, apicultores, artesãos, artistas. Não fabricarão instrumentos de guerra. Não se ocuparão do comércio; nada sabem de navegação. Entre eles não há escravos nem amos. Mantêm uma igualdade fraternal, acreditando que a irmandade humana é a relação natural dos homens, que só foi destruída na sociedade pela competição dos cobiçosos. Leem muito os antigos, diz Josefo (portanto, sem dúvida, os muitos manuscritos das cavernas); sem embargo (Fílon) não cultivam o lado lógico da filosofia, não dispensam "cuidados supérfluos ao exame de termos gregos", mas ocupam-se apenas com o aspecto moral. Estudam raízes medicinais e as propriedades das pedras (estas provavelmente eram amuletos); são inspirados na predição do futuro (há vários exemplos). Dão extrema atenção ao asseio e vivem se banhando. Seus hábitos de defecação eram extraordinariamente higiênicos para o Oriente Médio daquela época. Achavam que se sujariam untando-se de óleo — o que deve tê-los exposto dolorosamente à inclemência do sol mediterrâneo. Mantinham a pele seca e sempre se vestiam de branco. "Nos trajes e nos modos parecem crianças submetidas a rigorosa disciplina", conta-nos Josefo.

Seu dia inteiro é sujeito a essa disciplina. Não conversam antes do nascer do sol; apenas recitam suas orações tradicionais, nas quais suplicam ao sol que se mostre. Depois trabalham até a quinta hora (cerca das onze). Não se importam com o clima, diz Fílon, e nunca o usam como desculpa para não trabalhar; voltam do trabalho exultantes como se viessem de uma disputa de atletismo. Então se banham com água fria, vestem seu traje de linho e se dirigem ao refeitório como se fossem a um santuário. Sentam-se em silêncio, e o padeiro lhes serve pães e o cozinheiro lhes serve um prato único. O sacerdote que preside a mesa dá graças e reza novamente no final da refeição; depois despem suas roupas de linho, tratando-as como vestes sagradas, e retomam seu trabalho nos campos ou nas oficinas. À noite jantam com qualquer hóspede que acaso esteja com eles. Sem tagarelice nem algazarra: falam cada um por vez. "A quem está de fora o silêncio dos que dentro se encontram dá a impressão de terrível mistério", diz Josefo. Para os essênios o silêncio é muito importante. Quando dez deles estão reunidos (um *quorum* judeu), um se absterá de falar se os outros nove desejarem o silêncio. São mais rigorosos na observância do *shabat* que qualquer uma das outras seitas; ao contrário delas, porém, não oferecem sacrifícios de animais: não acreditam em tal prática, asseverando que possuem lustrações mais puras.* Por conseguinte são excluídos do pátio do Templo de Jerusalém e aparentemente nunca se aproximam desse centro de devoção judaica. Enquanto os saduceus não acreditam na imortalidade e acham que a alma morre com o corpo, os essênios veem o corpo como perecível e sustentam que a alma é imortal. Emanando do melhor éter, porém carregado para baixo por um encantamento natural, o espírito se torna prisioneiro do corpo; libertado pela morte, rejubila-se e volta para o alto. Como os gregos, os essênios acreditam que as almas mais virtuosas têm um local reservado para elas em alguma parte além do mar, um retiro final, onde não há neve nem chuva nem calor e sempre sopra uma brisa suave; já as almas mais vis serão confinadas num calabouço escuro e turbulento, onde sofrerão o tormento eterno.

Tanto Josefo quanto Fílon enfatizam o respeito geral que se tem pelos essênios. O primeiro declara que eles superam em virtude os gregos e os bárbaros e durante muitos anos conseguiram manter seu alto nível de disciplina. Os dois autores nos mostram o horror do mundo que os essênios abandonaram,

* No entanto encontraram-se jarros com ossos de animais enterrados no espaço da comunidade, o que parece indicar que comeram esses animais em banquetes sacros. Frank Moore Cross, Jr., sugere que, embora não sacrificassem no templo, os essênios podiam ter um culto sacrificial particular. O rolo da Guerra também fala de oferendas queimadas. No entanto o professor Yandin assinala que todo esse manuscrito se refere ao que irá acontecer "no Tempo Vindouro". 1969.

mas que moralmente foram capazes de enfrentar. Os judeus tiveram o rei selêucida Antíoco IV, Epífano (herdeiro da parte do império de Alexandre correspondente ao Oriente Próximo), que ergueu uma estátua de Zeus, "a abominação da desolação", para que a adorassem em seu Templo. Sob a liderança dos Macabeus eles conseguiram se rebelar contra o tirano selêucida — mas logo viam seus próprios governantes, entre os quais os Herodes, tornarem-se tão corruptos e cruéis como os estrangeiros que depuseram e mais tarde, no ano 70 d.C., foram derrotados pelos exércitos do romano Tito, que, como os de Nabucodonosor, destruíram seu Templo. Diz Fílon:

> Embora em diferentes épocas, grande número de potentados de todo tipo de disposição e caráter ocupou seu país; alguns se esforçaram para superar em crueldade até as ferozes bestas selvagens, não deixando de praticar nenhuma espécie de desumanidade, e jamais cessaram de matar seus súditos em multidões inteiras e os despedaçaram vivos, como os cozinheiros a cortarem-lhes membro a membro — até que, surpreendidos pela vingança da justiça divina, experimentaram por sua vez os mesmos sofrimentos; outros, tendo convertido seu bárbaro frenesi em outro tipo de maldade, praticando um grau inefável de selvageria, falando suavemente com as pessoas, porém, através da hipocrisia de uma voz mais gentil, traindo a ferocidade de sua verdadeira disposição, adulando suas vítimas como cães traiçoeiros e causando-lhes tormentos irremediáveis, deixaram em todas as suas cidades monumentos de sua impiedade e de seu ódio pela humanidade inteira, nos sofrimentos inesquecíveis impostos aos que oprimiram; e entretanto nenhum deles, nem os tiranos de imoderada crueldade, nem os opressores mais traiçoeiros e hipócritas, conseguiu fazer uma acusação real contra a multidão dos chamados essênios ou santos. Mas todos, vencidos pela virtude desses homens, viram-nos como criaturas livres por natureza e não sujeitas à desaprova-

> ção de qualquer ser humano e celebraram sua maneira de comer juntos e seu companheirismo — não há palavras para descrever sua boa fé recíproca — que constitui prova suficiente de uma vida perfeita e supremamente feliz.

Josefo também fala dessa fortitude e da admiração que suscita:

> Fazem luz do perigo e triunfam sobre a dor graças a sua vontade firme; a morte, se sobrevém com honra, consideram-na melhor que a imortalidade. A guerra com os romanos fez suas almas passarem por toda espécie de prova. Supliciados e torcidos, quebrados e queimados, submetidos a todo instrumento de tortura para que blasfemassem contra seu Legislador ou comessem algum alimento proibido, recusaram-se a transigir com qualquer exigência, e nem uma única vez se curvaram ante seus perseguidores ou derramaram uma lágrima. Sorrindo em seus sofrimentos e suavemente zombando de seus algozes, entregaram a alma com alegria, confiantes de que a receberiam de volta.

Excetuando-se o que Josefo chama de os "juramentos terríveis" arrancados do iniciado que ingressa na ordem, recusavam-se a jurar; diziam que "quem não recebe crédito sem apelar para Deus já está condenado"; e "qualquer palavra sua tem mais força que um juramento", diz Josefo. Ele nos conta que Herodes, o Grande, isentou os membros da seita de jurarem lealdade; mas esclarece que isso se deveu à lembrança de que um essênio, tendo-o visto na rua numa época em que sua posição política era dúbia, "bateu-lhe nas costas" e predisse que um dia seria rei. Esse mesmo essênio predisse também que mais tarde Herodes se tornaria mau; contudo, durante seu reinado, o não judeu Herodes, que era odiado pelos judeus, podia se dar o luxo de esquecer a parte desagradável da profecia e mostrar-se magnânimo, favorecendo os essênios.

Ao ler esses textos contemporâneos dos essênios impressionam-nos dois tipos de semelhanças. Por um lado o viajante moderno se lembra com frequência das fazendas coletivas sionistas e israelenses conhecidas como *kvutzot* e *kibbutzim*. Aqui a propriedade é comum, tal qual a dos essênios; um administrador ou uma administração se encarrega das compras. Em alguns casos os membros dessas comunidades partilham o mesmo guarda-roupa, vestindo o que lhes cabe, como faziam os essênios com seus mantos de inverno e de verão. Como os essênios, criam filhos adotivos — no caso das comunidades israelenses, órfãos e refugiados. Tiveram de enfrentar tiranos tão terríveis quanto aqueles dos quais os essênios fugiram e com isso desenvolveram o mesmo tipo de impulso natural para a fraternidade que inspirou os mosteiros dos essênios.

Contudo, o que nos impressiona de imediato é a semelhança dos essênios com os cristãos. Temos a doutrina da irmandade humana; temos a prática da lavagem ritual, da qual o batismo era um aspecto preeminente; temos o comunismo, que os primitivos cristãos praticavam entre si (Atos 2:44-45: "Todos os que criam estavam unidos e tinham tudo em comum. Vendiam suas propriedades e seus bens e distribuíam o preço por todos, segundo a necessidade que cada um tinha"). Temos frases de ressonâncias cristãs. Deparamo-nos com Fílon, por exemplo, dizendo que os essênios não "armazenam tesouros de prata e ouro", nem "adquirem vastas porções de terra pelo desejo de grandes rendas" e lembramo-nos de Mateus 6: "Não acumuleis para vós tesouros na terra" etc. Quando Josefo nos diz que os essênios consideravam o corpo corruptível, mas a alma imortal e imperecível, pensamos em I Coríntios 15:53: "Porque é necessário que este corpo corruptível se revista da incorruptibilidade, e que este corpo mortal se revista da imortalidade". Temos a coragem de enfrentar os romanos, o "fazer luz do perigo" e o "triunfo sobre a dor". E — o que é muito importante — temos o fato, esclarecido tanto por Fílon como por Josefo, de que, embora fossem judeus de nascimento, os essênios não se reuniram com base na raça, "pois não se fala de raça quando se trata de atos voluntários". O que reuniu os essênios foi seu "zelo pela virtude e a paixão de seu amor pela humanidade" (Fílon). Parece óbvio que a tradição monástica dos cristãos deve ter derivado em última análise dos essênios e sempre houve uma teoria de que na origem Jesus era essênio. Deixaremos esse problema para depois, ao discutirmos as inesperadas revelações ligadas às origens da cristandade e resultantes dos manuscritos do mar Morto. Neste ponto cabe notar que há elementos do essenismo que parecem provir da Pérsia ou da Babilônia: o rito não judaico do batismo e a prática da adoração do sol nas primeiras horas da manhã.

O manuscrito reconstituído por Trever a partir de dois rolos do metropolita revelou-se o Manual de Disciplina de uma ordem monástica muito antiga, e o cotejo desse novo documento com as descrições dos essênios citadas acima deixou pouquíssima dúvida sobre a identidade de tal ordem. Se a passagem de Plínio identifica o mosteiro, o texto minucioso de Josefo identifica o Manual de Disciplina, que foi encontrado na caverna próxima ao mosteiro. Josefo deve ter estudado esse manual ou algum outro muito parecido. Seu resumo da conduta dos essênios corresponde quase que exatamente ao Manual. Lendo esses dois documentos aprendemos, por exemplo, que os essênios conjugavam o princípio da fraternidade humana com uma rigorosa hierarquia. O candidato a membro, informa-nos Josefo, não é admitido no primeiro ano. Recebe sua veste branca, sua tanga e uma pequena enxada para cavar suas latrinas. "Entra em contato maior com o regulamento e tem permissão para partilhar do tipo mais puro de água benta; contudo ainda não é recebido nas reuniões da comunidade." Depois disso deve ser testado por mais dois anos e, sendo aprovado ao término desse período, passa a partilhar do alimento comum, porém antes precisa prestar

> juramentos terríveis — primeiro, que venerará a Divindade; em seguida, que observará a justiça em relação aos homens: não prejudicará ninguém, seja de seu moto próprio, seja por ordem de outrem; que sempre odiará os injustos e

> combaterá ao lado dos justos; que será leal com todos os homens, sobretudo com os governantes, pois nenhum deles galga seu posto senão pela vontade de Deus; que, se chegar ao poder, nunca abusará de sua autoridade nem eclipsará seus súditos pelas vestes ou por qualquer outro sinal externo de sua posição; que amará sempre a verdade e denunciará os mentirosos; que nunca deixará suas mãos furtarem e manterá sua alma isenta de ganho impio; que nada esconderá dos membros da seita e não revelará seus segredos a ninguém, nem mesmo se for torturado até a morte. Ademais, jura transmitir as normas exatamente como as recebeu; abster-se do roubo; e preservar com todo o cuidado os livros da seita e os nomes dos anjos. Esses são os juramentos através dos quais conseguem seus prosélitos.

A humildade imposta ao essênio, o compromisso de não "abusar de sua autoridade" nem mostrar "sinais externos de sua posição" podem nos lembrar Mateus 23:10: "Não façais que vos chamem mestres, porque um só é vosso Mestre, o Cristo". Contudo os essênios observavam uma rígida hierarquia. "Os membros novos são de tal modo inferiores aos antigos que se um destes é tocado por um daqueles precisa banhar-se como se tivesse tido contato com um estrangeiro", informa Josefo.

A ordem de ser leal com os governantes pode nos lembrar Mateus 22:21: "Dai, pois, a César o que é de César e a Deus o que é de Deus". Assim, parece verdade que a definitiva derrota política, a desilusão das esperanças de ordem prática originaram um desenvolvimento intenso do tipo mais desinteressado de religião. Um exemplo óbvio e recente é o florescimento do misticismo na Rússia após o fracasso da Revolução de 1905. Passamos por algo semelhante hoje, quando a desilusão com o socialismo, seguindo-se à perda de confiança no tradicional sistema competitivo, tem levado os desnorteados idealistas a buscar conforto nas várias Igrejas. Na época dos essênios os judeus conseguiram restaurar sua nação sob a liderança dos macabeus, porém depois se viram derrotados pelos romanos, mais organizados e "modernos". Apesar de possuírem certas doutrinas e seguirem certas práticas próprias, os essênios eram basicamente judeus e, como os profetas do Velho Testamento, tiveram de atribuir seus infortúnios à vontade de Deus. O Jesus dos Evangelhos cristãos parece pertencer a um estágio posterior, quando Deus já fora dissociado de César; mas, uma vez efetuada essa ruptura, a posição do cristão é sob vários aspectos mais forte que a dos sacerdotes que formularam o juramento dos essênios. Estes são sofredores soturnos — encontramos sua atitude em relação a seus inimigos expressa em termos nada cristãos no Manual e em outros textos; os Evangelhos possuem um tom encorajador de audácia e liberdade espiritual.* No entanto, como agora se evidencia, os sectários que formularam esse juramento estavam preparando com seus preceitos e sua disciplina — "não revelar seus segredos a ninguém, nem mesmo se for torturado até a morte" — o retumbante triunfo moral da Crucifixão.

A essa altura, sem embargo, nosso principal interesse está em cotejar o Manual de Disciplina com os textos de Josefo e Fílon. Encontramos aqui a propriedade comum confiada a um "guardião de propriedade" (a expressão é do Manual); a devoção ao Legislador (possivelmente Moisés) mitigada por "uma fragrante oferenda de probidade e perfeição" que substitui os tradicionais sacrifícios no Templo; as lustrações com água benta; a insistência no autocontrole: extravasar a raiva acarreta punição; a subordinação, dentro da ordem, do "menor" ao "maior no tocante a bens e posses"; a mesa comum e os sagrados repastos; a regra de falar em turnos; as prerrogativas da maioria, que pode mesmo impedir alguém de falar se a isso é contrária; a proibição — também mencionada por Josefo — de "cuspir no meio da assembleia". Temos o período probatório — de um ano, diz Josefo; o Manual não especifica —, em cujo término o neófito recebe permissão para "aproximar-se" da ordem; depois mais dois anos de noviciado, durante os quais pode partilhar da "purificação" (Manual) e "do tipo mais puro de água benta" (Josefo), porém é

* Ver, porém, a opinião de Yigael Yadin sobre isso nas pp. 223-4. 1969.

admitido nas reuniões; se completa com sucesso esse noviciado, o neófito faz os "juramentos terríveis" e passa a participar das refeições comuns. Encontramos ainda no Manual de Disciplina muitos outros detalhes que não estão em Josefo nem em Fílon. Há todo o código de censura e punição que impunha a disciplina da seita e que Fílon omite de seu idílico retrato. Tal sistema é bastante rigoroso e drástico, porém Josefo explica que os essênios eram "justos e escrupulosos em seus julgamentos, nunca proferindo uma sentença num tribunal com menos de cem membros". Uma vez tomada a decisão, entretanto, é irrevogável. Os que são expulsos da ordem se veem numa situação difícil, pois os juramentos que fizeram os proíbem de tomar qualquer alimento que não tenha sido preparado pela ordem e eles podem tentar viver de relva e "consumir-se". Todavia a ordem às vezes se compadecia, acreditando que já foram suficientemente punidos, e recebia muitos de volta. Prescreve o Manual:

> Não se falará a um irmão com raiva ou em tom de queixa; nem o odiará [na incircuncisão] de coração — sem embargo o reprovará no mesmo dia, para não incorrer em culpa por causa dele. Na verdade um homem não acusará na presença da maioria seu companheiro que ainda não foi submetido a reprovação perante testemunhas.

Em uma nota de sua tradução do Manual, o professor Brownlee assinala que Mateus 18:15-17 "nos fornece a chave para interpretar a passagem. Jesus especifica três estágios para lidar-se com um irmão pecador: (1) repreensão pessoal; (2) repreensão diante de testemunhas; (3) repreensão perante a Igreja".

Sem lhe dar nenhuma ênfase especial, Josefo indica um aspecto importantíssimo dos ensinamentos da seita ao resumir o juramento: o novo membro deve jurar "que sempre odiará os injustos e combaterá ao lado dos justos". No Manual encontramos esse tema desenvolvido numa seção que descreve a divisão de toda a humanidade em dois grupos opostos, dominados respectivamente por um Espírito das Trevas e um Espírito da Luz. Os Filhos das Trevas são denunciados iradamente. Era errado odiar um irmão de fé ou mesmo perder a calma, porém constituía um dever detestar e maldizer aquela gente estranha e malvada que o Espírito das Trevas dominava. Mais adiante, ao tratarmos dos outros manuscritos, retomaremos esse aspecto da literatura da seita. Por enquanto basta dizer que os Filhos das Trevas são provavelmente os romanos, em cujas mãos os judeus tanto sofreram.

3. O MOSTEIRO

A PAISAGEM DO MAR MORTO É MONÓTONA, opressiva e medonha. Completamente impessoal. Uma paisagem sem fisionomia: as formas das colinas não sugerem rostos de deuses ou de homens, nem corpos de animais deitados. "Só o monoteísmo podia resultar disso", falou um amigo meu, que conhecia a Palestina. "Em lugar nenhum há uma brecha para uma ninfa." A relva da primavera começava a murchar — minha visita ocorreu no início de abril — e parecia um bolor esverdeado sobre pães imensos. De um marrom amarelado e frio, uma cor escura sem a riqueza da sombra, esses montes também se assemelhavam — foi a única imagem viva que me ocorreu — às corcovas dos camelos que ali pastavam, amarelos, sem brilho, desajeitados, tendo a seu lado a cria de um branco sujo. Um rebanho de cabras pretas salpicava uma encosta. Cá e lá, sozinha no vazio, uma beduína acocorada e imóvel, que parece tão atenta quanto uma pedra, vigia um camelo ou uma cabra; e passamos por alguns poucos abrigos dos beduínos, negros e rasgados, que bem poderiam ser as velhas tendas de Abraão. Uma torre de vigia, hoje deserta, ainda se ergue no local onde antes da guerra uma fábrica administrada por judeus produzia potassa, e há as ruínas de uma pequena estalagem destruída numa luta entre judeus e árabes e saqueada pelos beduínos. Quando a estrada começa a descer abaixo do nível do mar — quase quatrocentos metros —, sente-se a pressão aumentar nos ouvidos, como num avião aterrissando.

À beira do mar encontramos dois ou três edifícios simples, onde um oficial britânico da Legião Árabe comanda a "Frota do Mar Morto". Esta compõe-se de uns pequenos barcos a motor que têm por função patrulhar a fronteira, pois o território de Israel começa logo ao sul, não muito longe de onde Plínio disse que a Judeia terminava. O oficial tem dois cachorros vira--latas e nos convida para um chá. O mar Morto é de um azul pálido que lembra o Great Salt lake, e as colinas que rodeiam a superfície da água são de uns amarelos e púrpuras e azuis e marrons tão desbotados que suas cores nem merecem tais nomes, fortes demais para designá-las. Uma dessas elevações é o monte Nebo, de onde Moisés avistou a Terra Prometida, depois de libertar seu povo do Egito e vagar durante anos no deserto.

Sacolejamos em nosso jipe por sobre pedras massacrantes, onde os vestígios de uma antiga estrada recentemente se tornaram apenas visíveis. O solo praticamente desprovido de vegetação é percorrido por fileiras de uma planta avermelhada e cá e lá salpicado de estatice, uma erva pequenina e branca, do tipo da sempre-viva. As palmeiras que Plínio mencionou como as únicas companheiras dos essênios devem ter desaparecido há séculos. As únicas formas de vida vertebrada que avistamos em nosso caminho rumo ao mosteiro são um gavião e um corvo brigando por causa de um animalzinho que o corvo pegou e o gavião obrigou-o a largar. O corvo reluta em deixar sua presa, mas é obrigado a vigiar atentamente o gavião, que voa em círculos, decidido e vagaroso. Aqui há escorpiões e víboras, muitas das quais os escavadores tiveram de matar. Lembram aquele "grande e terrível deserto" de que Moisés fala em Deuteronômio 8:15, com suas "serpentes de sopro ardente, e escorpiões, e áspides, e uma falta completa de água". Não há peixes no mar, apenas animálculos. A paisagem tem algo da Grécia, talvez, mas não apresenta o maravilhoso espectro de violeta, malva e azul produzido pela fluida luz grega. Aqui não se tem consciência nem da luz nem da escuridão. É como estar mergulhado abaixo delas; viver neste lugar parece uma forma de enterrar-se. Confrontado com o vazio desta região, o visitante saído do mundo moderno se vê obrigado a fazer um esforço de imaginação para convencer-se de que alguma coisa interessante poderá acontecer. Todavia encontramo-nos aqui no "deserto" de I Samuel, onde Davi, fugindo de Saul, abrigou-se em Engadi, nos "rochedos mais escarpados, somente acessíveis às cabras", e onde Saul, para satisfazer uma necessidade natural, entrou numa caverna na qual Davi e seus homens estavam escondidos, porém Davi poupou-lhe a vida; onde bem depois a palavra de Deus chegou a João Batista; e onde, mais ao norte, no ponto em que o Jordão deságua no mar Morto, Jesus foi batizado por João. Essa árida depressão na terra é também o deserto onde Jesus jejuou durante quarenta dias. No caminho passamos pela montanha na qual, segundo a tradição, Jesus foi tentado por Satanás, que dali lhe mostrou os reinos do mundo. Mais ao sul está a mesa de Massada, onde Herodes, o Grande, construiu um palácio para proteger-se do perigo e onde mil judeus se refugiaram, escapando dos romanos, e, quando os engenheiros romanos construíram uma rampa até o topo da elevação, os fugitivos preferiram cortar a própria garganta a cair nas mãos de seus perseguidores; na margem oposta, igualmente desolada, estão as ruínas de outro palácio herodiano, o Macherus, a fortaleza descrita por Josefo, onde João Batista foi encarcerado e degolado por Herodes Antipas. Essa fortaleza erguia-se numa rocha altíssima, cercada de ravinas profundas em todos os lados e por uma grande muralha que tinha nos cantos torres de trinta metros. Nas proximidades havia muitas fontes, umas amargas, outras doces, de várias temperaturas, inclusive duas que jorravam de duas pedras semelhantes a seios, uma fria e a outra quente; e dizia-se que dentro do magnífico palácio crescia uma planta enorme que de dia tinha a cor da chama e ao crepúsculo brilhava — uma planta que se esquivava das pessoas que tentavam agarrá-la e envenenava as que conseguiam pegá-la, e só se podia paralisá-la regando-a com a urina ou o fluxo menstrual de uma mulher. Tal planta tinha a preciosa propriedade de expulsar os demônios dos possessos; contudo para apoderar-se dela com segurança era preciso antes arrancá-la pela raiz. Para tanto cavava-se a terra e amarrava-se um cachorro às raízes; então o dono do animal se afastava; o cão corria atrás dele e assim arrancava a planta. Em consequência disso o cachorro imediatamente caía morto, mas tornava-se possível pegar a planta. Quando a Judeia caiu em poder de Tito, Macherus foi praticamente a última fortaleza capturada: os romanos prenderam um jovem insubmisso chamado Eleazar e o flagelaram diante da cidadela; depois ergueram uma cruz e ameaçaram crucificá-lo. Com isso os judeus se renderam, e a guarnição partiu em liberdade, conforme o prometido; mas os romanos fizeram questão de matar ao pé do rochedo os 1700 homens da cidade e escravizaram suas mulheres e filhos. E na outra margem do lago, no lugar para onde agora o jipe nos levava, os essênios se reuniram para adorar a Deus e salvar suas almas dessas infâmias; para sair do Caminho das Trevas e trilhar o Caminho da Luz.

Seu mosteiro, grosseiramente construído com blocos de pedra cinzenta, ainda está de pé, a certa distância da praia, como Plínio o descreveu. O rochedo se ergue íngreme a suas costas, e cá e lá veem-se as fendas escuras de cavernas naturais como aquela em que foram encontrados os manuscritos. Entre o mar Morto e o mosteiro estende-se o cemitério com mil tumbas. O padre De Vaux abriu dezenove sepulturas, e todas são mais ou menos iguais. Os esqueletos estão deitados de costas, a cabeça voltada para o sul, as mãos cruzadas sobre a pélvis ou abertas junto aos flancos. O que esses túmulos têm de singular é o fato de não abrigar praticamente nada além de ossos. Apenas um dos que foram abertos continha um caixão. Não é comum encontrar sepulturas antigas que não guardem alguma espécie de objetos funerários: ornatos ou armas ou receptáculos de alimento, sinais de posição ou distinção ou equipamento para a viagem ao outro mundo. A ausência de tais objetos nessas tumbas condiz perfeitamente com a decantada austeridade dos essênios, porém torna sua escavação bem pouco interessante. Todavia encontraram-se nelas, entre os fragmentos de jarros que parecem ter ido parar ali acidentalmente, alguns que pertencem a um tipo do qual até então só se conhecia um único exemplar. Datou-se tal exemplar, descoberto na cidadela de Jerusalém, do século I a.C., de uma época anterior às edificações de Herodes, o Grande. O padre De Vaux parou de explorar as sepulturas, porém estabeleceu muito bem um ponto importante. Os ossos são fragílimos e muitos estão quebrados; entretanto um exame atento mostra que um dos esqueletos certamente é de mulher e outros dois ou três também podem ser. Como vimos, a ligação de mulheres com a ordem contrariava a prática dos essênios; sem embargo no posfácio de seu texto principal Josefo explica que um ramo da seita autorizava o casamento dos adeptos:

> Eles consideram que os que renunciam ao matrimônio eliminam sua principal função vital, a propagação da raça, e, o que é mais, que, se todos adotassem a mesma posição, logo a raça inteira morreria. Não obstante submetem suas esposas a três anos de provas.

Plínio, como lembraremos mais adiante, diz especificamente que essa comunidade não admitia mulheres, porém sua informação podia ser desatualizada ou imprecisa.* Antes de me estender mais sobre o mosteiro, devo falar um pouco do padre Roland de Vaux, que em nada se aproxima das concepções convencionais de um típico sacerdote francês. Hoje em dia talvez o caráter francês se revele em seu melhor aspecto não nos homens de letras, nos políticos e nos antiquados generais sobre os quais tanto ouvimos falar, e sim nas pessoas que foram afortunadas o bastante para não participar da decadência da França, que tiveram um interesse predominante que as manteve fora do país ou as sustentou nos anos da desmoralização. Lendo *O mundo silencioso*, do mergulhador Cousteau, sentimos que aqui está, inesperadamente, algo da verdadeira grandeza dos franceses: bom senso combinado com ousadia; a capacidade, em todas as circunstâncias — nesse caso, resistir a pressões inumanas, respirar com um tanque no fundo do mar —, de observar com realismo e acurácia, de exercitar uma

* Em *L'archéologie et les manuscrits de la mer Morte* [A arqueologia e os manuscritos do mar Morto], de 1961, o padre De Vaux diz que o primeiro esqueleto feminino foi encontrado em uma sepultura incomum, fora dos limites do cemitério oficial, e que outros esqueletos de mulheres e de crianças pequenas foram descobertos no que denomina de *cimetières secondaires* [cemitérios secundários], bem distantes do mosteiro. 1969.

inteligência fria. Tais figuras me parecem mais satisfatórias que a maioria das pessoas sobre as quais lemos, por exemplo, no diário de André Gide ou mesmo que o próprio Gide. Tenho do padre De Vaux, em seu campo distinto, uma impressão meio semelhante à que me causa seu compatriota Cousteau: de intelecto, perícia, fortitude, tenacidade, ousadia e — o que hoje parece tão raro na França — eficiência. Ele possui olhos castanhos luminosos como dois faróis e ampliados pelas grossas lentes de seus óculos e longos dentes brancos e regulares que sempre mostra ao falar. Seu nariz fino e adunco, sua eriçada barba castanha sugerem o Velho Testamento. Com seu manto branco de dominicano, cujo capuz lhe cai sobre os ombros e de cujo cinto lhe pende o rosário, ele usa boina, sapatos pesados e o que parece substanciais meias azuis de jogar golfe. Conta histórias muitíssimo bem, fuma sem parar e tem um estilo vigoroso. Existe no mundo arqueológico uma lenda curiosa, segundo a qual o padre De Vaux foi ator da Comédie Française antes de se tornar dominicano. Trata-se obviamente de uma dedução gratuita — devido a sua eloquência como orador e a alguma coisa que sugere uma presença teatral — da parte dos eruditos da American School, que talvez não imaginem quanto tempo e quanto trabalho são necessários para tornar-se ator da Comédie Française. De qualquer modo, o próprio De Vaux, surpreso, desmentiu a história e explicou que sua educação foi "inteiramente clássica e clerical". Não o achei teatral: pareceu-me bastante desenvolto e dedicado a seu trabalho com um entusiasmo que beira a voracidade. Fiquei impressionado com seu vigor ao vê-lo um dia saindo a largas passadas do ofício das Trevas na igreja do Santo Sepulcro e logo deixando para trás a multidão; usava, creio, um manto de cerimônia escuro, tinha o rosto queimado de sol, as narinas largas e a barba apontadas para seu objetivo seguinte. No sítio de suas escavações, entre as ruínas e as rochas, anda ligeiro como um cabrito. Evidentemente adora o lado bruto de seu trabalho; troca as vestes clericais por trajes de operário. Passou muitos dias acampado nas escavações. Uma vez atiraram numa hiena, conta-nos. Comeram-na: era "deliciosa", meio parecida com javali. Deixaram-na pendurada bastante tempo, depois a cozinharam, temperando-a bem. Imaginei-o movimentando-se intrépido no alto de uma formação estreita e íngreme, em cuja ponta escarpada há uma caverna onde se encontrou um dos maiores conjuntos de manuscritos. Essa caverna foi descoberta por um beduíno quando caçava uma perdiz que se escondeu ali. Situa-se no alto da rocha, e no começo tiveram de escalá-la com a ajuda de cordas; mas depois abriram um buraco no cume, possibilitando a entrada também por cima. Era uma coisa bastante parecida com andar na corda bamba, porém o padre De Vaux disse que não demorou muito para se sentir tão à vontade como se estivesse subindo e descendo escada.

Ele adorava levar as pessoas até lá, mas só de pensar nisso fiquei tonto. Também fiquei tonto quando subimos no topo do muro mais alto do mosteiro — cerca de cinco metros acima do solo — e lá nos empoleiramos, agarrando-nos às pedras, enquanto o padre De Vaux nos mostrava o edifício. Ele nos deu uma visão geral. A estrutura principal consiste de um grande retângulo de 29 por 36 metros, feito de grosseiros blocos de pedra ligados com barro. Possui janelas, e as paredes internas são rebocadas. O chão é revestido de seixos. Camadas de cinzas indicam que o telhado, provavelmente feito de junco do mar Morto, acabou se incendiando; e o molde vazio deixado pelo tronco de uma palmeira sugere que foi usado como viga ou algum tipo de escora central. No canto do noroeste havia uma torre de dois andares, obviamente usada para a defesa, cujo porão servia de depósito. Dentro do mosteiro propriamente dito há uma cozinha, que foi identificada pelo forno e pelo buraco na parede que faz as vezes de chaminé; e o que deve ter sido o refeitório dos sacros repastos, junto ao qual se encontraram cerca de mil tigelas e jarras, dispostas em pilhas cuidadosas. Outro cômodo, com quase 22 metros de comprimento, tem toda a aparência de sala de reuniões, com uma plataforma de pedra numa das extremidades que talvez tivesse servido de púlpito onde se leriam os livros sagrados. Uma sala com mesas e bancos construídos de argamassa e tijolo era obviamente um *scriptorium*, onde se copiavam os manuscritos. Nela se encontraram três tinteiros — um de bronze, esverdeado, e dois de terracota, enegrecidos —, nos quais há ainda um pouco de tinta seca. A confraria provavelmente fazia suas penas com os juncos que cresciam à beira-mar. Há uma olaria, com uma espécie de ninho de pedras que pode ter sustentado a roda do oleiro; e um moinho de grão, cujas duas partes apareceram em cômodos diferentes, não se sabe por quê. Em vários lugares havia pregos, fechaduras e chaves, enxadas, foices e facões. Havia um jarro idêntico aos que continham o primeiro lote de manuscritos, e todos se parecem com os fragmentos encontrados em 1952 nas novas cavernas descobertas; e há lâmpadas semelhantes às das cavernas.

Entre os elementos mais impressionantes do mosteiro estão as seis grandes cisternas, providas de escadas que conduzem a seu interior e responsáveis pela água consumida no local. Os habitantes do mosteiro evidentemente canalizaram para as cisternas as águas da chuva que desciam das colinas e que sem dúvida eram escassas. O padre De Vaux diz que em todos os meses dos três anos que tem trabalhado aqui só duas vezes viu água correndo pelas encostas. Na estação relativamente chuvosa os essênios precisavam armazenar toda a água necessária para o resto do ano. E tinham, também na superfície, sete cisternas menores — ainda se pode ver parte do encanamento — que deviam ser utilizadas para as "lustrações" e os batismos tão comentados na literatura da seita (para os judeus sete era um número místico). Na sala onde se copiavam os manuscritos há dois pequenos côncavos que devem ter sido usados nessa atividade sacra. Outra cavidade provavelmente é uma cloaca. Cá e lá encontram-se inexplicavelmente vestígios de um edifício mais pretensioso: pedras quadradas e seções de colunas que outrora devem ter sido parte de um pórtico ou colunata e duas bases de coluna unidas no solo de modo esquisito, como se fossem o suporte de alguma coisa. Espalhadas pelo edifício havia cerca de quatrocentas moedas. Nas cavernas de Qumran não se encontrou nenhuma moeda; e isso condiz perfeitamente com o que Fílon e Josefo nos dizem: que um administrador cuidava das finanças dos essênios. De Vaux concluiu que os membros da comunidade moravam nas cavernas vizinhas e também em cabanas ou tendas — pois acharam-se nas gretas ou sob as pedras peças de cerâmica e grandes forcados que ali foram escondidos ou guardados por pessoas que viviam fora das cavernas. O edifício teria sido seu centro, no qual eram admitidas inteiramente só depois de passar pelas provas.

Acompanhar as conclusões a que o padre De Vaux chegou a partir dos dados fornecidos por esse local e dos fatos históricos nos permite sentir um pouco da beleza e da empolgação dos métodos da arqueologia moderna, que evoluiu muito desde o estágio em que os escavadores vasculhavam o sítio à cata de objetos de interesse óbvio, deixando no caos as várias camadas — que podiam representar cidades inteiras, períodos inteiros. Os procedimentos usados hoje em dia visam a algo como precisão científica, e registra-se cada estrato antes de escavar o seguinte. A partir da cerâmica, das moedas e das obras em pedra, bem como de várias outras indicações, o padre De Vaux e os homens que trabalham com ele chegaram à seguinte cronologia da história do edifício de Qumran. Primeiro de tudo, ali foram encontrados remanescentes de uma antiquíssima parede israelita, que De Vaux data de cerca de 700 a.C. e que a seu ver não teve nenhuma relação com o crescimento posterior do local. A construção seguinte, acredita ele, foi iniciada no final do século II a.C. A primeira sequência de moedas começa com Antíoco VII em 136 a.C. e passa pelo período asmoniano até 37 a.C. — ou seja, cobre a época da independência judaica e se estende até a ascensão de Herodes, o Grande. O grupo seguinte começa com o reinado do filho deste, Herodes Arquelau (4 a.C.-6 d.C.), e chega a 68 d.C. Assim, parece ter havido um intervalo, em que o edifício permaneceu desocupado. (Pode-se explicar facilmente duas moedas desse intervalo entre as duas sequências: ainda estavam em circulação quando se voltou a ocupar o prédio.) Outra grande lacuna ocorre entre 68 e 132 d.C., mas há treze moedas que pertencem ao período da revolta final de Bar-Kochba contra os romanos, em 132-135, e todas elas foram encontradas no mesmo nível do solo.

Como há muitas moedas da época dos últimos reis judeus, João Hircano e Alexandre Janeu, o padre De Vaux acha provável que o mosteiro tenha sido construído durante o reinado do primeiro (134-104 a.C.) e ocupado no governo do segundo (104-178 a.C.). O período total da ocupação dos essênios teria se estendido do fim do século II a.C. até o ano 68 d.C. Mas como explicar o hiato existente entre 37 e 4 a.C.? Há indícios de que em algum momento um terremoto abalou o mosteiro. Uma fenda percorre todos os degraus que conduzem a uma das grandes cisternas e encontra-se também no resto do edifício; a torre foi reforçada com pedras amontoadas junto à base; e um dos aposentos tem uma parede escorada, sugerindo que foi fechado e condenado. Quem estabelece a data desse desastre é, mais uma vez, o inestimável Josefo, que nos conta que no sétimo ano do reinado de Herodes, o Grande, pouco antes da batalha de Actium — possivelmente na primavera de 31 a.C. —, a Judeia foi sacudida por um terremoto que matou 30 mil pessoas. O edifício teria sido reocupado — como indicam as moedas de Arquelau — só em algum momento próximo ao início da era cristã. Mas por que a comunidade esperou trinta anos para voltar ao mosteiro? De Vaux afirmou que há uma prova documental que pode lançar alguma luz sobre esse problema, e sobre isso falarei quando abordar o documento em questão. Entrementes cabe notar que os escombros deixados aparentemente pelo terremoto foram removidos do prédio e amontoados do lado de fora, onde ainda se encontram até hoje.

No fim os romanos pegaram os essênios — ou os mataram, ou os obrigaram a fugir. No segundo ano da primeira revolta dos judeus — 67-68 d.C., quando termina a segunda sequência de moedas — o edifício deve ter sido destruído. Há paredes derrubadas, marcas de incêndio e flechas de ferro espalhadas. Após as operações romanas de 67 — voltamos à narrativa de Josefo — a Décima Legião estava acampada em Cesareia, no Mediterrâneo, e em junho do ano seguinte Vespasiano visitou Jericó e o mar Morto. O imperador tinha curiosidade de verificar por si mesmo se a água do mar Morto era tão densa como se dizia; assim, mandou amarrar as mãos de alguns de seus homens que não sabiam nadar e atirá-los no lago: eles subiram à tona. Os romanos devem ter permanecido em Qumran pelo menos até boa parte do reinado de Tito — algo em torno de 79 d.C. — como demonstram três moedas com a inscrição *Judaea capta* [Judeia capturada]. Explica a presença desse posto romano o fato de o local do mosteiro permitir uma visão do litoral desde a embocadura do Jordão até Râs Feshkha e da metade setentrional do mar. Os romanos tinham também de enfrentar a escarpada fortaleza de Massada, da qual já falamos, situada ao sul do mosteiro. A fortaleza foi capturada em 66 pelos judeus, que massacraram a guarnição romana e mantiveram sua conquista até abril de 73, três anos após a queda de Jerusalém. Havia ali um único ponto vulnerável, que os romanos conseguiram romper com um aríete; depois se viram diante de um baluarte erguido pelos ocupantes, mas acabaram incendiando-o. No interior encontraram apenas duas mulheres e cinco crianças vivas. Os restantes 960 judeus foram induzidos por seu líder a suicidar-se. Segundo Josefo, o líder os lembrara de que "há muito tempo decidiram nunca ser escravos dos romanos, nem de qualquer outro que não Deus".

O que indica que as ruínas de Qumran foram usadas novamente durante a segunda revolta judaica são as moedas desse período. Dez dessas moedas foram encontradas no subterrâneo da torre. Os ocupantes do edifício, fossem quais fossem, haviam fechado toda a face do sudeste. "O prédio mudou de função", diz De Vaux. "Já não abriga os serviços gerais de uma comunidade organizada. Apenas serve de moradia para um grupo limitado de pessoas, que se alojam nos pequenos aposentos, assam seu pão no forno [...] protegem-se dos ataques [...] e mantêm um posto de vigia na torre." Quando os romanos reprimiram essa segunda revolta, o edifício foi abandonado para sempre. As duas moedas árabes e as três bizantinas encontradas na superfície devem ter sido deixadas por viajantes que ali acamparam. Não sabemos o que aconteceu com os essênios.

4. O MESTRE DA RETIDÃO

NÃO SABEMOS O QUE ACONTECEU com os essênios; porém agora, desde a descoberta da biblioteca do mar Morto, sabemos muito mais o que passaram, como viviam e em que acreditavam. A esta altura cabe assinalar que a presença das moedas antigas — que sugere que a ocupação do mosteiro pela seita, precedida sem dúvida por seu estabelecimento na região, deve ter se estendido do último terço do século II a.C., mais ou menos (com uma interrupção de trinta anos), até no mínimo 68 d.C., véspera da vitória dos romanos — parece determinar de modo geral a data dos manuscritos, sobre a qual houve violenta controvérsia antes da escavação da ruína. Naturalmente não temos ideia, a não ser por evidências intrínsecas, da época em que as obras copiadas foram escritas, mas parece claro que as cópias são anteriores à chegada dos romanos, quando os pergaminhos foram escondidos em cavernas do mais difícil acesso possível — como aquela que De Vaux arriscou o pescoço para alcançar. Isso condiz com a data atribuída por Albright, que, baseando-se nas evidências paleográficas, imediatamente situou o rolo de Isaías em torno do ano 100 a.C.; com as conclusões dos especialistas em cerâmica, que disseram que os jarros eram pré-herodianos e os dataram de fins do último século anterior a Cristo, no máximo; e com os testes de carbono 14 que, aplicados aos invólucros de linho, abriram um leque de possibilidades entre 168 a.C. e 233 d.C.

Não só os documentos encontrados se conjugavam com passagens de autores antigos e com a descoberta do mosteiro para nos permitir formar uma ideia de um extraordinário movimento religioso do qual até então pouco se sabia; mas também, com relação a outros textos hebraicos tardios — conhecidos porém não compreendidos inteiramente e já situados nesse mesmo período —, os novos manuscritos estabelecem de imediato o que podemos comparar a uma reação em cadeia e ao ajuntamento de limalha de ferro em torno de um ímã.

Primeiro havia os chamados fragmentos zadoquitas. São partes de um ou vários documentos descobertas no Cairo em 1896 durante a escavação da *genizah* de uma sinagoga medieval. Os manuscritos datam de alguma época situada entre os séculos X e XII da era cristã; contudo os textos originais devem derivar da mesma fonte e, portanto, datar do mesmo período daqueles do mosteiro do mar Morto. O primeiro lote de rolos parecia evidenciar isso, já que o documento zadoquita expõe as mesmas doutrinas, refere-se aos mesmos fatos e até emprega a mesma linguagem do Manual de Disciplina e de outros pergaminhos; agora, porém, o achado de vários fragmentos do texto "zadoquita" em uma das outras cavernas pôs fim às dúvidas. Assim, não vou relacionar as estreitas semelhanças entre esses documentos e os outros; só vou juntá-los aos demais quando expuser a história e a doutrina contidas nesse conjunto de escritos. Cabe, entretanto, mencionar dois pontos. Nenhum desses fragmentos, nem o Manual de Disciplina, nem qualquer outro dos textos já lidos, refere-se aos membros da seita como essênios. No Manual, bem como nos fragmentos, seus sacerdotes são sempre os "filhos de Zadoc"; e seus leigos não recebem nenhum nome especial. Não sabemos ao certo quem era esse Zadoc. Entretanto quase todos os estudiosos acreditam que seja o Zadoc da Bíblia: o sacerdote que ungiu Salomão — pois, com relação à poligamia de Davi, um dos fragmentos diz que, quando Davi esqueceu a Lei, Zadoc a redescobriu. Textos antigos mostram que os essênios se consideravam reformadores, e esses fragmentos descrevem um conflito com os sacerdotes oficiais de Jerusalém que resultou — o segundo fato a destacar — numa migração da seita para Damasco. Segundo o padre De Vaux, tal migração pode ter motivado o abandono do mosteiro no inexplicado período de trinta anos. A discrepância entre o nome dado ao grupo dissidente pelos autores que escreveram sobre ele e o nome que os próprios membros do grupo se deram tem sido explicada pela teoria de que só os estranhos chamavam tais membros de essênios, "santos". No futuro seguirei o exemplo de outros autores que se dedicaram ao assunto e me referirei a eles simplesmente como "a seita", "irmandade" ou "a ordem".

Contudo, além do chamado texto zadoquita (também conhecido como documento de Damasco), existem pelo menos quatro livros apócrifos* do Velho Testamento que evidentemente têm estreita relação com a literatura da seita: O Livro dos Jubileus, O Livro de Henoc, Os Testamentos dos Doze Patriarcas e A Assunção de Moisés. Dois dos mais destacados estudiosos dos apócrifos do Velho Testamento — R. H. Charles e C. C. Torrey — atribuíram datas um pouco diferentes para essas obras, mas as divergências não são muito grandes, e Charles e Torrey concordam que tais escritos foram produzidos, em sua presente forma, entre a segunda metade do século II a.C. e o início do século I d.C. Embora até agora fossem conhecidos apenas em tradução — grega, latina ou etíope —, já se supunha que os originais tivessem sido escritos em hebraico ou aramaico. Agora a relação com os manuscritos do mar Morto confirma essa hipótese e a datação. À parte as evidências intrínsecas do assunto e da fraseologia, temos numa passagem dos fragmentos zadoquitas uma referência ao Livro dos Jubileus relacionada com o novo calendário que a seita dissidente adotou e que a afastou do culto judaico ortodoxo, uma vez que seus dias santos passaram a cair em datas diferentes; e um fragmento dos Jubileus, bem como fragmentos de Henoc e Os Testamentos dos Doze Patriarcas, nos originais hebraicos e aramaicos, figuram entre os manuscritos de Qumran.

* Naturalmente há uma diferença entre apócrifos e pseudepígrafos, e tais escritos pertencem à última categoria. Embora às vezes seja usado para ambas as categorias, o termo "apócrifo" designa propriamente os textos que aparecem na tradução grega da Bíblia e foram acrescentados às traduções católicas, mas não fazem parte do cânon massorético e estão excluídos do protestante. 1969.

A ligação com a literatura dos cristãos se evidencia na citação de um trecho do Livro de Henoc na Epístola de Judas (14), do Novo Testamento; na referência óbvia, em Judas 9, a um episódio de A Assunção de Moisés — a luta do arcanjo Miguel com o demônio pela posse do corpo de Moisés —; e em passagens dos Doze Patriarcas que em breve abordaremos. E há também inequívocas semelhanças entre todos esses textos pré-cristãos ou não cristãos e algumas obras que outrora fizeram parte do cânon cristão e depois foram rejeitadas.

A situação se tornou ainda mais empolgante quando o professor Otto Eissfeldt, de Halle, chamou a atenção dos estudiosos para um documento — publicado pela primeira vez em 1901 — que deve datar de uma época próxima ao início do século IX d.C. Trata-se de uma carta endereçada por um patriarca de Selêucia a um metropolita do Elam. Diz o patriarca:

> Soubemos de judeus fidedignos, que vinham sendo iniciados na religião cristã, que alguns livros foram encontrados há dez anos numa caverna próxima de Jericó. Eis a história: o cão de um árabe que estava caçando entrou numa caverna ao perseguir sua presa e não mais voltou; o dono foi a sua procura e encontrou na rocha uma câmara qual havia muitos livros. O caçador seguiu para Jerusalém e contou sua história aos judeus, que acorreram ao local em grande número e se depararam com livros do Velho Testamento e outros escritos em hebraico; e, já que havia entre eles um erudito versado em literatura, interroguei-o sobre muitas passagens que são citadas em nosso Novo Testamento como sendo do Velho Testamento mas neste não se acham em parte alguma, nem nas cópias dos judeus, nem nas dos cristãos. Ele respondeu que estão lá e podem ser encontradas nos livros ali descobertos. Quando ouvi isso do catecúmeno, e depois de interrogar os outros em sua ausência e ouvir a mesma história sem variações, escrevi a respeito [a alguns amigos nessa parte do mundo e pedi-lhes que examinassem

> tais manuscritos e verificassem] se a passagem "Ele será chamado Nazareno" [Mateus 2:23] e outras que são citadas no Novo Testamento como sendo do Velho Testamento, porém não constam do texto que possuímos, podiam ser encontradas em algum trecho dos Profetas.

O patriarca perguntava também sobre a passagem "Tem piedade de mim, ó Deus, conforme a Tua misericórdia [...] asperge-me com o hissopo do sangue de Tua cruz e purifica-me" (que não está em nosso Novo Testamento, mas é obviamente uma versão cristianizada do Salmo 50). E o patriarca prossegue:

> Tal expressão não ocorre na Versão dos Setenta nem nas outras [traduções] nem no [texto] hebraico; entretanto o hebreu me disse: "Aqui encontramos mais de duzentos Salmos de Davi entre nossos livros" [...] Sem embargo, não responderam a minha carta sobre esses tópicos, e não tenho nenhuma pessoa adequada a quem possa recorrer. Isto é como fogo em meu coração, queimando e ardendo em meus ossos.

Dificilmente se encontrariam nos documentos do mar Morto as passagens que preocupavam o patriarca. Elas são de evidente origem cristã, e a literatura do cristianismo só passou a ser registrada após a destruição do mosteiro. Contudo os exploradores das cavernas do século IX podem bem ter localizado no Livro de Henoc a já mencionada profecia invocada por Judas e ainda — numa obra que, como veremos mais adiante, constava do primeiro lote de manuscritos — numerosos salmos desconhecidos.

Relacionada com os achados recentes, a carta do patriarca do século IX lança luzes sobre outro mistério. No século VIII d.C. fundou-se em Bagdá uma seita judaica herética que rejeitava a autoridade do Talmude e restabelecia o contato direto com a Bíblia. Tal seita, autodenominada caraíta, ainda existe no Oriente e sobrevivia na Rússia antes da revolução. Ora, a literatura dos caraítas está repleta de referências à seita zadoquita, e um dos autores caraítas diz que os textos zadoquitas circularam amplamente entre eles. Os fragmentos zadoquitas do Cairo, cujo *manuscrito* os estudiosos dataram de alguma época da Idade Média, foram na verdade encontrados entre livros caraítas. J. L. Teicher, de Cambridge, que estudou especificamente esse aspecto da questão, diz que os caraítas invocaram tais textos "para demonstrar a linhagem de seu credo através da referência aos documentos que atestam uma antiga oposição ao judaísmo talmúdico". E acredita que a literatura da seita inspirou seu calendário peculiar, suas regras alimentares e alguns outros costumes. Mas por que a linguagem característica da seita aparece de repente no século IX sem ter tido nenhuma participação na literatura judaica anterior a essa data e posterior ao cristianismo? Porque os textos zadoquitas acabavam de ser descobertos na caverna da qual o patriarca tivera conhecimento, responde o dr. Teicher. Naturalmente a carta do patriarca fora escrita antes que ele ou seu correspondente tivesse morrido — ou seja, em algum momento na última metade do século VIII ou no começo do IX. Teicher diz que as formas peculiares da escritura dos pergaminhos do mar Morto também começam a aparecer de repente em documentos hebraicos do século X. De Vaux assinalou que por volta de 937 d.C. um autor caraíta fala de uma seita antiga, a qual parece situar no mesmo período geral dos saduceus e de Jesus e que leva o nome de magarita porque seus livros foram encontrados numa caverna (*magharah* significa *caverna* em árabe); e dois autores muçulmanos posteriores também mencionam a mesma seita, um deles informando que floresceu em meados do século I a.C.

Assim, todo um conjunto de documentos que nunca foram entendidos quando relacionados entre si hoje parece encaixar-se perfeitamente e adquirir um novo significado como pertencente à literatura da seita do mar Morto ou como representantes, numa fase anterior ou posterior, das tendências que tal seita representa. Assim toma forma todo um capítulo ausente da história do desenvolvimento das ideias religiosas entre o judaísmo e o cristianismo — um capítulo que, como disse Albright em seu posfácio de 1951 da tradução do Manual de Disciplina elaborada por Brownlee, "poderá revolucionar nossa abordagem dos inícios do cristianismo". "Os estudos rabínicos são afetados ainda mais diretamente", acrescenta, "e é seguro dizer que nada do que foi escrito sobre os movimentos sectários dos últimos três séculos do Segundo Templo pode escapar a uma revisão completa à luz das evidências hoje disponíveis e ainda não publicadas." Mais recentemente, no suplemento literário do *Herald Tribune* de 18 de julho de 1954, Albright disse que agora "será necessário reescrever todo o material básico de nosso Novo Testamento, pois as novas fontes preenchem um vazio quase total da literatura judaica entre os últimos apócrifos e as primeiras fontes rabínicas". Podemos citar aqui também a opinião de um dos mais eminentes estudiosos franceses, André Dupont-Sommer, da Sorbonne, que publicou dois livros sobre os pergaminhos. Sobre a até então confusa literatura dos apócrifos pré-cristãos ele escreve no primeiro desses livros:

> É preciso reconsiderar inteiramente todas as questões de crítica literária e histórica relativas a essa literatura. Confrontamo-nos com toda uma massa de documentos cujo estudo histórico apresentou dificuldades extremas, pois muitas das alusões que contêm permaneciam indecifráveis. Mas agora a nova luz iluminou a história religiosa dos últimos dois séculos anteriores a nossa era; mil detalhes dos textos desse período agora se tornam inteligíveis, finalmente emergindo do caos.

Mencionei os documentos apócrifos do período "intertestamental" que já eram conhecidos em tradução antes da descoberta dos manuscritos do mar Morto. Com relação a esses textos esparsos, há muito tempo se percebeu que pertenciam a uma literatura de transição entre o judaísmo e o cristianismo. A invocação do Salvador-Messias torna-se mais importante e insistente que nos livros canônicos; e os novos textos cada vez mais tomam a forma de apocalipses — a saber, de visões sobrenaturais que revelam passado, presente e futuro sob o disfarce de uma sucessão fantasmagórica de pessoas e animais simbólicos, seres divinos e demoníacos, fenômenos celestiais e infernais. Charles resume a situação ao prefaciar o segundo volume de sua grande edição dos apócrifos. No século III a.C. passou-se a conceber a lei judaica do Pentateuco "como a revelação final e suprema de Deus", diz ele; "agora não havia mais possibilidade de representantes independentes de Deus aparecerem diante dos homens, como os profetas anteriores ao Exílio". De acordo com Zacarias (13:1-5), que escreveu por volta de 500 a.C. a partir do ponto de vista sacerdotal conservador, um homem podia ou devia ser morto por arvorar-se em profeta. O resultado disso era que um autor que tivesse uma nova revelação se via obrigado a atribuir seu relato ou a um dos profetas canônicos ou a um dos patriarcas do Pentateuco. Os últimos escritos apócrifos são apresentados, em muitos casos, como expressão de Henoc ou Moisés, Jeremias, Baruc ou Isaías. Uma dessas obras, o Livro de Daniel, faz parte do cânon, mas na Bíblia hebraica, ao contrário do que ocorre na cristã, não é admitido entre os Profetas, e sim relegado à miscelânea dos Textos Sacros. Essa obra, que pretende narrar fatos do cativeiro na Babilônia, foi elaborada na verdade para aplicar-se às lutas dos judeus do período helênico contra seu rei selêucida, Antíoco IV, Epífano, e contém, nas visões de Daniel e nos sonhos de Nabucodonosor, os primeiros exemplos extensos do apocalipse em sua forma característica. O problema do estudioso ou do historiador consistia em estabelecer a correspondência entre os acontecimentos fantásticos descritos nessa literatura apocalíptica e os fatos verdadeiros registrados; e dificulta essa tarefa a tendência dos autores judeus de verem tudo a partir da perspectiva de Deus: não possuindo nosso senso ocidental da história, misturam passado, presente e futuro e referem-se a pessoas contemporâneas sob os nomes de figuras legendárias.

Ora, dois pergaminhos do primeiro lote pertencem a essa categoria apocalíptica. O professor Sukenik intitulou um deles

— o que expôs aos correspondentes em meio ao bombardeio dos árabes — de A Guerra dos Filhos da Luz Contra os Filhos das Trevas. (Até agora as autoridades em que me baseio conheciam apenas alguns fragmentos, pois o professor Sukenik faleceu antes de acabar sua edição. A íntegra do texto hebraico foi recentemente divulgada por seu filho, o general Yigael Yadin.) O outro pergaminho representa uma variação especial, até agora desconhecida, da forma apocalíptica costumeira. Aparentemente um comentário, verso por verso, sobre o profeta canônico Habacuc, constitui na realidade uma história dos fatos que eram recentes na época de sua redação, mas aqui são relatados como se Habacuc estivesse profetizando-os. (Trata-se de um gênero que era desconhecido quando se descobriu o primeiro lote de rolos; entre os manuscritos encontrados mais recentemente, porém, alguns fragmentos foram identificados como pertencentes a uma interpretação similar de Miqueias.) Os dois documentos abordam uma guerra, e em ambos os casos o inimigo se chama *kittim*. Na origem o termo designava adequadamente o povo de Kition, cidade de Chipre; depois, com suas vagas ideias a respeito de seus vizinhos mediterrâneos, os judeus passaram a aplicá-lo aos habitantes das ilhas orientais em geral, da Macedônia e até da Itália. A Guerra dos Filhos da Luz nos fala dos "*kittim* de Assur" — obviamente os sírios, os selêucidas — e dos "*kittim* do Egito" — obviamente os seguidores dos Ptolomeus. O Comentário de Habacuc os chama simplesmente de *kittim*, mas descreve com certo grau de particularidade suas práticas e métodos: informa-nos que são "rápidos e corajosos na batalha", "uma fonte de terror [...] para todas as nações", "insolentes em relação aos poderosos"; que "zombam de reis e líderes" e "desprezam as fortalezas do povo" e "as cercam" e "as destroem"; que seus capitães "assumem o comando" e depois "desaparecem, um após outro"; que pilham o povo que conquistam e em seguida os sobrecarregam de tributos; e que "passam muitos à espada — homens jovens, adultos, velhos, mulheres e crianças — não têm piedade pelo fruto do ventre".

Tudo isso parece aplicar-se melhor aos romanos que a quaisquer outros. O desaparecimento sucessivo dos líderes bem poderia descrever a situação que prevalece durante as guerras civis, quando cônsules e generais eram substituídos constantemente. O fato de que os *kittim* "devoram todas as nações como uma águia" também condiz com os romanos, que levavam a águia em seus estandartes; e confirmaria a identificação o costume, atribuído a esse inimigo, de "sacrificar as suas insígnias". "Suas armas são o objeto de sua religião", diz o autor do Comentário. Numerosos escritores antigos atestam o culto dos *signa* de batalha entre as legiões romanas. Embora os estudiosos não sejam unânimes em identificar os *kittim* com os romanos, parecem confirmar essa hipótese as conclusões a que chegou o general Yadin num estudo sobre A Guerra dos Filhos da Luz. Ele acredita que algumas armas atribuídas ao inimigo correspondem às espadas curtas dos romanos e que muitos detalhes militares da luta descrita nesse rolo só podem referir-se — ou se aplicariam melhor — ao período de Júlio Cezar. Os *kittim* de Assur e os *kittim* do Egito seriam os sírios e egípcios aliados aos romanos.

Dupont-Sommer, cujos argumentos resumi mais acima, acredita que o Comentário foi escrito, muito provavelmente, em 41 a.C. — ou seja, três anos após a morte de Júlio César. Ele também procurou identificar duas figuras cujos nomes o texto nunca menciona, mas que evidentemente são de grande importância para a história da seita do mar Morto. Uma dessas figuras é o Mestre da Retidão, um sacerdote que recebeu revelações divinas e lidera uma comunidade cujos membros são pobres e se autodenominam "a Nova Aliança". O mestre é chamado de Eleito de Deus. Insiste na mais rígida observância da Lei e contudo discorda dos sacerdotes de Jerusalém. Foi perseguido por um Sacerdote Iníquo — aparentemente chamado às vezes de Profeta da Inverdade ou Homem da Inverdade —, que "o devorou no ardor de sua fúria", "ousou despojá-lo de suas vestes" e o golpeou "na execução de iníquos julgamentos", quando "profanadores odiosos cometeram horrores sobre ele e vingança sobre o corpo de carne". (Sigo a tradução de Dupont-Sommer. Outros estudiosos traduzem essas passagens de maneira diferente. Mais adiante voltarei a esse problema.) Entretanto os perseguidores serão punidos: "Assim, no final da festa, no descanso do Dia das Expiações, ele [o Mestre da Retidão] apareceu-lhes esplendoroso para devorá-los e fazê-los caírem nesse dia de jejum, no *shabat* de seu descanso". (Essa tradução é de Brownlee, como as que se seguem.) E o texto nos diz que "diante do Mestre da Retidão e dos homens de seu conselho" Deus entregou o Sacerdote Iníquo "nas mãos de seus inimigos para o golpearem, de modo que ele pudesse consumir-se com a alma amarga, porque fizera mal a Seu eleito".

Quem é o Mestre da Retidão e quem é o Sacerdote Iníquo? Falei sobre as estreitas semelhanças entre o Manual de Disciplina e os fragmentos zadoquitas. A corrente de evidências ganhou um novo elo quando se observou que o Mestre da Retidão também figurava no texto zadoquita (a expressão é exatamente a mesma, com a omissão do artigo) e que em ambos os casos seus seguidores estavam unidos por uma Aliança ou Nova Aliança. Além disso a palavra "aliança" aparece ao longo do Manual de Disciplina, referindo-se aos membros da ordem. A descrição dos seguidores do Mestre da Retidão, citada acima, coincide com o quadro montado a partir de Josefo e Fílon. O Profeta da Inverdade e o Homem da Inverdade figuram nos fragmentos zadoquitas, e o Profeta da Inverdade é mencionado nos fragmentos do Comentário de Miqueias. Dupont-Sommer supõe que os dois nomes se refiram ao Sacerdote Iníquo e encontra em Josefo uma figura que por seu papel parece corresponder a esse homem odiado. Trata-se de Aristobulo II, membro da dinastia asmoniana, sumo sacerdote e rei de Jerusalém, que governou o estado judeu durante três anos e meio (entre 67 e 63); foi capturado em 63 e encarcerado por Pompeu em Roma; fugiu e retornou à Palestina, mas de novo foi preso e posto a ferros — de modo que deve ter sido forçado a participar do triunfo de Pompeu, "com a alma amarga" —; e por fim, em 49 a.C., foi envenenado no cárcere por sequazes de Pompeu.

Uma prova contundente corrobora tal identificação. O Comentário fala da "casa de Absalão e dos homens de seu conselho, que silenciaram ante a reprovação do Mestre da Retidão e não o ajudaram contra o Homem da Inverdade, que rejeitaram a Lei entre todos os povos". Ora, Josefo nos diz que Aristobulo tinha um tio chamado Absalão e que esposou sua filha.

Quanto ao Mestre da Retidão, pode tratar-se de um título genérico conferido a uma sucessão de Messias. Antes da descoberta dos manuscritos do mar Morto as mais antigas referências conhecidas ao Messias como "O Eleito" e "O Justo" ocorriam no Livro de Henoc, que Charles datou dos primeiros anos do século I a.C.; e esses nomes não só figuram na literatura da seita do mar Morto, como nos Evangelhos são aplicados a Jesus — a expressão "o Filho do Homem", embora comum nos profetas do Velho Testamento, é usada pela primeira vez para designar o Messias em Henoc. Por certo existiram várias pessoas que diversos autores aceitaram como Messias em várias situações; no entanto esses documentos da caverna do mar Morto parecem referir-se a um homem específico. Apresentaram-se numerosas sugestões, e mais uma vez consultou-se Josefo, bem como II Macabeus; ambos contam a história de um sumo sacerdote de Jerusalém chamado Onias, exemplar em sua "santidade" e em sua "aversão à maldade", que foi primeiro suplantado pelo irmão e depois assassinado pelo sucessor desse irmão. Porém isso ocorreu sob os selêucidas; a morte de Onias data de 171 a.C. Nesse caso o mosteiro do mar Morto teria sido ocupado pela primeira vez (136?) uns 35 anos após o assassinato do Mestre da Retidão, e a seita teria tido tempo de abandonar o costume de sacrificar animais (ou de praticá-lo fora do Templo); na condição de sumo sacerdote Onias naturalmente seria obrigado a observar tal costume, assim como a adotar o calendário específico da seita (descrito pela primeira vez em O Livro dos Jubileus, cuja redação R. H. Charles situou entre 153 e 105 a.C.). Assim, o Sacerdote Iníquo seria o sumo sacerdote Menelau, sobre o qual II Macabeus nos diz que "chegou a Jerusalém nada trazendo digno do sumo sacerdócio, mas tendo a paixão de um tirano cruel e a fúria de uma besta selvagem". Tal qual o Sacerdote Iníquo, ele também é descrito como um monstro de rapacidade. Evidentemente a morte de Onias chocou o mundo judaico, e há muito se acredita que a referência, no capítulo nono de Daniel (165 a.C.?), a um Messias que será "decepado" e "nada terá" aplica-se ao assassinato de Onias. Mas então o que acontece com a teoria de Dupont-Sommer sobre a Casa de Absalão e a veneração dos estandartes romanos? Não havendo menção de nenhum outro nome pessoal, esse Absalão pode ser apenas o Absalão da Bíblia, invocado em sentido simbólico por José, sobrinho de Onias, que o despojou de grande parte de sua autoridade; e sabemos se os exércitos dos selêucidas também não veneravam seus estandartes? Dupont-Sommer argumentou que os *kittim* do Comentário não podiam ser sírios, pois estes últimos não provinham das "ilhas" do mar; contudo, objetou-se, a tradução *ilhas* é vaga, podendo o termo referir-se a qualquer região marítima, e, se é possível que os *kittim* fossem macedônios, igualmente possível é que fossem sírios — ainda mais que A Guerra dos Filhos da Luz deixa claro que eles são selêucidas. E, se o Sacerdote Iníquo era Menelau, o Homem da Inverdade não podia ser outra pessoa? Antíoco IV, Epífano, talvez? O próprio Dupont-Sommer considera a hipótese contrária — a de que os nomes, embora intercambiáveis, se refiram a duas pessoas: Aristobulo II e seu irmão e sucessor, Hircano II. A situação complicou-se ainda mais quando alguns estudiosos consideraram que, alterando-se as formas verbais do Comentário de Habacuc, os fatos envolvidos poderiam pertencer ao campo da profecia — ou seja, poderiam ter sido apenas preditos em função de um forte desejo de que realmente acontecessem. (O general Yadin, editor de A Guerra dos Filhos da Luz Contra os Filhos das Trevas, define essa obra como uma visão ideal de um triunfo que ainda estava por ocorrer, mas era apresentado em termos das armas, estratégia e táticas rituais contemporâneas dos hebreus.)

O dr. W. H. Brownlee acredita que toda a história envolvida no Comentário de Habacuc é narrada pelo Mestre da

Retidão, o qual vaticina os acontecimentos subsequentes a sua morte. O dr. Brownlee acredita ainda que o texto se refere a *três* Sacerdotes Iníquos — Alexandre Janeu, Aristobulo II e Hircano II — e descobre uma série de indícios para identificá-los nessa ordem cronológica. Sugere que o Mestre da Retidão talvez seja um certo Judá mencionado no Talmude e que teria criticado Hircano II. Explica que, quando publicou sua tradução do Comentário de Habacuc (citada anteriormente), estava convencido de que o Sacerdote Iníquo "reprovara" o Mestre da Retidão, mas admite que a leitura oposta também é possível; encontra em Josefo um essênio chamado Judas (forma helenizada de Judá), que instruía seus discípulos na arte da profecia e se opunha ao clero oficial. Ora, entre os três rolos da caverna original adquiridos pelo professor Sukenik há uma coletânea de 35 salmos — até então absolutamente desconhecidos — que receberam o título de "Hinos de Ação de Graças". (O texto integral desses hinos finalmente foi publicado pela Universidade Hebraica de Jerusalém; até agora apenas cinco estavam à disposição dos estudiosos.) Supõe-se que foram compostos ou pelo próprio Mestre da Retidão, ou, em sua homenagem, por um discípulo que atua como porta-voz do profeta. O dr. Brownlee assinala que todos os salmos se iniciam com a frase "Louvarei a Ti, Senhor" e lembra que essas são as palavras proferidas por Lia quando lhe nasceu o quarto filho, Judá. O autor de tais salmos "fala eloquentemente de sua perseguição e da perseguição de seu povo", diz Yadin, "e depois, ao longo de mais de vinte páginas, agradece por sua libertação numa linguagem majestosa". Entretanto não sabemos se essa libertação ocorreu de fato ou se é apenas predita com toda a convicção. Mais uma vez temos aqui descrições de armas e táticas de guerra, porém nenhum dado histórico preciso.

Esbocei aqui, da maneira mais simplificada, apenas três das linhas teóricas que vários estudiosos desenvolveram a fim de elucidar o Comentário de Habacuc. A bibliografia sobre o assunto é imensa, sendo impossível resumi-la. Tentei tão somente dar uma ideia da dificuldade que existe para determinar os fatos reais — e nunca se pode ter certeza de que *são* reais — de que tratam esses textos hebraicos tardios, para conciliar visões apocalípticas com as crônicas mais realistas de judeus helenizados e romanizados como Josefo e o autor de II Macabeus. No entanto, se é difícil estabelecer a historicidade de certos fatos e seus atores, as doutrinas e os símbolo místicos não se confundem facilmente. Esses nem sempre são coerentes — devem pertencer a um movimento religioso que se estendeu por uns dois séculos e meio; sem embargo é óbvio que uma certa teologia não só perpassa todo esse conjunto de documentos apócrifos tardios e a literatura da seita do mar Morto, como ainda abrange também o Novo Testamento. Não seria possível delinear aqui toda a intricada rede de inter-referências e inter-relações que une esses textos. Terei de me limitar a descrever os principais elementos dessa escola de pensamento messiânico.

Uma das doutrinas mais importantes é a da moralidade das Duas Vias, desconhecida dos antigos hebreus e presente em muitos desses documentos. Nessa literatura encontramos repetidas vezes o Caminho das Trevas e o Caminho da Luz, o Espírito das Trevas e o Espírito da Luz, os Filhos das Trevas e os Filhos da Luz. A Luz é a Verdade, e as Trevas são a Mentira. O Messias, o Mestre da Retidão, opõe-se ao Demônio do Mal, mais frequentemente chamado Belial ou Beliar. O Caminho do Bem conduz à salvação; o Caminho do Mal, ao tormento. Haverá um Juízo Final no fim dos tempos — também desconhecido do judaísmo ancestral —, quando o Messias dividirá o mundo. Ele, o Eleito, salvará os Eleitos, o povo da Nova Aliança. Os males que sofreram nas mãos de seus inimigos serão vingados. Entrementes, porém, devem preservar sua santidade através dos sacros repastos presididos por um sacerdote, da purgação pelo batismo e por abluções constantes. Nos fragmentos zadoquitas há três referências ao "poço da água viva" salvadora que parecem antecipar o diálogo de Jesus com a samaritana junto ao poço, quando ele fala da "fonte de água jorrando para a vida eterna", e diversas passagens do Novo Testamento que associam o batismo tanto a referências do Velho Testamento — por exemplo, as de Jeremias a Deus como "fonte de águas vivas" —, quanto à regeneração espiritual através de Cristo. As águas vivas de Jeremias constituem uma metáfora; todavia parece claro que a água dos fragmentos zadoquitas, considerada em relação com o que sabemos sobre as cerimônias da seita, é algo mais que uma metáfora. No Manual de Disciplina encontramos, por exemplo, a seguinte passagem:

> E então Deus purificará com Sua verdade todos os feitos do homem, aprimorando-lhe uma parte de humanidade a fim de eliminar de sua carne os maus espíritos e livrá-lo de todas as práticas perversas por meio de um Espírito Santo, aspergindo-lhe um Espírito da verdade como água purificadora a fim de limpá-lo de todas as abominações e [impedir] que chafurde [ou se macule] no espírito da impureza — e assim lhe dará a percepção correta do conhecimento do Altíssimo e da sabedoria dos filhos do Céu, dar-lhe-á a maneira perfeita de compreender.

Pode ser, como falei anteriormente, que o batismo e a adoração do sol já tivessem chegado à Palestina vindos do Oriente — como a doutrina das Duas Vias, com seus espíritos de Luz e Trevas, lembra os Dois Espíritos de Zaratustra e a teologia persa mais recente do maniqueísmo, que considerava o mundo objeto de uma luta entre dois espíritos de Luz-Bem e Trevas-Mal, cada qual com sua existência independente, ao invés de obra de um Deus todo-poderoso, criador do Bem e do Mal —, uma religião que, originada no século III d.C., durante algum tempo competiu duramente com o cristianismo.

Encontra-se, porém, a doutrina das Duas Vias num documento que se tornou parte da literatura cristã, embora tenha permanecido um tanto misterioso. Antes de se descobrir tal documento, sabia-se pelas velhas listas de textos canônicos e não canônicos que existira outrora uma obra intitulada *Didachê*, ou *Ensinamentos dos doze apóstolos*. Desconfiava-se que uma obra, à qual os estudiosos se referiam como *As Duas Vias*, fora usada e incorporada em manuais da igreja primitiva e textos dos padres apostólicos. Em 1882 o alemão Adam Krawutzcky, estudioso católico, tentou reconstituir *As Duas Vias*; num desses acidentes espetaculares da erudição o metropolita grego de Constantinopla publicou no ano seguinte, 1883, um texto grego da *Didachê* recém-descoberto, que começava dizendo "Há duas vias [...]" e cuja primeira parte era evidentemente a obra desconhecida que Krawutzcky pretendia reconstruir. Suas suposições se confirmaram num grau espantoso. No ano seguinte veio à luz um fragmento de uma versão latina do mesmo texto, mas que não continha as referências especificamente cristãs características da *Didachê* grega. Alguns estudiosos julgaram então que *As Duas Vias* — cito 11ª edição da Enciclopédia Britânica (1910-1) — "parecia um manual judaico que passara a ser utilizado pela Igreja cristã". "Isto, porém", acrescenta a enciclopédia, "naturalmente é apenas uma inferência provável; não existe protótipo na literatura judaica." Hoje, contudo, resta pouca dúvida quanto à fonte não só de *As Duas Vias*, como também da segunda parte da *Didachê*, que é um manual de preceitos eclesiásticos. Temos aqui, tal como no Manual de Disciplina do mosteiro do mar Morto, os dois caminhos de luz e trevas que conduzem respectivamente à vida e à morte, cada qual sendo presidido por seu anjo, e a linguagem similar da "luta" que se trava entre eles e da "coroa" que o homem bom poderá ganhar. Temos o batismo (precedido de jejum na *Didachê*), que, como sabemos, era fundamental para o ritual da seita, e o sacro repasto, que envolve pão partido e uma taça de vinho, porém no qual o vinho representa "a Santa Videira de Teu [de Deus] filho Davi" e pão simboliza a "vida e o conhecimento que nos transmitiste através de Jesus, Teu filho". Cabe notar que, embora mencione Jesus, o texto não diz nada sobre o perdão cristão. Até então alguns acreditavam que a cerimônia do pão e do vinho realizada na Santa Ceia e descrita nos Evangelhos se baseava na bênção do pão e do vinho da celebração da Páscoa judaica; entretanto num estudo da evolução da Eucaristia o professor Karl Georg Kuhn, de Göttingen, assinalou que a cerimônia da Páscoa judaica é familiar: dela participam homens e mulheres, e o pai a preside; já a Comunhão cristã primitiva na tradição de Santa Ceia era exclusiva de homens que pertenciam a um círculo restrito e presidida pelo líder de uma congregação. Já vimos que os banquetes da seita eram sagrados e constituíam parte importante de seu ritual. O professor Kuhn acredita que a Comunhão cristã deriva de tais banquetes e que o próprio Jesus acrescentou o perdão. Mas este não se encontra na *Didachê*, como vimos, e outros julgam que foi acrescentado posteriormente.

Dentre os fragmentos encontrados na primeira caverna de Qumran constam duas colunas do Manual de Disciplina que tinham desaparecido e ainda não haviam sido publicadas quando o professor Kuhn elaborou seu estudo; tal descoberta favorece a teoria de que o ritual da Santa Ceia deriva, em última análise, da seita. Prescreve-se aqui um procedimento que se assemelha de modo ainda mais impressionante ao da Comunhão cristã. Sempre que dez homens se reunirem para um banquete, sentar-se-ão por ordem de precedência, e o sacerdote e o Messias presidirão. Os convivas não tocarão o pão nem o vinho até que o sacerdote os abençoe e os tome — depois do que o Messias se servirá, seguindo-se os outros em ordem hierárquica. Pode ser que a cerimônia aqui descrita seja uma antecipação litúrgica de um banquete esperado no Céu, que o Messias não esteja de fato presente, mas o sacerdote aja em seu nome, como o sacerdote cristão em nome de Cristo. Afirmou-se ainda que um incidente na Santa Ceia narrada por Lucas tem um significado que só se pode compreender relacionando-o com o ritual do Manual:

> Levantou-se entre eles uma contenda sobre qual deles se devia considerar o maior. Jesus, porém, disse-lhes: "Os reis dos gentios exercem domínio sobre eles; e os que têm au-

toridade sobre eles chamam-se benfeitores. Mas entre vós não é assim; antes, o que entre vós é o maior, faça-se como mais novo, e o que governa, seja como o que serve.

Não sabemos qual era a relação de Jesus com os essênios, mas parece que nessa ocasião ele deliberadamente transtornou seu protocolo. Josefo nos informa como era rígida entre os membros da seita a hierarquia baseada na antiguidade, e a linguagem de "maior" e "mais novo" é bem a que encontramos no Manual, que fala de "maior" e "menor".

As semelhanças entre o Manual e a *Didachê* foram cuidadosamente levantadas por um padre canadense, Jean-Paul Audet,* que a partir do mesmo ponto de vista publicou em *La Revue Biblique* um estudo de outra obra tida no passado como cristã, o *Pastor*, de Hermas (os dois assuntos constam dos trabalhos lançados sob o título geral de *Affinités littéraires et doctrinales du 'Manuel de Discipline'* [Afinidades literárias e doutrinais do "Manual de Disciplina"]). Este é um livro de "Visões, Preceitos e Similitudes", escrito em meados do século II d.C., que durante muito tempo integrou em alguns lugares o cânon cristão, porém no final do século V, em função de um concílio da Igreja romana, foi relegado à posição de não canônico. Sempre se achou esse livro enigmático. Nele figura um filho de Deus que nunca recebe o nome de Jesus ou Cristo e que, como um Espírito Santo mencionado ocasionalmente, não se comporta da maneira esperada e condizente com a teologia cristã. Agora o padre Audet relê o *Pastor* à luz dessas descobertas recentes. Afirma que sempre foi difícil explicá-lo exatamente porque os estudiosos o abordaram pelo que ele *não* é — quer dizer, em relação ao cristianismo. Abordando-o pelo que ele *é*, percebe-se que se trata de um produto perfeito das doutrinas da irman-

* Depois disso o padre Audet publicou um livro inteiro em que aborda o assunto: *La Didachê, introductions des apôtres* [A *Didachê*, introduções dos apóstolos] (J. Gabalda et Cie., Paris, 1958). 1969.

dade. O Deus, o Filho de Deus e o Espírito Santo de Hermas não formam uma Trindade: é Deus que domina o *Pastor*; o filho e o espírito são mencionados apenas em conexões especiais. A "Igreja" da qual Hermas fala não deve sua criação ao "Filho de Deus": tinha já uma longa história quando este último veio purificá-la e lembrar-lhe os mandamentos divinos; não foi sequer fundada por homens. "Alguma coisa ditou num sentido positivo a unidade do pensamento teológico de Hermas", diz o padre Audet, "e alguma coisa deve ter também determinado sua qualidade." Essa "alguma coisa" é uma tradição judaica, não cristã; mas uma tradição judaica de um tipo específico que agora se torna reconhecível pela primeira vez. Hermas menciona a *Didachê*, que é obviamente uma das fontes de seus "Preceitos"; e de novo encontramos no *Pastor* o Caminho das Trevas e o Caminho da Luz que conduzem à salvação ou à perdição e os dois anjos a eles designados. Encontramos o perdão através do batismo, e esse é o único tipo de perdão mencionado. Quanto ao Espírito Santo, vimos na passagem citada do Manual que um Espírito Santo estava associado ao ritual da purificação pelo batismo e esse parece ser o mesmo Espírito Santo que figura duas vezes nos fragmentos zadoquitas como algo que não deve ser profanado. Ora, Hermas nos conta que viveu em Roma e durante algum tempo foi escravo. O padre Audet formula a hipótese de que seu pai fosse um judeu que pertencia à seita do mar Morto e após a chegada dos romanos, em 70 d.C. (quando o mosteiro provavelmente foi destruído), levou o menino para Roma e vendeu-o. ("Aquele que me criou vendeu-me em Roma a um certo Rhoda", escreve Hermas.) O filho acabaria tornando-se cristão, porém já estaria tão profundamente imbuído da doutrina em sua forma mais antiga que nunca assimilaria de fato a teologia elaborada pelos cristãos.

5. O QUE RENAN TERIA DITO?

QUEM SE PÕE A ESTUDAR as controvérsias provocadas pelos manuscritos do mar Morto logo percebe a existência de uma certa "tensão". Em 1951 o dr. Albright escreveu:

> Nos últimos três anos tem havido um debate sobre a cronologia dos pergaminhos que às vezes chegou a transformar-se numa verdadeira *guerre des savants* [guerra dos sábios]. Trata-se de um capítulo espantoso da história do conhecimento, sob alguns aspectos sem paralelo.

Entretanto a tensão não se deve apenas aos problemas da datação, muito discutidos a princípio, e por trás do próprio debate relativo à datação talvez haja outras ansiedades desvinculadas da pura erudição.

Eu tinha já uma vaga consciência da situação, que me foi exposta de maneira instigante numa noite que passei na zona israelense de Jerusalém com um ilustre erudito judeu de Praga, David Flusser. Eu acabara de ler no *Israel Exploration Journal* um interessantíssimo artigo de Flusser que relacionava outro livro apócrifo, intitulado Ascensão de Isaías, com a literatura do mar Morto. Ao examinar a parte desse livro conhecida como O Martírio de Isaías, tida como pré-cristã, o dr. Flusser passou a suspeitar que aqui o profeta do Velho Testamento era o Mestre da Retidão. Aqui o adversário de Isaías é Belial, o Anjo da Anarquia; sendo Belial, como vimos, o nome característico com o qual esse conjunto de textos designa o soberano das forças do mal, Flusser identifica-o com o Anjo das Trevas, senhor de "todos os filhos da desordem", que figura no Manual de Disciplina; e também com o Anjo das Trevas e do Mal das

Duas Vias da *Didachê*. Os agentes humanos de Belial serram ao meio esse Isaías porque ele declarou ter visto Deus — e Moisés afirmara que era impossível ver Deus e continuar vivo — e saber mais que Moisés. (O Comentário de Habacuc diz que Deus revelou ao Mestre da Retidão "todos os segredos das palavras de seus servos, os profetas".) Pouco antes de seu martírio, contudo, Isaías fala a seus seguidores e exorta-os a "fugir" para a região de Tiro e Sídon: "A mim somente Deus reservou este quinhão". Nem a Bíblia nem outros textos mencionam uma fuga para Tiro e Sídon; no entanto Flusser chama a atenção para a seguinte passagem dos fragmentos zadoquitas: "Todos os que voltaram foram entregues à espada, e aqueles que se mantiveram firmes escaparam para a terra do norte". Damasco, Tiro e Sídon situavam-se ao norte de Jerusalém e tanto na época dos selêucidas como na dos romanos pertenceram ao mesmo departamento da administração imperial. Flusser supõe que o autor de O Martírio de Isaías "participou da controvérsia sobre essa partida" e "tentou provar pela autoridade do profeta Isaías que a partida fora prenunciada segundo a Vontade Divina".

Conquanto não seja implausível, tal teoria dificilmente se apoia em provas decisivas como as que unem os outros documentos. Todavia Flusser é um homem culto e inteligente, e vale a pena ouvi-lo discorrer sobre os manuscritos, dos quais tem se ocupado ultimamente, embora seu campo não seja esse. Conheci-o na biblioteca da universidade e pedi-lhe que fosse me visitar; ele chegou ao King David Hotel de repente, apressado, sem chapéu, com sua pasta na mão, e, quando nos sentamos no saguão, deixou de lado os preâmbulos convencionais e pôs-se a falar dos pergaminhos, pois sabia que eu estava procurando me esclarecer sobre o assunto. Foi dinâmico, criativo, apaixonado. Haviam me contado que ele mergulhava em textos antigos — parecia carregá-los por toda parte — enquanto esperava na fila do mercado. O importante, foi logo me dizendo, não era a polêmica sobre as datas, e sim o que o conteúdo dos manuscritos implicava. Começou em inglês, mas me perguntou se podia falar francês. Seu inglês era horrível, explicou; e pouca gente entendia tcheco. (Tive a impressão de que não era comum falar alemão em Israel.) Aprendera hebraico meio tarde na vida, acrescentou; "aqui minha melhor língua é na verdade o latim medieval". Eu sabia que ele era basicamente um estudioso de assuntos medievais, mas perguntei-lhe com quem falava latim. "Com os jesuítas", respondeu. Disseram-me que ao ouvir uma pergunta ele se demorava três horas na resposta, e agora eu entendia o que isso significava; entretanto Flusser não era nem enfadonho nem tagarela. Ao contrário, raras vezes conheci um erudito que se expressasse — com todo o seu material à mão — de modo tão brilhante e preciso. A cada uma de minhas questões fez uma explanação completa, silenciando só depois de esgotar o assunto. Todos os textos de que precisávamos estavam em sua pasta, e ele me deu um Testamento grego para eu acompanhar as Epístolas de São Paulo, enquanto lia os textos hebraicos e os traduzia fluentemente para o grego, demonstrando que não só a doutrina, como também a linguagem eram a mesma. Agora não lembro quais foram as passagens lidas, porém uma decerto era a descrição do batismo segundo o Manual de Disciplina (citei-a anteriormente), a qual pode muito bem ter sido justaposta à Epístola a Tito, 3:5: "Não pelas obras de justiça que tivéssemos feito, mas por sua misericórdia, salvou-nos mediante o batismo de regeneração e renovação no Espírito Santo". Flusser falou com grande entusiasmo sobre a doutrina da Eleição, da salvação pela graça, que está implícita nessa afirmação e domina as Epístolas de São Paulo. "Temos agora uma nova genealogia para a doutrina da Eleição: o Mestre da Retidão, Paulo, Spinoza, Calvino, Hegel, Marx — uma das ideias humanas mais desastrosas, a doutrina da predestinação!", disse ele. A premência e o ritmo de seu discurso eram tais que em dado momento ele foi tão longe como nunca vi irem nem os oradores mais entusiasmados. Não só levantou a voz, dominado por alguma ideia, esquecido das pessoas que se encontravam perto de nós, falando como se estivesse numa sala de aula, mas ainda, quando no auge de um de seus argumentos a música interferiu em nossa conversa com uma melodia conhecida (embora tivéssemos ido para o lado mais distante a fim de nos afastar da orquestra), meu companheiro cantou sua exposição por alguns compassos, como se fizesse parte de uma ópera; depois se conteve e retomou a prosa, enquanto guardava o livro na pasta.

Eu já havia começado a imaginar as possibilidades explosivas do tema e agora o ouvia descrevê-las imparcialmente. "*Les chrétiens sont dérangés*", declarou Flusser. "*Les juifs sont dérangés aussi. Moi, je ne suis pas dérangé!*" ["Os cristãos estão transtornados. Os judeus também. Eu não estou transtornado."] Eu já ouvira dizer, na Universidade Hebraica, que a seita "crescera dentro do judaísmo, porém nada tinha a ver com o judaísmo", e parece que captei entre os cristãos uma certa relutância em reconhecer que as doutrinas características do cristianismo devem ter se desenvolvido de maneira gradativa e natural ao longo de alguns séculos e a partir de um ramo dissidente do judaísmo. Era isso que transtornava os estudiosos — do lado cristão, sobretudo sacerdotes anglicanos, padres católicos e ministros presbiterianos ou metodistas; e do lado judeu, se não ortodoxos, pelo menos especialistas na literatura do judaísmo, que abordavam o assunto com certa reverência. Um estudioso independente como Flusser, que não estava comprometido com nenhuma religião, não tinha motivo para ficar transtornado. "*C'est très désagréable pour tout le monde*", disse-me em outra ocasião, "*sauf pour ceux qui s'occupent des apocalypses — ils sont contents.*" ["É muito desagradável para todo mundo, menos para os que trabalham com o apocalipse — eles estão satisfeitos."] Parecia até achar pouco arriscado enfrentar publicamente as implicações dos manuscritos; no entanto gostava de sua douta neutralidade, e houve momentos em que quase cheguei a pensar que o diabo o enviara a Jerusalém para tirar o máximo proveito da situação. Flusser é um homem atarracado, de pequenos olhos verdes, penetrantes e frios, que brilham atrás dos óculos redondos sob umas sobrancelhas modestamente mefistofélicas, e cabelos ruivos espetados. E gosta do humor impassível, que, se o interlocutor não dá mostras de apreciar imediatamente sua intenção irônica, sublinha com uma risada seca e estridente. Eu o vi desconcertar outros estudiosos ao afirmar que os erros nos textos sagrados e suas leituras equivocadas e ignorantes eram na verdade o elemento construtivo da história da civilização, pois foi principalmente neles que se basearam as ideias religiosas de maior sucesso. No entanto Flusser é respeitadíssimo e muito sério em seu trabalho; e não tem nada do *blasement* [fastio] do polímata. Mais tarde, quando fomos para o bar, brindamos ao que ele chamou de "*le vrai saint esprit*" ["o verdadeiro espírito santo"] — o πνεῦμα ἅγιον e דוח הקרש andaram rondando nosso canto no saguão — que a humanidade leva consigo. E falou-me com admiração sobre o caráter do Mestre da Retidão, o qual conseguia imaginar graças ao texto integral dos então inéditos Hinos de Ação de Graças: um homem corajoso, acreditava, que enfrentara com dignidade sua derrota. Na moralidade do Mestre da Retidão não havia nada de Jesus, disse Flusser, pois Jesus nos ensinou a amar nossos inimigos, e o Mestre sentia pelos seus apenas ódio e esperava que o Senhor o vingasse. E na doutrina dos seguidores do Mestre, assinalou, tampouco havia vestígio da ideia cristã de que se deve conquistar a salvação através da crença em Jesus, que tirará nossos pecados.

Depois fui com Flusser e dois eruditos israelenses mais jovens a uma noitada de conferências sobre os manuscritos do mar Morto. No jantar ele suscitou um protesto ao anunciar que, sendo a função da apologética fundamental para a ciência, não se opunha à apologética. Sem se importar com as objeções, explicou que, apesar disso, sempre desconfiou das pessoas que, como um dos conferencistas da noite, invariavelmente começavam dizendo que suas opiniões eram bem objetivas e imparciais. Essas palestras sobre os manuscritos foram interessantes. Um de meus companheiros me traduziu os pronunciamentos, todos feitos em hebraico. A. M. Habermann, conhecido estudioso israelense, expôs as inibições dos judeus em relação aos manuscritos; disse que os eruditos judeus às vezes temiam que tais documentos destruíssem a autoridade do texto massorético da Bíblia e às vezes davam a entender — numa atitude deplorada pelo palestrante — que o assunto interessava menos aos judeus que aos cristãos. Contudo o imenso auditório estava lotado. Eram os feriados da Páscoa judaica, e essa noitada foi apenas um dos eventos de uma semana de conferências realizadas sobretudo para professores, muitos dos quais não moravam na cidade e pareciam preferir as palestras a qualquer divertimento. As sessões se iniciavam, creio, às oito e meia da manhã e prosseguiam até as onze da noite. Todas abordavam temas bíblicos. Tive a impressão de que eram particularmente interessantes para o público, e Flusser, que também falou, ao voltar para a plateia exclamou, num trocadilho terrível: "*Tout le monde est mégillotmane!*" ["Todo mundo é megillotmaníaco!"] — *megillot* significa *manuscritos* em hebraico.

Na manhã seguinte atravessei a fronteira e fui para a Velha Jerusalém, na Jordânia,* onde fiquei na American School of Oriental Research. O dr. Frank M. Cross, Jr., do McCormick Theological Seminary, de Chicago, que estava trabalhando com o novo material, era professor convidado da escola; e o diretor residente era o dr. James Muilenburg, do Union Theological Seminary, que andara estudando novos fragmentos do Eclesiastes e chegara à conclusão de que esse livro pessimista e sofisticado não podia datar da época tão tardia que alguns supunham, mas devia pertencer ao século III ou IV a.C., não ao II a.C. Os últimos anos — com suas descobertas de tumbas egípcias, as escavações de Paestum, Pompeia e Atenas, a sondagem das camadas milenares de Jericó e a decifração da escrita minoica — têm sido gloriosos para os arqueólogos; e têm-se acompanhado com grande interesse a escavação do mosteiro e a leitura dos manuscritos do mar Morto. Achei lamentável que a barreira entre Israel e a Jordânia separasse os dois grupos

* Entre 1948 e 1967, portanto na época em que Edmund Wilson escreveu sobre os manuscritos do mar Morto, Jerusalém estava dividida entre Israel e a Jordânia. (N. T.)

de estudiosos semitas que — no Museu Jordaniano da Velha Jerusalém e na universidade Hebraica da Nova — trabalhavam respectivamente com a nova safra de fragmentos e os três manuscritos de Sukenik. O pessoal da Universidade não sabia nada das descobertas de De Vaux, a não ser o que lera, com longos intervalos, na *Revue Biblique* (revista trimestral publicada em Paris, mas editada em Jerusalém por De Vaux) e precisa esperar que os textos sejam lançados em fascículos — ao cabo de alguns anos — pela Clarendon Press, de Oxford. Ao mesmo tempo, até a recente publicação dos textos da Universidade Hebraica o estudioso cristão não tinha acesso a eles. Na sessão de palestras da noite anterior, em Israel, ouvi um especialista em rabinismo — um homem alto, magro, de barba negra, que usava um solidéu preto e parecia um rabino — explicar que um estudo das fotografias do manuscrito completo de Isaías, que ainda se encontravam nos Estados Unidos, mostrava que o texto fora elaborado em conformidade com as normas rabínicas. Entretanto nenhum erudito com esse tipo de competência pode examinar os manuscritos recém-encontrados, pois a Jordânia não admite a entrada de judeus no país, nem deixa permanecer em seu território nenhum judeu reconhecido como tal. Assim, a inimizade entre judeus e árabes está contribuindo para os obstáculos e os riscos dessa curiosa situação, que tem sido um pouco afetada também pela rivalidade entre judeus e cristãos. Às vezes encontramos estudiosos judeus afirmando que seus adversários gentios na realidade não conhecem hebraico o suficiente para chegar a uma opinião segura; do outro lado também encontramos hebraístas não judeus desdenhando o valor dos estudos rabínicos.

O momento de maior tensão na discussão dos documentos do mar Morto talvez tenha ocorrido no dia 26 de maio de 1950, quando A. Dupont-Sommer, professor de línguas e civilizações semíticas da Sorbonne e diretor de estudos da École des Hautes

Études, leu perante a Académie des Inscriptions et Belles--Lettres um trabalho sobre o Comentário de Habacuc. Escrevendo sobre isso no *Bulletin of the American Schools of Oriental Research* de dezembro de 1953, o dr. W. H. Brownlee refere-se a Dupont-Sommer como "o originalíssimo orientalista francês", chama o trabalho de "dramático", diz que "causou sensação" e continua:

> O que suscitou o maior espanto foi sua afirmação de que o Mestre da Retidão, fundador da seita dos manuscritos, era sob alguns aspectos um protótipo exato de Jesus, especialmente como um profeta martirizado, reverenciado por seus seguidores como o sofredor Servo do Senhor do Deutero--Isaías (O Segundo Isaías, o autor desconhecido do últimos capítulos do Livro de Isaías).

Voltemos às opiniões de Dupont-Sommer, expostas em seu livro *Aperçus préliminaires sur les manuscrits de la mer Morte*, que foi traduzido para o inglês como *The Dead sea scrolls: a preliminary survey* [Os manuscritos do mar Morto: um estudo preliminar] e publicado no mesmo ano da leitura do trabalho. Diz Dupont-Sommer:

> Tudo na Nova Aliança judaica anuncia e prepara o caminho para a Nova Aliança cristã. O Mestre da Galileia, como Ele se nos apresentou nos textos do Novo Testamento, aparece sob muitos aspectos como uma surpreendente reencarnação do Mestre da Retidão. Como ele, pregou penitência, pobreza, humildade, amor ao próximo, castidade. Como ele, prescreveu a observância da Lei de Moisés, da Lei inteira, mas da Lei acabada e aprimorada graças a Suas revelações. Como ele, era o Eleito e o Messias de Deus, o Messias redentor do mundo. Como ele, foi o objeto da hostilidade dos sacerdotes, do partido dos saduceus. Como ele, foi condenado e executado. Como ele, pronunciou julgamento sobre Jerusalém, que foi tomada e destruída pelos

romanos porque O haviam matado. Como ele, no final dos tempos será o juiz supremo. Como ele, fundou uma Igreja cujos membros esperavam ardentemente seu glorioso retorno. Na Igreja cristã, assim como na Igreja dos essênios, o rito fundamental é o sacro repasto, presidido pelos sacerdotes. Cá e lá, à frente de cada comunidade há o supervisor, o "bispo". E o ideal de ambas as Igrejas é essencialmente o da unidade, da comunhão no amor — chegando mesmo ao ponto de partilhar a propriedade comum.

Todas essas semelhanças — e aqui mal toco no assunto — reunidas formam um conjunto impressionante. De imediato surge a pergunta: qual das duas seitas, a judaica ou a cristã, detém a prioridade? Qual das duas era capaz de influenciar a outra? A resposta não deixa margem a dúvidas. O Mestre da Retidão morreu por volta de 65-53 a.C.; Jesus de Nazaré morreu por volta de 30 d.C. Sempre que a semelhança nos leva ou nos convida a pensar em empréstimo é por parte do cristianismo. Entretanto, por outro lado, não se pode explicar o surgimento da fé em Jesus — a fundação da Nova Igreja — sem a atividade histórica real de um novo profeta, um novo Messias, que reacendeu a chama e concentrou em si a adoração dos homens.

Tais conclusões, prosseguiu o dr. Brownlee,

suscitaram grande oposição, em parte devida ao medo de que a unicidade de Cristo estivesse em jogo, mas seguramente baseada num estudo cuidadoso dos textos que o próprio Dupont-Sommer apresentou, o qual prova a fragilidade (se não a impossibilidade) de suas interpretações.

Com efeito, se examinamos as duas passagens do Comentário de Habacuc em que Dupont-Sommer baseia sua teoria de que o Mestre da Retidão foi martirizado — citei-as na tradução do próprio Dupont-Sommer —, descobrimos que não conduzem necessariamente a essa interpretação. Num dos casos, Habacuc 2:7, faltam duas linhas no final do manuscrito, e o tradutor preencheu o espaço com a frase "ele [o Sacerdote Iníquo] perseguiu o Mestre da Retidão". Pelo contexto parece mais provável — como outros tradutores julgaram — que era do Sacerdote Iníquo "o corpo de carne" sobre o qual os "profanadores odiosos cometeram horrores e vingança". (Cabe notar, todavia, que um dos mais destacados estudiosos ingleses da Bíblia, o professor H. H. Rowley, da Manchester University, acredita que aqui "a linguagem parece favorecer" a opinião de Dupont-Sommer.) No caso da outra passagem, Habacuc 2:15, as palavras que Dupont-Sommer traduz por "ousaste despojá-lo de suas vestes" podem significar também "pretendeste que ele fosse exilado" (Brownlee) ou "desejaste seu exílio" (De Vaux). De Vaux imediatamente abordou a questão num artigo datado de Jerusalém, março de 1951, e publicado na *Revue Biblique*; e acredita que as palavras do Comentário traduzidas por Dupont-Sommer como "apareceu-lhes todo resplandecente" não indicam uma transfiguração por parte do Mestre da Retidão, mas que o sujeito do verbo é o Sacerdote Iníquo, e mostra que o próprio verbo na verdade tem um sentido — de revelar-se, apenas — muito distante de seu significado original de resplandecer.

Poderia parecer que Dupont-Sommer exagerou. Contudo o Mestre da Retidão *foi* perseguido e parece que foi visto como um Messias; e em seu segundo volume, *Nouveaux aperçus sur les manuscrits de la mer Morte*, publicado em 1953 e traduzido para o inglês como *The Jewish sect of Qumrân and the Essenes* [A seita judaica do Qumran e os essênios], o erudito francês consegue fundamentar sua tese, assinalando a seguinte passagem de Os Testamentos dos Doze Patriarcas, uma obra apócrifa tardia que já mencionei aqui em relação com a doutrina da seita e cujos fragmentos foram encontrados nas cavernas:

> E agora eu soube que durante setenta semanas errareis, e profanareis o sacerdócio, e maculareis os sacrifícios. E tornareis a lei nula, e por perversidade desdenhareis as pa-

> lavras dos profetas. E perseguireis homem justos, e odiareis os pios; abominareis as palavras dos fiéis. [E a um homem que renova a lei no poder do Altíssimo chamareis de impostor; e por fim caireis (sobre ele) para matá-lo, ignorando sua dignidade, por maldade deitando sangue inocente sobre vossas cabeças.] E por causa dele vossos locais sagrados serão destruídos. E não tereis um lugar limpo; mas sereis entre os gentios uma praga e uma dispersão até que ele volte e em sua piedade vos receba [através da fé e da água].

Quando editou os Doze Patriarcas R. H. Charles considerou esse trecho "ininteligível" e em sua tradução colocou algumas passagens entre colchetes, conforme deixei na citação acima, para indicar que as via como interpolações cristãs. No entanto hoje não há necessidade de excluí-las, e o trecho parece perfeitamente apropriado se o aplicamos ao Mestre da Retidão. Charles traduz o "Christos" do texto grego, que aparece também em outras passagens, por "Cristo"; todavia, como "Cristo" é apenas a tradução grega do hebraico "Messias", ambas as palavras significando "Ungido", isto não significa que as referências não visem ao Mestre da Retidão; e, se de fato visam, parece que o Mestre morreu mesmo nas mãos de seus inimigos. Além disso, Os Testamentos dos Doze Patriarcas estão repletos de ideias e linguagem semelhantes, por um lado, à literatura da seita e, por outro, à do cristianismo. *As Duas Vias* reaparecem; e o dr. Charles, escrevendo há quarenta anos, mostrou com clareza que "muitas passagens dos Evangelhos apresentam traços" dos Testamentos dos Doze Patriarcas e que "São Paulo talvez tenha usado o livro como um *vade mecum*". "Há outras setenta palavras", segundo parece, "que são comuns aos Doze Patriarcas e às Epístolas paulinas, porém não se encontram no restante do Novo Testamento." O paralelo mais impressionante é, talvez, aquele entre Mateus 23:35-36 e uma passagem do Testamento de José, I:5-6. É impossível duvidar que o primeiro constitui uma imitação do último ou que ambos derivaram de uma fonte comum.

Fui vendido como escravo, e o Senhor de todas as coisas me fez livre:
Fui tomado em cativeiro, e Sua mão forte me socorreu.
Fui atormentado pela fome, e o Senhor me alimentou.
Estive sozinho, e Deus me confortou:
Estive doente, e o Senhor, me visitou:
Estive no cárcere, e meu Senhor demonstrou benevolência para
[comigo;
Acorrentado, e Ele me libertou. [...]

TESTAMENTOS

Porque tive fome, e me destes de comer,
Tive sede, e me destes de beber,
Fui forasteiro, e me abrigastes,
Estive nu, e me vestistes,
Enfermo, e me visitastes,
Estive no cárcere, e viestes ver-me. [...]

MATEUS

E as promessas do Sermão da Montanha se prefiguram em vários trechos: "E aqueles que morreram no sofrimento se erguerão na alegria; e os que eram pobres por causa do Senhor tornar-se-ão ricos; e os que foram assassinados por causa do Senhor despertarão para a vida". O evangelho do perdão perpassa os Doze Patriarcas; e aqui ocorre a primeira proposição conhecida — que se repetiria em Marcos 12:19-31 — do preceito do Deuteronômio 6:5 de amar "ao Senhor teu Deus de todo o teu coração" etc., e do 19:18 de amar "teu próximo como a ti mesmo". (A injunção de amar o "próximo" ou "irmão" aparece também no Livro dos Jubileus e nos fragmentos zadoquitas; e conta-se que o grande rabino Hillel do Talmude, que atuou no século I a.C. e, portanto, pertence ao mesmo período, disse a um gentio que o desafiou a convertê-lo ensinando-lhe toda a Torá durante o tempo em que ele, o gentio, pudesse permanecer apoiado num só pé: "O que é odioso para ti, não o faças a teu semelhante; eis aí toda a lei". O diálogo relatado por Marcos se parece um pouco com isso.)

No trabalho já citado o dr. Brownlee sustentava ainda que, embora em seu segundo livro tivesse estabelecido "de modo mais firme o fundamento de sua teoria", Dupont-Sommer não conseguiu "apoiá-la com segurança em textos comprobatórios indiscutíveis". Diz ainda que

> muitas vezes Dupont-Sommer tem a extraordinária capacidade de no fundo estar correto (ou quase), mesmo quando se baseia nos textos errados! Assim, também no presente caso há nos manuscritos uma doutrina de um Messias sofredor, porém não (creio eu) onde Dupont-Sommer a encontrou. Acha-se esta numa passagem do Manual de Disciplina então inédito e numa passagem que ainda não fora discutida em tal perspectiva.

Ora, uma das provas mais impressionantes que os cristãos podem aduzir do Velho Testamento para fundamentar sua afirmação de que o advento de Jesus como Messias fora profetizado no texto antigo é, naturalmente, o capítulo (53) do Segundo Isaías, que fala de um Servo Sofredor, "desprezado e rejeitado pelos homens, um homem de tristezas", que foi "ferido por causa de nossas transgressões" e contudo por suas "chibatadas nos purificamos". Se este não é Jesus, perguntaram-se os cristãos, quem poderá ser? Os estudiosos propuseram Israel, o desconhecido Segundo Isaías, o verdadeiro Isaías e Jeremias. Nenhum deles parece satisfatório; e Dupont-Sommer sugeriu que o Segundo Isaías talvez date do mesmo período presente na literatura da seita. Há muito tempo esses últimos capítulos de Isaías foram atribuídos ao exílio na Babilônia, duzentos anos depois do Isaías original, e já se admitiu a possibilidade de acréscimos posteriores. E agora Dupont--Sommer pergunta por que essas passagens não poderiam ter sido escritas após a morte do Mestre da Retidão. E diz:

> Agora que soou o alerta é preciso examinar com outros olhos muitas passagens do Velho Testamento. Sempre que

se trata, mais ou menos explicitamente, de um Ungido ou de um Profeta eliminado por morte violenta, como se pode deixar de perguntar se a pessoa indicada não é nosso Mestre da Retidão?

Menciona alguns trechos de Daniel, Zacarias e dos Salmos; e sobre as passagens do Segundo Isaías intituladas "Cânticos do Servo de Javé" afirma:

> Durante vinte séculos tem-se perguntado quem foi esse Profeta manso e humilde, esse justo sofredor cuja agonia salvou multidões; a verdade é que, exceto Jesus, o Messias cristão, só se conhece um homem assim em toda a história judaica — e esse foi conhecido apenas num breve espaço de tempo. Trata-se do pio Mestre martirizado por Aristobulo II. Não é uma *única* revolução no estudo da exegese bíblica que os documentos do mar Morto desencadearam; começa-se a prever que eles significam toda uma torrente de revoluções.

É impossível para o leigo calcular o valor dessa hipótese. Voltemos a Brownlee, que desenvolveu uma teoria interessante sobre o Segundo Isaías. O que ele chama de "uma leitura nova e surpreendente" de Isaías 52:14 foi encontrada no manuscrito completo de Isaías descoberto na primeira caverna. O acréscimo de uma única letra a esse texto muda o significado aceito de "seu aspecto [do 'Servo'] foi desfigurado além da semelhança" para "assim ungi seu aspecto além de qualquer outro", e isso pela primeira vez torna plausível o início do verso seguinte, uma passagem na qual os editores sempre têm tropeçado. A nova Revised Standard Version* traz: "De modo que ele surpreendeu muitas nações"; no entanto o sentido mais óbvio do verbo seria

* Revised Standard Version: versão revista da Bíblia elaborada por estudiosos americanos e publicada integralmente em 1952. (N. T.)

"ele *espargirá* muitas nações" (é o que consta da Versão do rei Jaime). Entretanto, se o Servo Sofredor do Senhor foi *ungido* ao invés de *desfigurado*, seria natural que em troca tivesse a missão de espargir as nações. Quem quer que tenha sido responsável por essa variante, parece claro que o escriba do pergaminho do mar Morto se refere a um Messias definido, e o dr. Brownlee, como Dupont-Sommer, associa essa passagem às referências messiânicas em Zacarias e Daniel (9:24-27: o "Ungido", que será "decepado"). O dr. Brownlee não se compromete com a teoria de que esse Messias é o Mestre da Retidão; porém tenta ligar o *refinando* e *espargindo* mencionados no Manual de Disciplina e associados com dar aos adeptos uma "percepção do conhecimento do Altíssimo", bem como a afirmação do Manual de que "Deus os escolheu para serem uma eterna aliança", com a linguagem do Segundo Isaías nos capítulos sobre o Messias Sofredor. Parece que com isso seria provável Jesus pretender "dar sua vida [como] resgate por muitos no cumprimento da profecia do Velho Testamento" — profecia que, se não derivou da literatura da seita, nela se nutriu e foi elaborada. Em outras palavras, parece que o ensinamento da seita do mar Morto pode ter preparado para Jesus um papel messiânico especial, o modelo de uma carreira de mártir, que ele aceitou, e ao qual aspirava.

Quando se descobriu o Manual de Disciplina, as purgações pela aspersão que nele figuram levaram os estudiosos a pensarem de imediato em João Batista, e a princípio julgou-se até que ele poderia ser o Mestre da Retidão. Supõe-se que João Batista nasceu não muito longe do mosteiro, talvez em Hebron; "a palavra de Deus", conta Lucas, chegou-lhe "no deserto", o que devia indicar as montanhas áridas, situadas abaixo do nível do mar, que se erguem entre o mosteiro e a civilização; e seu ministério, segundo Lucas, exerceu-se em "toda a terra do Jordão". Ele não só tinha em comum com os membros da seita a prática do batismo, mas também parece seguir seus princípios (Lucas 3:11), quando prega às "multidões" que o procuram para que as batize: "O que tem duas túnicas, dê uma ao que não tem;

e o que tem o que comer, faça o mesmo". Como a seita, ele espera o Messias e, como a seita — é o que nos lembra o dr. Brownlee —, invoca nesse aspecto o Segundo Isaías: "A voz do que clama no deserto: Preparai o caminho do Senhor". Contudo a seita vivia no deserto, enquanto João, nos Evangelhos e em Josefo, sempre aparece como um asceta solitário, tal qual Bannus, o santo do deserto a cujos pés Josefo se sentou. Qual, então, foi a relação de João Batista com a seita? O dr. Brownlee supõe que João tenha sido, talvez, um daqueles "filhos de outros homens" que segundo Josefo os essênios adotavam e "moldavam em conformidade com seus princípios". "E o menino crescia", diz Lucas (1:80), "e fortificava-se no espírito, e habitava no deserto até o dia de sua manifestação a Israel". Isso nos explicaria por que João passou sua infância no deserto — circunstância que de outra forma seria inexplicável. Nunca vi ninguém sugerir que João tivesse alguma desavença com a seita; mas sua dieta no deserto à base de gafanhotos e mel silvestre lembra os essênios expulsos que passaram a comer capim porque juraram não ingerir qualquer alimento que não fosse preparado pela irmandade.

E qual foi a relação de Jesus com o ritual e a doutrina da seita, tão presentes nos Evangelhos? Será que ele foi de fato membro da seita naqueles primeiros anos de sua vida dos quais nada sabemos — onde estava, de que se ocupava —, ou será que entrou em contato com os essênios basicamente através de João Batista, como Albright acredita? Devemos lembrar que Belém não era muito distante do mosteiro. Os beduínos para lá se dirigiam quando encontraram os manuscritos na caverna. Ora, segundo Lucas, João e Jesus eram parentes por parte de mãe. Em seus vinte e tantos anos, e dificilmente mais jovem que João, Jesus partiu da Galileia a fim de ser batizado por João e jejuou quarenta dias no deserto. Pouco tempo depois, segundo parece, João foi preso por Herodes, e então se iniciou o ministério de Jesus. Sabemos bem pouco sobre os primeiros trinta anos da vida de Jesus — o que leu, quem o influenciou. Nas entrelinhas do que seus seguidores escreveram podemos sentir o fogo e a força dinâmica, a capacidade de enternecer e o magnetismo de uma personalidade extraordinária. Entretanto sabemos também que os ritos e os preceitos dos Evangelhos e das Epístolas se encontram em quase todas as páginas da literatura da seita. À luz dos manuscritos, alguns estudiosos acreditam que o Evangelho segundo João, que até então se pensava ter sido escrito em época tardia e sob a influência do movimento — em parte persa, em parte platônico — conhecido como gnosticismo, deve ter partido da seita e deve ser o mais, e não o menos, judeu de todos os Evangelhos. No começo de João já encontramos o conflito entre Luz e Trevas, e depois muitas expressões como "o espírito da verdade", "a luz da vida", "caminhar nas trevas", "filhos da luz" e "vida eterna", que ocorrem no Manual de Disciplina. E ainda temos no Manual uma passagem quase idêntica à descrição do Logos ("Verbo") que está no início de João e que até então se julgava derivada dos gnósticos. O Manual 11:11 diz: "E através de seu conhecimento tudo passou a existir. E tudo que existe ele estabeleceu por seu propósito; e sem ele nada se faz". E João 1:2-3 diz: "Ele estava no princípio com Deus. Todas as coisas foram feitas por ele; e sem ele nada foi feito".

Por fim, qual é a evolução que conduz da moralidade da seita — que impõe a tolerância fraterna entre os membros da ordem e insiste na caridade para com os pobres, mas condena e declara guerra a um inimigo que tenta aniquilá-la — à moralidade de Jesus, marcada por explosões ocasionais de belicosidade ("Não vim para trazer a paz, e sim a espada") e contudo dominada pelo princípio do perdão? Como conciliar A Guerra dos Filhos da Luz, que está repleta de armas militares, com a informação dada por Fílon no século I de que os essênios não as fabricavam?

A resposta é, sem dúvida, a seguinte: aqui estamos lidando com as fases sucessivas de um movimento. Teria o retorno do exílio — que parece datar de cerca de 4 a.C., conforme sugerem as moedas mais antigas da segunda longa sequência encontrada no mosteiro por De Vaux — dado início a uma nova fase da vida da seita, da qual Jesus e João, com seus ministérios itinerantes, são de algum modo sintomáticos ou característicos? De qualquer forma podemos explicar a rebeldia do Mestre da Retidão, o pacifismo dos essênios de Fílon e a entrega da outra face de Jesus como indícios de sucessivos estágios da adequação dos judeus à derrota. Na Bíblia vemos claramente como o Deus de Israel passou do feroz e vingativo Jeová, temido e aplacado no Pentateuco, ao Deus da misericórdia e do amor que os profetas mais recentes começam a conceber. Os Testamentos dos Doze Patriarcas — que Charles data do final do século II a.C. — enfatizam a mansidão e a misericórdia quase tanto quanto os Evangelhos. Será que aqui o ressentimento com a derrota já está cedendo lugar à resignação, à resignação da impotência política; que nem judeus nem sectários podiam esperar a vitória; e que aquele que julga ser, ou que seus seguidores julgam ser, o Messias desesperadamente aguardado pode pregar apenas uma salvação moral através da fé num Deus não militante e da retidão individual? A espada que Jesus traz em Mateus 10:34, citado acima, é o zelo por seu evangelho, que colocará o filho contra o pai e tornará "inimigos do homem aqueles de sua própria casa". Sem embargo, em tudo isso ainda parece haver um conflito entre perdão e renúncia ao mundo, de um lado, e pugnacidade e ambição mundana, de outro. Na linguagem do Sermão da Montanha parece haver uma estranha hesitação entre prometer aos "pobres de espírito" "o reino do *Céu*", por um lado e aos "mansos" que "herdarão a *terra*", por outro lado. Nos Doze Patriarcas, que devem ser bem mais antigos — na passagem citada, que parece um protótipo do Sermão da Montanha — os "pobres " se tornarão" "ricos".*

* Convém assinalar que o dr. J. L. Teicher, de Cambridge, acredita que a seita fosse dos ebionitas, "pobres" — ou seja, judeus que se converteram ao cristianismo porém mantiveram práticas judaicas. Então o Mestre da Retidão seria Jesus e o Homem da Inverdade seria Paulo, que estendeu o culto aos gentios. Essa teoria esbarra em algumas dificuldades; uma delas é a localização da partida do mosteiro numa época antiga

De qualquer modo, se agora olhamos para Jesus na perspectiva proporcionada pelos manuscritos, podemos estabelecer uma nova continuidade e finalmente entender o drama que culminou no cristianismo. Podemos perceber como, durante dois séculos, talvez, o movimento representado pelos essênios resistiu à coerção dos gregos e romanos e se opôs não só aos métodos, mas também aos ideais de Roma. Podemos imaginar como, cerca de meio século antes de seu refúgio ser incendiado junto com o Templo do Deus hebreu, esse movimento nutrira um líder que haveria de transcender o judaísmo e o essenismo e cujos seguidores fundariam uma Igreja que sobreviveria ao Império romano e acabaria por identificar-se com a própria Roma. Sob o aguilhão desses séculos de sofrimentos e ainda antes que os essênios fossem expulsos de sua base, o espírito da irmandade já se tornara livre para percorrer todo o mundo antigo, tocando almas com aquele evangelho de pureza e luz ao qual a seita se consagrara e incutindo desprezo por aquelas águias que o exército de seus inimigos venerava, conforme notaram com evidente espanto. O mosteiro, essa estrutura de pedra que resiste, entre as águas amargas e os rochedos escarpados, com seu forno e seus tinteiros, seu moinho e seu poço, sua constelação de fontes sagradas e os túmulos singelos de seus mortos, é, talvez, mais que Belém ou Nazaré, o berço do cristianismo.

Gostaríamos de ver esses problemas discutidos; e entrementes só podemos nos perguntar se os estudiosos que vêm trabalhando nos manuscritos — muitos dos quais são sacerdotes cristãos ou foram educados na tradição rabínica — não teriam se inibido um pouco ao lidar com tais questões em função mesmo de sua filiação religiosa. Para o leigo é surpreendente e inspira respeito descobrir que os mais competentes desses estu-

---

demais para torná-la possível; outra é que a literatura da seita não contém nenhuma menção evidente de Jesus, nem qualquer referência direta a seus ensinamentos. O dr. Teicher tentou encontrar algumas, porém as poucas semelhanças que aponta parecem forçadas ou muito vagas. As palavras de Jesus teriam deixado marcas nítidas mesmo nos adeptos judaizantes.

diosos têm tratado com uma argúcia e uma frieza bem objetivas o que há alguns séculos os homens da Igreja deviam ver quase como um domínio do puro mito. Sobre qualquer aspecto dos manuscritos que demande conhecimento especial e pesquisa especial encontramos um estudo profundo realizado por um desses sacerdotes; e não obstante percebemos também um receio, uma relutância em colocar o assunto na perspectiva histórica. Do lado judeu, como disse A. M. Habermann, há o medo de enfraquecer a autoridade do texto massorético e ainda, conclui-se, uma resistência em admitir que a religião de Jesus pode ter brotado organicamente de um ramo do judaísmo, como o produto de uma sequência identificável de pressões e inspirações; do lado cristão, como diz o dr. Brownlee, há o medo "de que a unicidade de Cristo esteja em risco", e uma resistência recíproca em admitir que a moralidade e o misticismo dos Evangelhos podem bem ser explicados como a criação de várias gerações de judeus trabalhando sozinhos e para si mesmos, em sua própria tradição religiosa, e que não é preciso supor o milagre de um especial e magnânimo ato divino de permitir a salvação da raça humana. Tais preconceitos desempenham algum papel em certas tentativas obstinadas — aparentemente contra todas as evidências — de estudiosos como Solomon Zeitlin, do Dropsie College da Filadélfia, e G. R. Driver, de Oxford, de atribuir aos manuscritos uma data bem tardia? O dr. Zeitlin, que acredita que os caraítas não foram buscar sua doutrina nos zadoquitas, porém escreveram os documentos zadoquitas, quer situá-los no século VIII; o dr. Driver tende ao VI. De qualquer modo seus ensinamentos não poderiam ter desempenhado nenhum papel na evolução inicial do cristianismo. Tais considerações têm alguma relação com a persistência — não isenta de acrimônia, receamos — com que o dr. Joseph Reider, também do Dropsie College, tenta invalidar o texto do Isaías do mar Morto, no qual Brownlee encontrou evidências do messianismo ou do próprio Segundo Isaías ou de um escriba que fez a cópia do mar Morto.

Os estudiosos do Novo Testamento, quase sem exceção, parece que boicotaram o assunto dos manuscritos. Nesse campo a situação é peculiar. São justamente os eruditos mais "liberais" da Grã-Bretanha e dos Estados Unidos que têm demonstrado maior relutância em lidar com os manuscritos; o motivo vem a ser a tendência desses liberais a supor que as doutrinas conhecidas como cristãs na verdade só foram formuladas várias gerações após a morte de Jesus: e sobretudo, como eu disse, a julgarem que o Evangelho de João é tardio e sofreu a influência do pensamento gnóstico. O professor Albright acredita que a doutrina de João já estava "ou explícita ou implícita antes da Crucifixão", que o material referente a Jesus — embora só tenha sido escrito mais tarde — deve remontar a antes; de 70 d.C. (data na qual, segundo indicam as moedas, os romanos teriam expulsado a seita) e que representa lembranças autênticas e reflete de maneira correta os ensinamentos de Jesus.

Assim, esses novos documentos surgiram como uma ameaça a diversas convicções arraigadas, desde questões de tradição e dogma até hipóteses que constituem proezas de erudição. Os textos inquietantes mas esclarecedores de Dupont-Sommer têm demonstrado de modo contundente que em muitos lugares a abordagem dos manuscritos há muito tempo continua sendo extremamente cautelosa.

O professor A. Dupont-Sommer ocupa uma posição singular na controvérsia dos manuscritos. Lendo seus livros, percebi (até onde me permitiu minha experiência) que ele era o único de todos esses eruditos a invocar a autoridade de Renan. O autor da *Histoire du peuple d'Israël* [História do povo de Israel] e das *Origines du cristianisme* [Origens do cristianismo] chama a atenção para a presença, nos apócrifos "intertestamentais", de certos temas cristãos característicos, e Dupont-Sommer refere-se a isso. Assim, quando o conheci, não fiquei surpreso ao constatar que ele tem plena consciência de seguir o que se poderia chamar de tradição renaniana. Hoje Renan é *vieux* [velho], disse-me, no sentido de que se tornou obsoleto, porém seu ideal de historiografia é válido. Dupont-Sommer ocupa a cátedra de hebraico na Sorbonne, enquanto Renan foi professor do Collège de France; contudo seus papéis se assemelham, e Dupont-Sommer é o atual diretor do projeto presidido por Renan, tendo dito algumas vezes que o considera o trabalho mais importante de sua vida, o *Corpus Inscriptionum Semiticarum* [Corpo de Inscrições Semíticas]. Dupont-Sommer constitui um exemplo extraordinário de um fenômeno encontrado com tanta frequência que não pode ser inteiramente fruto de coincidência. Assim como os biógrafos às vezes se parecem com seus biografados e os ornitologistas comumente têm um aspecto de pássaro, assim também Dupont-Sommer apresenta uma espantosa semelhança com Renan. Tem o rosto redondo, é baixo e gordo, amável, gentil e sorridente. Embora criado na fé católica, declara-se hoje "*um pur savant*" ["um puro erudito"], sem filiação religiosa; e para um entrevistador na mesma situação é agradável e animador descobrir que os grandes perseguidores seculares da verdade, bem como os Mestres da Retidão, podem estabelecer suas disciplinas duradouras. Tal entrevistador no fim se pergunta se qualquer outro que não um estudioso secular está de fato livre para enfrentar os problemas das descobertas do mar Morto. Pode ter havido uma pitada de sensacionalismo na maneira pela qual Dupont-Sommer expôs inicialmente sua tese relativa ao Comentário de Habacuc. Outros estudiosos por certo ficaram chocados, e uma referência ao texto fragmentado mostrará, como eu disse, que ele preencheu a lacuna com uma conjetura um tanto arbitrária. Mas afinal resta o fato de que esse erudito francês independente fez até agora a única tentativa em escala considerável de recuperar o capítulo perdido da história e apresentá-lo ao público. Pode-se comprar em qualquer boa livraria de Paris seus dois livros admiravelmente bem escritos — na série *L'Orient ancien illustré* [O Oriente antigo ilustrado]. Até agora constituíram a única fonte — deixando-se de lado alguns artigos muito superficiais publicados em jornais e revistas — que possibilitava ao mundo avaliar o interesse e a extensão dos textos contidos nos manuscritos. Embora as primeiras notícias tivessem sido amplamente divulgadas em 1948-9, desde então o assunto vem sendo escondido do conhecimento geral em monografias e periódicos. Por exemplo, para conhecer as importantes ideias do dr. Brownlee sobre o Servo Sofredor de Isaías é preciso reunir um artigo técnico sobre a linguagem do texto que se encontra no *Bulletin of the American Schools of Oriental Research* e outro artigo seu que, dividido em partes muito breves, saiu em nada menos que cinco edições da *United Presbyterian*, um semanário religioso publicado em Pittsburg. E é impossível explorar essa literatura sem perceber que o impacto de Dupont-Sommer não se limitou a suscitar resistências. É evidente que dois dos homens mais competentes que se ocuparam dos manuscritos — H. H. Rowley e o padre De Vaux —, apesar de suas fortes críticas e de suas reservas, em muitos aspectos se viram obrigados a rever suas posições em função de Dupont-Sommer.

Compete, no entanto, aos eruditos criticar teorias eruditas. O leigo só pode tentar avaliar se um estudioso comprometido com a fé cristã de fato arrisca alguma coisa ao lidar com o possível débito da moralidade e prática do cristianismo para com a seita do mar Morto. Para quem acredita que o Filho de Deus nasceu na família de um carpinteiro de Nazaré, no norte da Palestina, pregou junto ao lago de Tiberíade e foi interrogado por Pilatos em Jerusalém será de fato mais difícil admitir que ele foi educado na disciplina e influenciado pela doutrina especial — contra a qual parece ter reagido — de uma certa seita judaica e que com essa seita aprendeu o papel que depois desempenhou de mestre, Messias e mártir? Ou será que a explicação de Jesus — bem como a de Paulo — em termos de fatores preexistentes, o situá-lo e visualizá-lo num cenário histórico definido inevitavelmente enfraquecerão a afirmação de sua divindade por parte da Igreja? Quem vai aos Evangelhos partindo dos apócrifos intertestamentais e da literatura da seita do mar Morto deve perceber de imediato o gênio característico de Jesus e a impossibilidade de concordar com uma das piores tendências da insensível erudição moderna e de explicar tudo que está nos Evangelhos em termos de analogias e precedentes. Muitas vezes, mas nem sempre, os textos desses profetas e santos pré-cristãos são insípidos. Para julgá-los adequadamente, no entanto, teríamos de lê-los em hebraico — no caso dos escritos apócrifos o texto hebraico em geral não sobreviveu —; e devemos ouvir o general Yadin quando, referindo-se aos Hinos de Ação de Graças, declara duvidar "que qualquer outra língua além do hebraico original possa transmitir a profundidade de emoção e a beleza espiritual desses versos". Contudo mesmo em seu grego não clássico os Evangelhos ainda transmitem uma força elétrica; conseguem comover, empolgar e converter. Anteriormente falei da audácia moral, da sensação de liberdade espiritual que encontramos em determinadas cenas dos Evangelhos; e uma dessas passagens dramáticas é a de João, 18-19: Jesus acusado perante Pilatos por certo deve ter sido inspirado — como o texto de Platão sobre o julgamento e a morte de Sócrates — (seja isso literalmente verdadeiro ou não) por uma personalidade nobre e superior. Nem Hillel, nem o autor dos Doze Patriarcas, nem aparentemente o Mestre da Retidão jamais tocaram e atraíram as pessoas como Jesus. E sem embargo, como disse Albright, agora é possível pela primeira vez "elucidar historicamente o Novo Testamento à luz do contexto imediato de João Batista e Jesus". Será que esse processo de elucidação inevitavelmente fará Jesus parecer menos sobre-humano até que se mostre miraculoso apenas no sentido em que Shakespeare, digamos, é miraculoso: em relação a seus predecessores? O professor Albright evidentemente não pensa assim, pois declara alhures que

> o historiador não pode controlar os detalhes do nascimento e da ressurreição de Jesus e, assim, não tem o direito de julgar sua historicidade. [...] A decisão compete à Igreja e ao fiel individual, que estão historicamente autorizados a aceitar o conjunto da estrutura messiânica dos Evangelhos ou a considerá-la em parte verdadeira do ponto de vista literal

e em parte verdadeira do ponto de vista espiritual — o que é muito mais importante na esfera do espírito com a qual a fé cristã deve lidar basicamente.

Sim: só o fiel pode responder a isso. Entretanto para quem não está preocupado com o problema teológico as implicações dos manuscritos são animadoras. O professor Millar Burrows, de Yale, expôs ao presente autor, de modo preciso e conservador, um ponto de importância fundamental. "Agora percebemos", disse ele, "que no judaísmo havia muito mais variedade e flexibilidade do que se supunha." Para quem já pensou nas relações peculiares e tensas que durante séculos prevaleceram entre judeus e cristãos, e que em alguns lugares ainda persistem, deve ser evidente que por trás desses antagonismos existe um medo antigo e arraigado que cada um desses grupos tem do outro. Quase todo mundo deve ter percebido alguma manifestação, ainda que momentânea, de uma desconfiança involuntária, irracional e em muitos casos injustificada que só perturba as relações normais. Em Israel me contaram uma história característica desse tipo de situação. Na época da última guerra uma inglesa que morava na Inglaterra achou que não se estava fazendo o bastante pelos judeus refugiados de Hitler. Um de seus vizinhos era judeu e estava regando o jardim quando ela passou diante da casa e recebeu uns borrifos da mangueira. "Você acha que ele fez isso de propósito?", a mulher perguntou a um amigo judeu. Essa reação — resultado do medo instintivo misturado a um sentimento de culpa — equipara-se, do outro lado, a casos em que críticos judeus encontraram implicações antissemitas em livros que absolutamente não as continham. Recentemente esse medo se deve sobretudo ao clima criado pelas perseguições nazistas; e com certeza tais perseguições não se realizaram em nome de antigas questões religiosas. Hitler pregou a inferioridade inata dos poloneses e dos judeus e repudiou o cristianismo como uma religião judaica para maricas; ao fazer dos judeus um bode expiatório os líderes nazistas sem dúvida estavam tocando em alguma coisa da mentalidade alemã tão primitiva que parecia pré-cristã. Contudo tais perseguições dificilmente teriam sido possíveis se não houvesse a oportunidade de reavivar as tradicionais restrições aos judeus existentes na Alemanha medieval — restrições que foram produto de intolerância e superstição. Educados nos Evangelhos, os cristãos jamais conseguiram esquecer que os judeus rejeitaram Jesus e exigiram sua morte. Durante séculos — como aprendi com um historiador judeu, o dr. Cecil Roth — não podiam conceber que os judeus acreditassem de boa-fé que sua teologia, seu ritual e sua lei fossem os verdadeiros, dados a eles por Deus através de Moisés; tinham plena convicção de que os judeus não acreditavam nisso e não conseguiam aceitar a fé cristã por causa de uma obstinada perversidade atrás da qual devia estar o demônio. Durante séculos um dos objetivos dos cristãos foi converter os judeus ao cristianismo, e, como quase invariavelmente falharam, voltaram-se contra eles. Mesmo quando os cristãos lhes extorquiram as formas de conversão — como ocorreu na Espanha e em Portugal —, os judeus continuaram praticando o judaísmo e aos olhos daqueles ainda mantinham o mesmo estado de espírito que os levara a crucificar Jesus, a quem de bom grado crucificariam de novo. Isso deu origem à lenda do assassinato ritual de crianças cristãs na Páscoa judaica, um perpetuamente simbólico da Crucifixão. As lendas judaicas correspondentes, relacionadas com assassinato ritual — como as que se referem ao rabino Loew, de Praga —, mostram que ainda no século XVI os moradores dos guetos europeus viviam com medo de que os cristãos lhes imputassem tal crime: o grande rabino está sempre salvando-os; e na virada do século XIX ainda ocorriam na Europa central processos por assassinato ritual. Entrementes, convencidos da depravação judaica, os cristãos se sentiam livres para — não só com a consciência tranquila, mas também com fervor e exaltação — penalizar, acusar, torturar e matar os judeus, sob o signo do Jesus crucificado. No lado judeu infringiu-se o senso moral e em certa medida ainda persiste o ressentimento com os adeptos de uma religião cuja Divindade é um Deus de Amor e cujo Salvador traz a salvação através da misericórdia, mas que tiveram, por exemplo, de inaugurar uma cruzada à Terra Santa para resgatar a tumba desse Salvador massacrando seus compatriotas judeus. Se o cristão nunca deixou de se horrorizar com a indiferença dos judeus em relação a Jesus, o judeu nunca deixou de se chocar com o que lhe parece a hipocrisia dos cristãos. Numa posição de poder um judeu é capaz de se tornar tão fanático e implacável como qualquer tipo de homem; contudo, embora talvez aja assim em nome da Justiça, como alguns de seus correligionários comunistas, não age assim em nome de uma religião que fala em perdoar todo mundo e oferecer a outra face. Entretanto o rancor dos judeus pelos cristãos pode ter outras causas também. Às vezes imagino que os judeus se ressentiram com o sucesso de Jesus, que ficaram incomodados ao pensar que em sua época a religião de Jesus foi um movimento benéfico e "progressista" e que os cristãos lhes roubaram seu Messias e tentaram apoderar-se de sua Bíblia. Os dois Messias pós-cristãos que maiores esperanças suscitaram entre os judeus acabaram por frustrá-los: Sabbatai Zevi por se confessar maometano, e Jacob Frank por sucumbir ao cristianismo. O judeu ortodoxo ficou com uma disciplina de difícil observância, uma devoção ansiosa à letra das Escrituras, a qual foi, talvez, tão maligna quanto o preconceito cristão, mantendo-o fechado em seu compartimento especial.

Pode-se avaliar os rigores e repressões desse velho mundo judaico pela atitude dos espíritos mais fortes que dele se libertaram. Lembro-me de uma conversa com o falecido professor Morris Cohen — um homem que, como uma vez disse Alvin Johnson, dava a impressão de uma lâmpada de alabastro dentro da qual ardia uma chama resplandecente. Para meu espanto e horror, o professor Cohen me disse que, embora na juventude tivesse adorado a *Divina comédia* e soubesse boa parte de cor, passou a não suportá-la depois que rompeu com o judaísmo: a obra lembrava-lhe de um jeito claustrofóbico demais o estreito sistema medieval no qual ele mesmo crescera. Ao ouvi-lo percebi que na verdade isso distorcera sua concepção de Dante, para quem o tomismo não constituía realmente uma prisão, pois ele tinha suas premonições do Renascimento e até alguma afinidade com a Reforma. Um curioso incidente mostrou-me como Morris Cohen permaneceu ligado, apesar de tudo, a esse fechado mundo ortodoxo. Quando eu era editor de uma revista semanal, convenci-o em meados da década de 1920 a contribuir com um artigo sobre um documentário em cartaz que tentava demonstrar a teoria de Einstein. Um dia, quinze anos depois, encontrei-o por acaso num trem. "Sabe", disse-me ele, "foi você que me induziu a ir ao cinema — pagou-me cinquenta dólares. Foi o único filme que vi na vida." Assim, foi Morris Cohen quem me deu minha primeira visão memorável das condições em que o intelectual judeu sobreviveu ao longo da Idade Média e agora a tenho presente. É tão embaraçoso para o pensamento criativo aceitar as restrições judaicas quanto é ilusório e perverso imaginar que o cristianismo inventou o respeito pelos que sofrem, a consideração pelos outros e a luz do Espírito Santo. Todos esses preconceitos e limitações antiquados parecem grosseiros quando expostos com clareza, mas no momento atual não se pode tratar levianamente a força maligna dos fanatismos e das superstições; e parece que seria uma imensa vantagem para o intercurso cultural e social — ou seja, para a civilização — se por fim se considerasse o surgimento do cristianismo apenas como um episódio da história humana e se parasse de propagá-lo como dogma e revelação divina. O estudo dos manuscritos do mar Morto — com o rumo que agora está tomando — não deixará levar a isso, pensamos.

Entrementes avança a passos vigorosos. No belo museu moderno da Velha Jerusalém, construído com dinheiro de Rockefeller, admiravelmente concebido para se enquadrar na paisagem arquitetônica de rombudas torres amarelas e velhas paredes nuas e que no entanto faz o visitante sentir-se como se estivesse em Nova York, numa ala nova do Metropolitan Museum, os fragmentos dos manuscritos do mar Morto foram reunidos e estão sendo examinados. O padre De Vaux dirige os trabalhos; e só três estudiosos têm permissão para decifrar os manuscritos e pronunciar-se sobre eles: J. T. Milik, um sacerdote católico polonês; o dr. John Allegro, de Manchester; e um especialista americano, que no ano passado era o professor Cross, de Chicago, e hoje é monsenhor Patrick W. Skehan, da Catholic University of America. As dezenas de milhares de fragmentos — não se tentou contá-los — foram colocadas em caixas. Grandes esforços têm sido feitos para manter separados os conteúdos das diferentes cavernas e as peças encontradas em grupos. Seu tamanho varia desde fragmentos grandes como uma mão, que podem conter uma coluna inteira, até migalhas com uma única letra. Alguns acreditam que se levará cinquenta anos para ordená-los e decifrá-los, porém o dinâmico De Vaux está mais esperançoso e acha que em dez anos concluirão o trabalho. Os fragmentos selecionados para estudo são dispostos em longas mesas numa grande sala de paredes brancas. A maioria é de couro, mas alguns são de papiro. Em cor variam do marrom bem escuro a um tom claro como de papel, de modo que dão a impressão de folhas de outono que ficavam caídas na floresta durante todo o inverno. Os fragmentos em estudo acham-se dispostos sob placas de vidro; antes, porém, foi preciso torná-los menos quebradiços, colocando-os num "umidificador", uma campânula que contém esponjas molhadas. Ao retirá-los da campânula, o estudioso limpa-os com um pincel de pelo de camelo embebido em álcool ou óleo de rícino. Às vezes a tinta sai junto com o barro margoso das cavernas. Às vezes os fragmentos se despedaçam ao toque do pincel e é necessário prendê-los com fita adesiva. Às vezes ficaram negros, e nesse caso são fotografados com raios infravermelhos e examinados com lente de aumento. O primeiro problema consiste em reunir — através de um estudo dos vários escribas e das substâncias que utilizaram — os pedaços que pertencem ao mesmo manuscrito. Os especialistas trabalham numa pequena sala, equipada com índices da Bíblia, dicionários e todos os textos pertinentes. Através do índice pode-se identificar um fragmento como parte de um livro bíblico ou de uma obra não canônica conhecida e encontrar outros que se encaixem.

Ainda não se reuniram todos os fragmentos; centenas deles se encontram nas mãos dos árabes, que têm dificultado a situação, pois cortam em tiras os pedaços maiores e vendem-nos um após outro, aumentando o preço do segundo fragmento, pedindo mais pelo terceiro, e assim por diante. Para acabar com isso é preciso oferecer uma gorjeta proporcional ao tamanho das peças. O padre De Vaux calcula que ainda se deva dispor de 15 mil dólares para comprar o resto dos fragmentos. Levantar o dinheiro necessário para comprar todo o material que se acha em poder dos árabes é mais difícil do que se imagina. Estabeleceu-se uma norma rígida e imutável: não se pode separar os fragmentos até que todos tenham sido classificados e decifrados sob a orientação do padre De Vaux. Trata-se de uma norma muito sábia: é importante manter os fragmentos reunidos para compará-los e ordená-los; mas em consequência disso as instituições culturais têm deixado de adquirir conjuntos de fragmentos, pois a instituição que os comprar, como foi o caso das universidades de Manchester e McGill, só os terá nas mãos depois que forem lidos e publicados.

Debruçando-se sobre as mesas onde se encontram os fragmentos sob placas de vidro, reconhece-se cá e lá — é espantoso como grande parte da escrita se manteve nítida — o inextinguível *tetragrammaton*, o nome impronunciável de Deus. (O respeito com que se tratava esse nome vai mais longe no Comentário de Habacuc, no qual está escrito em caracteres hebreus arcaicos; e cabe mencionar também que fragmentos de vários livros bíblicos que constavam das últimas descobertas somaram-se aos pouquíssimos exemplares conhecidos de manuscritos nessa grafia.) Aqui está a maioria dos livros bíblicos, às vezes num texto estranho ou num texto que corresponde ao grego da Versão dos Setenta, porém não ao hebraico massorético; e há também livros não canônicos, conhecidos ou não. Imagino que novas revelações ainda podem sair desses fragmentos. Com que avidez os estudiosos devem debruçar-se sobre esse fértil material aqui espalhado! — uma avidez que em alguns instantes, quem sabe, mistura-se com apreensão.

Os achados que, suponho, estão causando maior empolgação e expectativa são dois rolos de cobre que até agora não foram lidos. Parece que até o momento não se conheciam tiras de cobre como essas. Foram encontradas uma sobre a outra, junto à parede, numa caverna de Qumran que de resto se revelou decepcionante. Acredita-se que foram escondidas ali às pressas e que logo depois um terremoto impossibilitou o acesso à caverna. Essas tiras de cobre foram enroladas com o escrito voltado para dentro, mas o estilo penetrou tão fundo — a marteladas, talvez — que se pode decifrar parte do texto em relevo. A dificuldade está em desenrolar essas tiras. Elas estão verdes em consequência da oxidação e se esfacelariam se fossem submetidas a pressão. Enviaram-se alguns pedaços à Johns Hopkins, na esperança de que se descubra algum método para torná-las mais flexíveis. Se isso falhar, será preciso cortá-las. Calculou-se que os dois rolos somados teriam quase 2,5 metros de comprimento.

A princípio pensou-se que tais tiras fossem inscrições das paredes do mosteiro, e alguns até imaginaram que poderiam provir das paredes do Templo — neste caso teriam sido removidas pouco antes de os romanos incendiarem o Templo, em 70 d.C., e escondidas numa caverna situada uns dois quilômetros ao norte do mosteiro quando o próprio mosteiro corria perigo. Entretanto o professor K. G. Kuhn, de Göttingen,* que recentemente visitou Jerusalém e estudou os rolos no museu, chegou a uma conclusão diferente. Decifrando tudo que pôde ler no verso das camadas externas, encontrou uma sucessão de numerais acompanhados da palavra que designa côvado e de outra que pode significar ou *enterrado* ou um lugar — uma vala, uma caverna — onde se possa enterrar alguma coisa; encontrou ainda termos como "acima",

* Atualmente em Heidelberg, 1969.

"deste lado", "na sala" que parecem referir-se a localizações. O professor Kuhn acredita que as tiras contenham uma lista dos tesouros do mosteiro, com indicações para se encontrar os locais onde foram escondidos dos romanos. Não podiam estar afixados nas paredes, pensa ele, pois não há sinais de pregos e o texto não deixa margens suficientes para molduras. Um dos rolos consiste de duas peças separadas que se pode reunir, como as tiras de couro nos pergaminhos, o que levou o dr. Kuhn a supor que esses manuscritos foram feitos para ser desenrolados e lidos, como os pergaminhos. Prestes a fugir, os membros da irmandade teriam escrito seu inventário no cobre e colocado numa caverna, esperando que sobrevivesse à destruição sistemática dos romanos (o couro não resistiria). Se isso é verdade, os arqueólogos talvez tenham a sua frente uma genuína caça ao tesouro.

6. O GENERAL YADIN

E AGORA VAMOS FINALMENTE VOLTAR ao metropolita Samuel, que comprou o primeiro lote de manuscritos e acreditou com persistência em sua antiguidade, que deixou os estudiosos da American School de Jerusalém fotografá-los e que, encorajado por esses americanos, foi aos Estados Unidos em janeiro de 1949. O metropolita Samuel esperava vender os manuscritos a uma instituição cultural, porém isso se revelou mais difícil do que os americanos o levaram a acreditar. A publicação dos textos pela American School não causou o efeito previsto de despertar interesse pela compra dos manuscritos; ao contrário, diminuiu seu valor comercial. Como os estudiosos tinham acesso aos textos, não havia necessidade de colocar os manuscritos numa biblioteca. O metropolita Samuel firmara um acordo com a American School, pelo qual esta publicaria em três anos os textos fotografados e em troca ele receberia 50% dos lucros decorrentes. Entretanto a publicação de textos hebraicos ao lado de fac-símiles fotográficos é muito cara. O primeiro volume dos manuscritos do mar Morto custou à American School 8 mil dólares, e, embora esteja agora na segunda edição, só no último ano o metropolita Samuel recebeu sua parte: cerca de trezentos dólares. Antes disso o único lucro que ele teve com os manuscritos resumiu-se em algumas pequenas taxas pagas para exposição em museus.

Entrementes o Departamento de Antiguidades da Jordânia, dirigido pelo inglês Harding, protestou: o metropolita Samuel não tinha o direito de levar os manuscritos para fora do país e os americanos não tinham o direito de publicá-los e foram coniventes com o metropolita na prática de um ato ilegal. Insinuou-se que seriam tomadas providências se ele voltasse a Jerusalém. Os americanos responderam que foram precisamente os homens da escola que explicaram ao metropolita as leis palestinas relativas a antiguidades, das quais ele não tinha conhecimento; que esses mesmos homens informaram o departamento sobre os manuscritos; e que antes disso, quando andava procurando a opinião de um especialista, o metropolita os mostrara ao pessoal do museu; que em nenhum caso ninguém ligado ao departamento demonstrou o menor interesse;* e, por fim, que, quando o metropolita levou seus manuscritos para fora do país, seu mosteiro se encontrava sob o fogo cruzado de judeus e árabes (os últimos comandados pelo brigadeiro britânico Glubb); e que no caos geral deixado pelos ingleses não havia segurança nem para sacerdote, nem para manuscrito, e tampouco havia governo nem lei relativa a antiguidades ou a qualquer outra coisa. Em Jerusalém, sempre que esse assunto vem à baila, reconhece-se de imediato a rixa entre ingleses e americanos que com tanta frequência se encontra na Europa onde as duas nacionalidades se reúnem. Os ingleses dizem que os ianques, como sempre, foram desonestos; os americanos replicam que afinal foram eles os primeiros a perceberem a importância dos manuscritos do metropolita e o aconselharam a ir para os Estados Unidos a fim de colocá-los em segurança. Devo acrescentar, em defesa dos americanos, que o professor Dupont-Sommer me disse que os estudiosos europeus são gratos aos homens da Ameri-

* Cabe notar que G. Lankester Harding negou tudo isso: "Em todo esse tempo [da descoberta dos manuscritos à partida do metropolita para a América], se alguém pensou seriamente em relatar o assunto ao Departamento de Antiguidades do Governo, a ideia foi descartada como tola, pois nunca se concretizou. O arcebispo declarou que fez isso, pois consultou um membro de seu rebanho que era bibliotecário assistente do Museu Arqueológico da Palestina, mas pode-se desconsiderar tal fato, já que a pessoa em questão não tinha competência para se pronunciar sobre antiguidades de qualquer espécie e nem mesmo levou o assunto ao conhecimento de seus superiores". *Discoveries in the Judaean desert of Jordan* [Descobertas no deserto jordaniano da Judeia], Clarendon Press, 1955.

can School por terem tornado os textos acessíveis com tanta rapidez.

O dr. Burrows, da Yale Divinity School, tem sido diligente em relação aos manuscritos, e a biblioteca da Yale University chegou a considerar a aquisição dos rolos, mas no fim decidiu não comprá-los. Os interessados nos manuscritos reclamam — não sem algum azedume justificado — que a biblioteca não teve dificuldade em levantar 450 mil dólares, segundo consta, para adquirir os textos de Boswell, porém não conseguiu reunir a soma provavelmente menor que teria comprado o que sem dúvida constitui a mais preciosa descoberta do gênero desde os clássicos gregos e latinos trazidos à luz no Renascimento. Isso era ainda mais lamentável porque nem tudo havia sido publicado. Existia um grupo de fragmentos de Daniel que o metropolita não liberara, bem como um manuscrito inteiro que nem sequer fora lido.

Foi esse manuscrito, o menor de seu lote, que o metropolita levara consigo no dia das fotos, quando as camadas estavam tão presas que não seria fácil desenrolá-lo. Ainda não se desenrolou esse manuscrito; mas a partir de dois fragmentos destacados do verso constatou-se que está escrito em aramaico numa "caligrafia muito nítida e bela". Tais peças foram decifradas pelo dr. John C. Trever, que identificou a palavra BT'NWŠ* com o nome feminino Betenos do texto etíope do Livro dos Jubileus. Betenos era a esposa de Lamec, um dos patriarcas da parte inicial do Gênesis, e parece confirmar a identificação um trecho que diz: "Então eu, Lamec, corri a entrar em casa de Betenos". Ora, uma lista antiga de livros apócrifos menciona um Livro de Lamec, e pensou-se que este devia estar contido no Livro de Henoc — pois Henoc era ancestral de Lamec. Todavia a leitura do manuscrito parou aí. O metropolita le-

* Até o século X d.C., aproximadamente, o hebraico escrito quase não usava vogais; assim, no caso de um nome até então desconhecido, é possível grafar apenas as consoantes, sem o que se chama de pontos massoréticos.

vou-o ao Fogg Museum, de Cambridge, e as autoridades do museu lhe disseram que o rolo estava colado com uma substância viscosa como alcatrão, o que apresentava um problema de química orgânica. Diante das objeções dos jordanianos ao direito do metropolita sobre os manuscritos, o pessoal do museu insistiu em segurá-los contra possíveis processos, e quem providenciou o dinheiro necessário foi o dr. C. H. Kraeling, do Chicago Oriental Institute. Tratava-se, obviamente, de uma situação incomum, e, como o Lloyd's não se dispôs a assumir o negócio, o Fogg demorou algum tempo para conseguir uma apólice. O metropolita foi convidado a assinar um documento no qual declarava que não responsabilizaria o museu se os manuscritos sofressem algum dano. Entrementes o sacerdote levou os pergaminhos de volta e deve ter desistido de confiar o trabalho ao Fogg, pois acabou deixando o assunto de lado. Ele se queixa de que, enquanto no Oriente Médio os arranjos são verbais e as partes cumprem sua palavra, nos Estados Unidos sempre se é obrigado a assinar papéis, que no fim não garantem nada. Por exemplo, teve de assinar contratos para expor seus manuscritos e determinou que não os fotografassem. Entretanto infringiu-se esse tipo de contrato quando os manuscritos foram expostos no Oriental Institute de Chicago. Um estudioso que queria verificar uma passagem discutida conseguiu fotografar com raios infravermelhos uma palavra borrada. O metropolita descobriu isso depois, ao ler um trabalho baseado em tal fotografia.

Entrementes não se haviam vendido os manuscritos, e os estudiosos se impacientavam e temiam que o material se deteriorasse. Ao levá-los para os Estados Unidos, o metropolita os colocara num cofre e confiara a custódia a uns sírios de sua Igreja. Qualquer negócio relativo aos manuscritos seria feito em nome dos curadores, que administrariam o produto de sua venda, e o dinheiro seria empregado em obras eclesiásticas e educacionais. Nessa época o metropolita anunciou que não disporia do rolo de Lamec separadamente. Como o valor dos manuscritos caíra com sua publicação, agora seria mais difícil negociá-los sem o chamariz do texto desconhecido. Ele decidiu vendê-los em lote, porém não fixou o preço. Sugeriu que os especialistas os avaliassem. Em vão esperaria um comprador americano, e isso ressalta os falsos valores dos livros raros no mercado deste país. Vêm-nos à lembrança os 150 mil dólares que o dr. Rosenbach pagou por um exemplar do Bay Psalm Book,* os 106 mil dólares pagos por uma Bíblia de Gutenberg, os 50 mil pela primeira versão de *Alice no país das maravilhas*. Os problemas referentes aos direitos do metropolita podem ter tido algo a ver com a relutância das instituições culturais; mas sem dúvida o principal obstáculo foi a relativa pobreza das instituições interessadas em manuscritos bíblicos — escolas de teologia e seminários — e a grande suscetibilidade dos colecionadores ricos, cultivada pelos livreiros durante décadas, às primeiras edições de clássicos acessíveis a todo mundo.

No verão passado o general Yigael Yadin, filho do professor Sukenik, esteve nos Estados Unidos, onde ficou de meados de maio ao fim da primeira semana de julho. Conversou sobre os manuscritos com Albright e decidiu tentar levantar o dinheiro em Israel. Escreveu uma carta para o metropolita, da qual não obteve resposta, e concluiu que naquelas circunstâncias os sírios não poderiam vender os manuscritos abertamente a Israel. Sempre havia a possibilidade de os jordanianos recorrerem às autoridades e tentarem evitar que os rolos saíssem do país; e ainda a Jordânia poderia apresentar queixa às Nações Unidas. Contudo um anúncio que saiu no *Wall Street Journal* nos primeiros três dias de junho, na seção de "Diversos à Venda", chamou a atenção do general:

* *Bay Psalm Book*: tradução dos Salmos elaborada pelo missionário John Eliot, "o Apóstolo dos Índios", e outros; foi o primeiro livro publicado na América (1640). (N. T.)

> Manuscritos bíblicos que remontam no mínimo a 2000 a.C. estão à venda. Seria uma doação ideal para um indivíduo ou grupo fazer a uma instituição educacional ou religiosa.

Os sírios, ansiosos, lançaram mão desse recurso. Sem deixar seu nome aparecer, Yadin se ofereceu para comprar os manuscritos, utilizando os serviços de um intermediário, um advogado neutro em relação aos assuntos israelenses que negociou a transação através de um banco de Nova York. Os sírios nunca foram informados de que os manuscritos iriam para Israel e, assim, aos olhos dos jordanianos devem ter passado por inocentes na questão de sua venda aos inimigos. O preço foi de 250 mil dólares. Uma organização chamada American Fund for Israeli Institutions dispunha de 100 mil dólares, e Yadin convenceu seu governo a emprestar o restante. D. Samuel Gottesman, um milionário americano de Nova York, ofereceu-se para devolver o dinheiro ao fundo e ao governo israelense. Toda a transação foi mantida em segredo até se transportarem os manuscritos para Israel. Naturalmente isso ocorreu há algum tempo, porém a compra dos pergaminhos para Israel só foi anunciada em 13 de fevereiro de 1955, quando o premiê Sharett explicou que se guardariam os manuscritos, com outros documento antigos, num museu que seria construído para esse propósito e se chamaria Santuário do Livro. Assim, os primeiros manuscritos encontrados na caverna de Qumran finalmente estão reunidos na Nova Jerusalém. Agora se abrirá o rolo de Lamec, e a Universidade Hebraica publicará seu texto. Isto terá grande interesse para os estudiosos, pois trata-se do único exemplar conhecido do aramaico literário do período de quatrocentos anos que separa o aramaico do Livro de Daniel, no início do século III a.C., e o do rolo do Jejum, um documento do século II d.C.

O metropolita Samuel mora em Hackensack, New Jersey. Há quatro igrejas de sua fé nos Estados Unidos — uma não muito longe, em West New York — e apenas uma no Canadá.

O metropolita tem viajado de uma a outra, mas sua posição é difícil, pois nunca houve nesta parte do mundo um metropolita da Igreja jacobita síria e tampouco uma sé para ele. Longe da pompa e da antiguidade de seu mosteiro na Velha Jerusalém, mora numa casinha na área suburbana de Hackensack, onde, sustentado pela congregação síria local, desfruta de modesto conforto. Em maio de 1954 fui visitá-lo. As madeiras brancas e os tijolos à vista de sua casa neocolonial se destacam dentre as residências um tanto sombrias e às vezes arruinadas dos bairros mais antigos de New Jersey. Depois de atravessar um pequeno gramado, bem cuidado e brilhante, encontrei seu nome e seu cargo grafados em ferro batido, na antiga escrita síria chamada estrangelo, sobre uma porta de vidro ornamental. Ele era uma figura exótica, com seus olhos negros e magnéticos, sua barba assíria e seu manto negro, que um forro púrpura tornava ainda mais negro. Disse-me que muitos sacerdotes russos que se encontravam nos Estados Unidos trocavam suas vestes por ternos, quando não estavam oficiando, mas que ele usava sempre o traje clerical. O mobiliário era o americano moderno; dois suportes de livros tinham bustos de Lincoln. Mas sobre a lareira havia um livro de orações sírio e uma imagem de Cristo, e ao lado pendia da parede um báculo reluzente, cravejado de rubis. O metropolita transformou essa lareira em altar e diante dela celebra o culto de domingo para seus fiéis. Nessa época planejava construir uma pequena catedral em Hackensack.

Tornei a visitá-lo em fevereiro último. Eu não sabia que os manuscritos foram vendidos. Ele me recebeu com um humor excelente e explicou que, por motivos desconhecidos, o comprador dos rolos não permitiu que se revelasse seu nome. O próprio metropolita tratara apenas com o vice-presidente de um banco. Serviu-me uma suntuosa refeição síria, composta de legumes, verduras, saladas, frutas, queijos e peixe. Este último era o prato principal, e meu anfitrião me explicou que a Igreja jacobita síria destinara três dias de fevereiro a uma Quaresma especial para comemorar o jejum dos ninivitas quando Jonas, pregando para eles, induziu-os ao arrependimento. Esse jejum é uma instituição única das Igrejas orientais dissidentes. O metropolita me disse que o dinheiro dos manuscritos seria usado em obras educacionais e eclesiásticas da Igreja síria no Oriente Médio. Não sabia muito bem o que ia fazer agora. De qualquer modo continuará exercendo suas funções arquiepiscopais, sem se abalar com as controvérsias provocadas pelos manuscritos

1955-1967

APRESENTAÇÃO

Os capítulos seguintes foram concebidos como um suplemento de *Os manuscritos do mar Morto*, publicado em 1955. Considerando que depois disso encontraram-se novos manuscritos, que alguns manuscritos já descobertos foram desenrolados e lidos pela primeira vez e que surgiram sobre esses documentos novas e interessantes teorias, achei que valia a pena atualizar meu livro com o relato do que me parecem ser os fatos mais importantes. Quero deixar bem claro que não sou especialista em semítico e que só posso expor o que outras pessoas determinaram ou supuseram. Nesse campo minha posição é mais ou menos como a de Hemingway em relação às touradas — também uma ocupação que exige treinamento completo, rígida autodisciplina e disposição para correr certos riscos. Sem estar qualificado a participar em qualquer condição profissional, sou um observador atento e entusiástico, que ao longo do tempo aprendeu alguma coisa sobre os toureiros e seus empresários. Conheço a grande autoridade do dominicano Roland de Vaux; a destreza e a elegância com que André Dupont-Sommer maneja a capa; a agilidade e a verve de Yigael Yadin; a tática desastrosa de G. R. Driver, que tende a procurar o touro do lado errado; e os vistosos desempenhos de John Allegro, que deixam o espectador nervoso porque não pode acreditar que terminem tão bem como haviam começado. E consigo distinguir entre as diferentes escolas: há os estudiosos judeus que reclamam porque os gentios não conhecem hebraico o suficiente e são capazes de passar anos em cima de um texto que um especialista na matéria poderia editar em alguns meses — ao que os gentios replicam, queixando-se de que, quando trabalham rápido demais, os estudiosos judeus podem encontrar nessa literatura pré-talmúdica ideias rabínicas posteriores. E há os judeus e outros orientalistas que declaram que os eruditos de Paris, fiéis à tradição racionalizante de Renan, procuram precisão e lógica demasiadas nos textos de autores orientais que, não tendo nossa mesma concepção do tempo, confusamente misturam passado, presente e futuro; que viam a personalidade individual de modo tão pouco ocidental que é um erro detectar modernos *romans à clef* franceses em nebulosos relatos de acontecimentos que receberam forma apocalíptica. E há as dissensões entre os arqueólogos, que são obrigados a basear suas especulações nas evidências encontradas em campo, e os estudiosos puramente acadêmicos, que nunca puseram o pé num sítio, mas se satisfazem com teorias elaboradas em seus gabinetes. A estes últimos voltarei mais adiante.

A muitos estudiosos dos manuscritos devo gratidão não só por seus textos, como também por terem tido a gentileza de me receber ou de corresponder-se comigo ou de me fornecer material e, em muitos casos, de ler minhas provas para verificar se havia erros: professor W. F. Albright, da Johns Hopkins; professor John M. Allegro, da University of Manchester; professor W. H. Brownlee, da Claremont Graduate School; professor Frank M. Cross, Jr., de Harvard; padre Roland de Vaux, da École Biblique et Archéologique da que até pouco tempo era a Jerusalém jordaniana; professor André Dupont-Sommer, que pertenceu à Sorbonne e hoje está no Collège de France; professor David Flusser, da Universidade Hebraica; dr. Malachi B. Martin, ex-professor do Pontifício Instituto de Roma; professor Menahem Mansoor, da University of Wisconsin; professor J. A. Sanders, do Union Theological Seminary; e professor Yigael Yadin, da Universidade Hebraica.

1. POLÊMICAS

A RECEPÇÃO QUE O MUNDO CLERICAL dispensou a meu livro publicado em 1955 tornou-se uma experiência educacional para mim: com ela, já que não pertenço a nenhuma Igreja, compreendi melhor que nunca as doutrinas e atitudes dos vários organismos religiosos. O grupo religioso que menos se perturbou com as implicações dos manuscritos foi o dos unitaristas americanos, que na ocasião discutiam se eram ou não eram cristãos e que sempre recebiam com alegria qualquer coisa que pudesse enfraquecer as pretensões das Igrejas mais fundamentalistas. Os grupos que mais se perturbaram foram os judeus ortodoxos, os católicos e o "*Establishment*" da Igreja da Inglaterra.

No caso dos estudiosos judeus — como Solomon Zeitlin, do Dropsie College, e Yitzhak Baer, da Universidade Hebraica, hoje aposentado — que se recusaram a reconhecer a antiguidade dos documentos, acho que essa relutância se deveu ou ao fato de os manuscritos apresentarem tantas variantes do texto massorético da Bíblia — o qual uma comissão de especialistas rabínicos que fizeram o possível para eliminar qualquer outro texto situaram em data desconhecida e a sinagoga ortodoxa desde então aceitou como inalterável e inquestionável —, ou ao conservadorismo natural de homens cultos que organizaram satisfatoriamente o material disponível de sua área e recuam diante de qualquer novidade que acrescente elementos inexplicados. Os gentios podem achar isso surpreendente. Sabemos que tanto a Versão dos Setenta quanto a Vulgata de são Jerônimo foram traduzidas de textos diferentes do massorético e que os samaritanos sempre afirmaram que sua versão da Torá — ou seja, o que os cristãos chamam de Pentateuco — é mais autêntica que a judaica. Contudo para o judeu rigidamente ortodoxo o texto massorético da Bíblia constitui uma espécie de objeto sagrado que é quase venerado e não pode ser mudado. Cada palavra — até mesmo cada erro — é inalterável, podendo-se fazer anotações na margem. O mundo do judaísmo ortodoxo é bem fechado e difícil de ser invadido, e quando surgem textos hebraicos antigos que correspondem aos gregos ou samaritanos ou contêm leituras inteiramente novas é necessário rejeitá-los, pois não podem pertencer a esse sistema. Do ponto de vista da história também, tanto para o estudioso cristão tradicionalista quanto para o judeu, as evidências estão todas ali: na Bíblia, no Talmude, em Josefo, nos vários tipos de apócrifos, nos historiadores até agora aceitos e nos textos patrísticos e rabínicos.

O comportamento dos católicos romanos mostrou-me pela primeira vez um fenômeno do qual não me havia dado conta: a medida em que a Igreja católica opera em vários níveis. Um erudito católico me disse que a princípio uma espécie de política oficial tendeu a induzir os estudiosos a minimizarem a importância dos manuscritos. O clero revelou um medo desnecessário que o impediu de lidar com a questão. Ele me disse que durante algum tempo se submeteu a essa política, mas depois a deixou de lado. Quem está de fora poderá perguntar aos católicos: se Cristo tinha uma identidade humana como Jesus de Nazaré, que numa época e num lugar definidos enfrentou o sistema judaico e a ocupação romana, por que seria chocante supor que Ele tivesse colhido algumas de Suas ideias teológicas nos mestres da seita do mar Morto, hoje identificados em geral com os essênios, da mesma forma que presumivelmente aprendera carpintaria na oficina de José, ou que alguns de seus ditos e ações possam representar um repúdio a esses mestres? Um católico inteligente e culto por certo não se perturbará — pois sabe que seu Cristo apareceu em determinado momento, numa situação histórica especial — ao descobrir que certos elementos desse contexto agora se tornam mais distintos. Entretanto muitos católicos — como muitos membros de qualquer outro grupo religioso — não são inteligentes e cultos. Tentar preencher com mais fatos históricos o contexto humano da trajetória de

Cristo equivale a correr o risco de enfraquecer a lenda que o populacho ignorante adora e não deve questionar para que a Igreja mantenha sua autoridade. O que os acontecimentos políticos, militares e até doutrinais da história dos antigos judeus têm a ver com as auréolas e os sagrados corações, o manto azul da Virgem, o manto branco da Ascensão de Jesus, o coro de anjos que anuncia Seu nascimento e os anjos "de vestes resplandecentes" que anunciam Sua ressurreição? Os padres mais cultos e esclarecidos responderão que tais esforços de representação concreta, sejam as obras-primas de Fra Angelico e Rafael, sejam as estatuetas e amuletos baratos do mais humilde vendedor de imagens, que até mesmo as lendas cuja verdade literal esses mesmos sacerdotes podem não aceitar simbolizam e lembram aos simples uma salvação e paixão divina e, assim, podem participar da natureza sagrada da Fé. Contudo os simples não sabem, não podem saber e não devem ser estimulados a saber o que os católicos eruditos estão escrevendo. Talvez o mais importante serviço prestado em relação aos manuscritos tenha sido o trabalho do padre Roland de Vaux, o arqueólogo arrojado e perfeito que encontrou ou comprou dos beduínos boa parte da literatura das cavernas o mar Morto e revelou o motivo de sua presença nesse lugar remoto, Qumran, escavando as ruínas do que foi presumivelmente o mosteiro dos essênios, cuja biblioteca devia consistir dos manuscritos que esconderam nas cavernas para protegê-los dos romanos. Até recentemente o padre De Vaux era editor de uma revista trimestral publicada em Paris, a *Revue Biblique*, que hoje tem uma circulação de 2800 exemplares e, embora esteja longe de ser um periódico muito lido, tem veiculado a maioria das notícias importantes sobre as descobertas de Qumran; e há mais ou menos dez anos, desde os primeiros achados, as conclusões de outros estudiosos — à exceção das e Dupont-Sommer, cujos livros começaram a sair em 1950 — vêm parecendo só em publicações especializadas tão pouco lidas quanto a *Revue Biblique*.

Os dois primeiros livros de Dupont-Sommer, logo traduzidos na Inglaterra, despertaram o antagonismo do clero católico, mas não foram amplamente discutidos. Já meu livrinho, que foi publicado pela primeira vez numa revista popular e não passa de uma tentativa puramente jornalística de explicar ao leitor comum o conteúdo e a importância dos manuscritos, bem como o que tem ocorrido em relação a eles, parece que exigiu do mundo católico um antídoto popular. Entre outros protestos, este tomou a forma de um livro, publicado em Roma um ano depois (a capa adornada com os peixes do cristianismo) pelo padre marista Geoffrey Graystone sob o título *The Dead sea scrolls and the originality of Christ* [Os manuscritos do mar Morto e a originalidade de Cristo]. Parecia um panfleto dirigido a mim, pois dentre todos que escreveram sobre o assunto só falava de mim. Trata-se de uma obra simples de apologética católica, sem nenhum valor erudito, destinada a um público instruído nas não culto, e que cumpre sua função sem acrimônia, num tom de paciente boa vontade. Todavia em outras tentativas de correção, anglicanas e católicas, surpreende o tom arrogante, conjugado com a absoluta falta de escrúpulos, que os apologistas às vezes adotam. Ao criticar um livro sobre os manuscritos para uma publicação não especializada, partem do pressuposto de que as pessoas que vão ler a matéria não têm nenhuma erudição bíblica e acreditarão em qualquer afirmação do crítico, desde que este finja falar com autoridade. E naturalmente esse pressuposto em geral é correto. Até mesmo o crítico não clerical sério, para quem o assunto constitui novidade, não percebe quando comete um erro, conforme demonstra o fato de que nenhuma das resenhas de meu livro — à exceção daquelas feitas por estudiosos profissionais extraordinários, como Arnold Toynbee e W. F. Albright — deixou de deturpar o que eu disse. Meus adversários clericais sabiam muito bem como era fácil induzir o leigo ao erro nesse campo. Às vezes declaravam que era cedo demais para tirar conclusões, com o que queriam dizer estabelecer hipóteses, ou que os estudiosos bíblicos realmente profundos estavam descartando os voos dos superficiais ou, como com frequência são chamados, "sensacionalistas" — tendo como premissa que o crítico possuía suficiente competência para determinar quais eram os estudiosos profundos e quais eram os superficiais —, ou que havia muito tempo se provara o engano de certas conjeturas, como quando um tal reverendo Hugh William Montefiore, hoje vigário de Great Saint Mary's, em Cambridge, e no passado professor de Novo Testamento em Cambridge, afirmou no *Spectator* de 18 de maio de 1956 que o erudito anglicano J. B. Lightfoot demonstrara de forma irrefutável que Jesus nunca poderia ter sido essênio. Ora, apesar de ser um estudioso sério, Lightfoot era ao mesmo tempo um porta-voz de sua Igreja. Era capelão honorário a serviço da rainha, tornou-se, sucessivamente, cônego de St. Paul's e bispo de Durham e tinha por objetivo defender a santidade das Escrituras dos ataques que os alemães desferiam então contra sua autenticidade. O pequeno tratado em que aborda os essênios encontra-se num volume de comentário intitulado *St. Paul's Epistles to the Colossians and to Philemon* [Epístolas de São Paulo aos colossenses e a Filêmon], publicado pela primeira vez em 1875. Na época Lightfoot achou muito importante mostrar que Jesus nunca foi essênio. Diz que, "sempre que uma força externa se faz necessária para resolver uma perplexidade, eis o *deus ex machina* cujo auxílio [os estudiosos seculares] prontamente invocam". E, baseado nas descrições dos essênios feitas por Fílon, Josefo e Plínio, o Velho, que forneceram o único testemunho então disponível, discute o assunto minuciosamente. Os dois principais argumentos dos que acreditam que o cristianismo deriva dos essênios, diz ele, são,

> primeiro, que existe prova histórica direta de estreita relação entre os dois; e, segundo, que as semelhanças de doutrina e prática são tão extraordinárias que impõem, ou pelo menos justificam, a crença em tal conexão. Se essas duas linhas de argumento falham, deve-se considerar o caso perdido.

Refutando o primeiro desses pontos, Lightfoot afirma que, embora fosse um asceta que batizava seus seguidores, assim como os essênios eram ascetas que batizavam, João Batista era um pregador independente, enquanto os essênios formavam uma irmandade que tinha no batismo um de seus ritos; e que, longe de habitar um mosteiro, Jesus e seus discípulos viviam em constante movimento; e que Jesus não observava práticas que os membros da ordem consideravam sagradas, mostrando desrespeito pelo *shabat*, comendo sem lavar as mãos, jantando de bom grado com pecadores que os essênios julgavam intocáveis, deixando-se ungir com óleo, assistindo a um casamento comum e referindo-se aos matrimônios "como símbolos das mais elevadas verdades teológicas", quando a maioria dos essênios devia manter-se no celibato, e não se abstendo dos sacrifícios convencionais no Templo, dos quais os essênios se afastavam. Lightfoot acreditava que nada havia de significativo no fato de que, embora Josefo afirme que as três principais seitas judaicas de sua época eram os fariseus, os saduceus e os essênios, sobre estes últimos não se encontra nos Evangelhos uma só palavra e nenhuma menção direta e segura na literatura rabínica. Falou-se que a primeira dessas omissões se devia a uma relação especial de João e Jesus com os essênios, talvez ao afastamento de João, que não obstante continuou a imitar a linguagem da seita; que Jesus podia estar deliberadamente zombando de suas normas. Entretanto Lightfoot explica tudo isso em função da relativa insignificância dos essênios e da remota localização de seus mosteiros. Algumas de suas conclusões não são incompatíveis com as que se têm tirado ultimamente:

> Os essênios sofreram muito na guerra romana de extermínio. [...] Após a destruição de Jerusalém, reforçaram bastante o organismo cristão. As tendências judaizantes entre os hebreus cristãos, que até então foram totalmente farisaicas, tornam-se amplamente essênias.

Mas aqui o ponto importante é que Lightfoot não dispunha dos dados hoje fornecidos pela biblioteca de Qumran. Não tendo nenhuma prova do contrário, diz ele:

> Como pregadores da retidão, como arautos do reino, não têm direito ao título [de profetas]. Em todas as informações de Josefo e Fílon não podemos encontrar a menor indicação de esperanças messiânicas.

No entanto sabemos hoje que a personalidade predominante nos documentos dos essênios é o líder chamado Mestre da Retidão e que a seita possuía uma literatura profética, podendo ele ter sido autor de grande parte. Sabemos também que essa literatura está repleta de referências messiânicas e carregada de esperanças messiânicas. O reverendo Hugh Montefiore declarar que a última e definitiva palavra sobre a relação do cristianismo com os essênios coube a J. B. Lightfoot em 1875 equivale a dizer a um físico moderno que não se pode fissionar o átomo.

Outro exemplo desse blefe clerical — que ilustra também claramente os diversos níveis da abordagem católica — encontra-se na edição de 4 de fevereiro de 1956 do semanário jesuíta *America*. Quando meu artigo saiu no *New Yorker*, recebi uma carta gentil e elogiosa de um padre Frederick L. Moriarty, S. J., professor de Velho Testamento no Weston College, Massachusetts, expressando a esperança de que o artigo fosse publicado num livro, "sem a distração dos anúncios de maiôs!". Quando saiu num livro, ele me enviou provas de uma resenha que escrevera para o *America*, na qual falava do artigo como o fizera na carta. Contudo, quando a matéria foi publicada, vi que estava justaposta a outro artigo — anunciado na capa, onde não havia menção da resenha — da autoria do reverendíssimo John J. Dougherty, professor de Sagradas Escrituras no Immaculate Conception Seminary of Darlington, New Jersey, e regente do Institute of Judaeo-Christian Studies of Seton Hall University, Newark. Tal artigo parecia ter sido concebido para neutralizar o possível efeito da simpática resenha do padre Moriarty e com certeza para colocar os leitores do *America* em guarda contra meu livro insidioso. Continha a seguinte declaração:

Ele [Wilson] tomou *uma* interpretação hipotética, a do erudito francês André Dupont-Sommer, da Sorbonne, e apresentou-a, envolta numa linguagem empolgante, ao círculo dos que sabem ler, porém não sabem avaliar. Isso é maldade. A tese sensacionalista e não comprovada de Dupont-Sommer, adotada por Wilson, era de que os documentos do Qumran revelavam uma antecipação do cristianismo na seita dos essênios. Permitam-me dar um exemplo da interpretação de Dupont-Sommer para expor minha posição e colaborar para esta discussão. A coluna oito do Comentário [de Habacuc] termina no meio de uma frase; falta uma parte do texto. [Falei sobre esse comentário anteriormente.] A coluna nove começa no meio de uma frase. As palavras iniciais da coluna nove falam de *alguém* que sofreu "vingança no corpo de sua carne". Dupont-Sommer *especulativamente* acrescentou as palavras que faltavam no final da coluna oito para transformar o sofredor da coluna nove no "Mestre da Retidão" [que é citado com frequência como chefe da seita] e das palavras "corpo de sua carne" *inferiu* que ele era um ser divino. *Sic.* É bem verdade que em sua obra posterior abandonou isto e boa parte de sua teoria, mas Wilson escreveu apenas um artigo que dá vida imerecida a uma hipótese já descartada por seu autor.

Ora, antes de mais nada Dupont-Sommer não foi o único estudioso que apresentou a "tese sensacionalista e não comprovada [...] de que os documentos de Qumran revelam uma antecipação do cristianismo na seita dos essênios". Houve ainda W. F. Albright, W. H. Brownlee, K. G. Kuhn e muitos outros. Se tivesse escrito um ano depois, o monsenhor Dougherty teria de se entender com o padre Jean Daniélou, estudioso que num artigo publicado por *L'Express* em 1º de fevereiro de 1957 enumerou 27 razões para acreditar que os essênios influenciaram os primeiros cristãos. Ademais, não é verdade que tomei apenas "*uma* interpretação hipotética" — a de Dupont-Sommer. Na verdade apresentei três. Tampouco é verdade que não expliquei que Dupont-Sommer preencheu o hiato no final da coluna oito. Na realidade falei que ele "exagerou". É verdade que no primeiro de seus livros sobre os manuscritos Dupont-Sommer afirma que as passagens do Comentário de Habacuc mencionadas acima constituem

> evidentemente uma alusão à Paixão do Mestre da Justiça; ele foi julgado, condenado e torturado. Sofreu "no corpo de sua carne"; era sem dúvida um ser divino, que encarnou para viver e morrer como homem.

Contudo desconsiderei a inferência de que o Mestre da Retidão foi "um ser divino" etc., porque, assim como o monsenhor Dougherty, eu conhecia o segundo livro de Dupont-Sommer, no qual ele se esforça para esclarecer que não identifica o Mestre com Jesus e mostra que, embora as situações de ambos apresentem certas características em comum, "a semelhança está longe de ser completa". Além de corrigir essa impressão que seu primeiro livro dera a alguns leitores, ele com certeza não "abandonou boa parte de sua teoria", como declara o monsenhor, mas, ao contrário, defendeu-a vigorosamente.

Ocorrem-me apenas duas explicações para os equívocos do monsenhor Dougherty. Ou ele na verdade não leu meu livro nem os de Dupont-Sommer, ou, apostando na ignorância de seus leitores em relação à literatura dos manuscritos, deliberadamente resolveu enganá-los com uma falsa erudição.

Apesar da evidência arqueológica, têm insistido em pós-datar os manuscritos não só estudiosos judeus conservadores, como também o professor G. R. Driver, de Oxford, que a fim de expor tal teoria publicou em 1965 uma obra longa e minuciosa, intitulada *The Judaean scrolls: the problem and a solution* [Os manuscritos da Judeia: o problema e uma solução]. Mas antes de abordar essa teoria vou continuar defendendo meus interesses — e os dos estudiosos que Driver tenta desacreditar. Num prólogo de extraordinária arrogância Driver cita meu livro para referir-se, sem nomeá-lo, ao professor David Flusser, da Universidade Hebraica, como "um jornalista judeu que aprendeu hebraico 'meio tarde na vida'". Sinto muito ter equivocado o professor Driver. Quando afirmei que o professor Flusser aprendeu hebraico meio tarde na vida, quis dizer e esperava que o contexto mostrasse que aprendeu a falar hebraico como língua viva relativamente tarde, depois de passar a residir em Israel. Quanto ao resto, parece estranho Driver ter achado que Flusser era jornalista. Ele sempre foi um erudito. Lecionou hebraico em Praga de 1947 a 1950 e, quando conversamos, era professor na Universidade Hebraica, da qual logo depois recebeu o título de doutor. Driver me menciona na mesma frase, depois de um ponto e vírgula — e igualmente sem citar meu nome —, como "outro" jornalista judeu que também expressou opiniões abomináveis. Sou jornalista, se assim querem; mas pelo que sei David Flusser nunca escreveu nada além de artigos para periódicos especializados, e tratá-lo como jornalista é de uma impropriedade chocante num intelectual do suposto porte de Driver. Como impróprio e ainda mais indesculpável é o desdém com que trata Dupont-Sommer, que hoje ocupa a cátedra de hebraico e aramaico no Collège de France: Driver não só não menciona sua alta posição, mas tampouco o chama pelo nome, referindo-se a ele apenas como "um professor francês". Tal qual o monsenhor Dougherty, o professor Driver afirma que esse professor francês se refere ao Mestre da Retidão como "um ser divino" e cita uma passagem na qual um jornalista francês absurdo, que não consigo identificar, faz pouco de Jesus.

O principal objetivo do livro de Driver é refutar a teoria, em geral aceita, que o padre De Vaux apresenta magistralmente em *L'archéologie et les manuscrits de la mer Morte* [A arqueologia e os manuscritos do mar Morto]: o edifício escavado por ele e pelo Departamento de Antiguidades da Jordânia era um mosteiro dos essênios, a seita descrita por Fílon e Josefo e situada na região por Plínio, que o ocupou — com um intervalo de trinta anos, segundo parece — desde algum momento no final do século II a.C. até 68 d.C., quando, na época da primeira revolta dos judeus, os romanos sitiaram e tomaram o local; os manuscritos foram guardados nas cavernas para não caírem em poder dos romanos. (O professor Dupont-Sommer foi o primeiro a dizer que a biblioteca de Qumran deve ter pertencido aos essênios e que estes escreveram pelo menos uma parte dos rolos ali contidos — o que talvez explique o desdém de Driver.) As objeções de Driver consistem de suposições forçadas, incompatíveis com as evidências em que essa teoria se baseia. Segundo Driver a seita do mosteiro não era a dos essênios — na realidade eles nunca se referem a si mesmos com tal nome nos documentos que possuímos —, e sim de qualquer outro grupo judeu, que o professor inglês chama de "os pactuantes". O latim de Plínio, diz ele, não significa o que parece significar — pode não indicar a localização do mosteiro —, e os essênios, que "abjuravam a guerra", não precisariam de "edifícios tão sólidos". Os manuscritos encontrados na cavernas podem não ter relação nenhuma com o mosteiro. Driver admite que os jarros nos quais estavam guardados eram iguais ao que foram achados no mosteiro: "a coincidência, no entanto, pode ser pura casualidade". As pequenas dimensões da sala que se denominou *scriptorium* e a escassa quantidade de tinteiros nela encontrados mostram que era inadequada ao trabalho de copiar "muitas centenas de manuscritos". Driver desenvolve uma teoria complicada e extremamente implausível, que não baseia em nenhuma prova real. Chega a essa teoria pelo método negativo de primeiro rejeite as evidências até então aceitas. O resultado de tudo isso é uma tentativa de atribuir aos manuscritos uma data tão tardia — entre meados do século I d.C. e a primeira metade do II — que as doutrinas e práticas das pessoas que os redigiram não poderiam ter tido nenhuma influência sobre as origens do cristianismo. Num artigo publicado na *Revue Biblique* de 12 de abril de 1966 e numa versão inglesa um tanto resumida que saiu nos *New Testament Studies* de 13 de outubro de 1966 o padre De Vaux resenha o livro do professor Driver e, após expressar estima pessoal e pesar por se ver obrigado a contradizê-lo, destrói por completo sua teoria. No original francês começa dedicando nada menos que seis páginas à imprecisão e à confusão nem um pouco eruditas das referências de Driver e às falhas de sua bibliografia. Depois mostra que suas tentativas de confutar as evidências arqueológicas se devem ao fato de não tê-las compreendido. Segundo Driver as ruínas de Qumran não podem ser remanescentes do mosteiro dos essênios porque sua reinterpretacão de Plínio situa o mosteiro em outro lugar, onde acredita que surgiram ruínas contemporâneas às de Qumran. De Vaux responde que essas ruínas representam o quartel-general dos romanos e que os essênios não podiam viver perto deles, pois Plínio deixa bem claro que eram arredios. De acordo com Driver os romanos não podem ter atacado os edifícios, porque as flechas encontradas em Qumran e supostamente disparadas pelos invasores estavam "reunidas em determinados aposentos" e, assim, deviam pertencer aos moradores, que para Driver eram membros do belicoso partido dos zelotes ou com ele tinham alguma ligação. Não é nada disso, declara De Vaux: algumas setas foram encontradas nos pátios, "e creio que podemos ser perdoados por não ter escavado, à procura de outras, toda a encosta além dos muros" etc. E De Vaux prossegue: Driver "parece não ter compreendido" a presença das moedas no mosteiro, que estabelecem as datas de certos fatos, bem como um *terminus ad quem*, junho de 68 d.C., para a composição dos documentos; e, embora demonstre ter lido um artigo que fala sobre isso, não menciona a descoberta, em Massada, de um documento — o chamado "Liturgias Angélicas" ou "Cânticos dos Sacrifícios do Sabá", do qual se encontraram na biblioteca de Qumran quatro outros fragmentos de quatro cópias — que se identifica como pertencente à seita de Qumran porque a sequência de datas dos *shabats* é dada nos termos de seu calendário específico. Já que Massada, último baluarte dos judeus na época de sua primeira revolta, foi tomada pelos romanos em 73 d.C., quando os defensores da fortaleza se suicidaram para não cair nas mãos do inimigo, é impossível que a literatura de Qumran tenha sido elaborada numa data posterior, como Driver está tentando mostrar.

"É triste encontrar aqui, mais uma vez, esse conflito de método e mentalidade entre o crítico textual e o arqueólogo, o homem em seu gabinete e o homem em campo", observa De Vaux. Este é um exemplo do desacordo de que já falei e que se deve ter em mente ao lidar com as controvérsias relativas aos manuscritos. Através de um trabalho de detetive textual e de imaginação histórica "o homem em seu gabinete" tentará reconstruir o que aconteceu — mais adiante darei um exemplo impressionante da reconstituição feita por Dupont-Sommer dos fatos existentes por trás do Comentário de Naum —, porém às vezes deixará de considerar os dados arqueológicos. Por outro lado o arqueólogo procura sempre aproximar-se de uma cronologia acurada e notará, com algum ceticismo, que os fatos do Comentário de Naum, por exemplo, foram reconstruídos de formas muito diversas por outros estudiosos igualmente competentes.

Acho que cabe mencionar aqui outro motivo da discordância entre os estudiosos dos manuscritos: trata-se da oposição entre aqueles que pela fé ou pela afiliação estão ligados a um credo cristão ortodoxo e aqueles que são "livres-pensadores" ou teólogos muito liberais. Os primeiros, que instintivamente se afastam de qualquer coisa que pareça conflitar com a atribuição divina dos Evangelhos, tendem a esforçar-se para dissociar os manuscritos do Novo Testamento, enfatizando suas diferenças; os últimos acham fascinante descobrir suas semelhanças. Ora, o autor responsável nunca negou as diferenças que existem entre as posições atribuídas a Jesus nos Evangelhos, com sua aceitação dos pobres e proscritos, sua pregação de amor e perdão, bem como a apresentação da Fé que Paulo faz aos gentios, por um lado, e, por outro, a teologia de uma restrita seita judaica que se considerava uma elite — embora às vezes seja cordial ao falar dos "simples" — e a belicosidade aparentemente feroz de seu Mestre da Retidão. Conquanto a literatura messiânica da seita pareça de fato preparar o caminho para o surgimento de uma figura como Jesus — devemos sempre lembrar que Cristo é apenas a tradução grega de "Messias", ou "O Ungido" — e conquanto alguns de seus termos e conceitos se encontrem na literatura do cristianismo, ainda assim são tão evidentes as discrepâncias entre os manuscritos e a palavra de Jesus, não havendo de uns à outra nenhuma ponte inequívoca, que ainda não se apresentou nenhuma prova que abalasse a crença nutrida por muitos de que Jesus era o filho de Deus num sentido literal, especial, e que só isso pode explicar a tremenda força dos Evangelhos.

"Minha fé não teme meus conhecimentos", disse-me certa vez o padre De Vaux. E embora no passado ele eventualmente fosse severo com os eruditos descrentes, tenho a impressão de que, no tocante ao estudo dos manuscritos, as inibições impostas pelos envolvimentos religiosos e pelos tabus da superstição agora tendem a desaparecer. O jovem que começou num seminário pode vir a desconsiderar a teologia e partir para a pesquisa arqueológica ou paleográfica, ou descobrir que é capaz de ganhar à vida lecionando hebraico ou história oriental antiga num seminário ou numa universidade onde se questionará sua ortodoxia.

2. O APÓCRIFO DO GÊNESIS

UM ÚNICO MANUSCRITO DA CAVERNA um não havia sido lido nem publicado quando o governo israelense adquiriu todos esses rolos; com base em dois fragmentos destacados, os estudiosos inicialmente se referiam a ele como o Livro de Lamec, obra que consta de uma antiga lista de apócrifos. Tal manuscrito encontrava-se em condições bem piores que as dos outros do mesmo grupo. Grudara-o de tal forma uma substância viscosa exsudada pelo couro em decomposição que era difícil desenrolá-lo, e agora o couro estava tão ressequido que era difícil evitar seu esfarelamento. A tinta utilizada, que parecia diferente da dos outros manuscritos e em alguns pontos corroeu o couro ou dava a impressão de mancha no mata-borrão, também dificultava a leitura, de modo que foi preciso recorrer aos raios infravermelhos. Recobria a parte de baixo das colunas uma folha de um fino material branco que tinha de ser removida. Parte do rolo apodrecera, de modo que faltam as porções superiores das colunas. Em 1956 a Universidade Hebraica publicou cinco colunas mais ou menos legíveis desse documento, editadas pelos professores Yigael Yadin e Nahman Avigad, e anunciou que o trabalho prosseguia. Constata-se agora que só no início esse apócrifo se refere a Lamec; é uma versão aramaica do Gênesis. Em alguns trechos segue o Gênesis bem de perto e em outros se assemelha aos livros intertestamentais de Henoc e dos Jubileus, que talvez tenham derivado parcialmente desse texto. A data atribuída a essa cópia é final do século I a.C. ou primeira metade do século I d.C.

Sob vários aspectos esse documento interessa aos estudiosos do semítico e da Bíblia: amplia o conhecimento do aramaico, a língua franca do Oriente Médio que suplantou o hebraico; especifica mais que o Gênesis a geografia das andanças de Abraão; identifica o "mar Vermelho" como o oceano Índico; tenta preencher e explicar algumas lacunas e incongruências da narrativa bíblica. Entretanto para o leitor comum da Bíblia o que esse Gênesis aramaico tem de mais interessante é provavelmente a descrição da beleza de Sara e o relato das experiências de Sara e Abraão no Egito, tendo como narrador o próprio patriarca. (Aqui eles se chamam Abrão e Sarai, como a princípio são chamados na Bíblia, antes de Deus mudar seus nomes para sinalizar o elevado destino que lhes reservava.) Ora, no Gênesis há dois episódios (12:10-20 e 20:1-18) em que um governante — primeiro o faraó do Egito, depois Abimelec, rei de Gerara — apaixona-se por Sara e um semelhante (26:6-11) em que o rei é novamente Abimelec, porém o casal é Isaac e Rebeca. O escriba ou escribas desconhecidos que compuseram o Gênesis a partir de narrativas mais antigas não se esforçaram para produzir uma história coerente, como se presume que os editores dos poemas homéricos o fizeram no século VI a.C. a mando de Pisístrato. Simplesmente incluíram tudo que se julgava possuir a autoridade do antigo. Assim, contam-nos que, quando Abrão e Sarai foram para o Egito, tangidos pela fome, o faraó se encantou de tal modo com Sarai, por causa de sua magnífica beleza, que a tomou de Abrão. Já prevendo isso, Abrão fizera Sarai passar por sua irmã, a fim de que o faraó não o matasse. (A partir daqui sigo o novo relato, no qual a própria Sarai conta isso ao rei.) Agora Abrão pede a Deus que intervenha para que o rei não profane sua esposa, e Deus envia um vento — ou espírito, רוח — pestilento que, com outras pragas, aflige-o durante dois anos, levando-o a adoecer de tal forma que não pode se aproveitar de Sarai. O faraó convoca todos os médicos e magos e sábios do Egito, mas nenhum consegue curá-lo: "O vento — ou espírito — golpeou-os, e eles fugiram". Um dos príncipes procura Abrão e lhe suplica que reze pelo faraó, mas Lot, sobrinho do patriarca, explica que Abrão e Sarai são marido e mulher e que seu tio não pode rezar pelo rei enquanto este mantém com ele sua tia. O príncipe explica a situação ao faraó, que de imediato liberta Sarai. Abrão reza por ele, e as pragas desaparecem.

Mais tarde, em Gerara, no Neguev — segundo o relato bíblico: as colunas publicadas do apócrifo não incluem esta história —, Abimelec, o rei local, também se encanta com Sara. Abraão recorre ao mesmo artifício, porém Deus aparece ao rei em sonho e o previne antes que ele a toque. Ora, se acreditamos no Gênesis, Sara tinha 65 anos quando o faraó a achou irresistível e muito mais quando fascinou Abimelec. Como seria sua beleza? Acho que tentemos a imaginá-la como uma matrona, esposa de um patriarca, que riu ao ouvir Deus anunciar que, até então estéril e com noventa anos, finalmente daria à luz um filho. Contudo esse apócrifo pela primeira vez nos descreve Sarai em seu apogeu, segundo o relato de um cortesão ao faraó:

> Quão [...] formoso o aspecto de seu rosto [...] e quão [...] lindos os cabelos de sua cabeça, quão belos realmente são seus olhos e quão agradáveis seu nariz e todo o brilho de sua face [...] quão formoso seu busto e quão encantadora toda a sua alvura. Seus braços bonitos de se ver, e suas mãos, quão perfeita [...] toda a aparência de suas mãos. Quão bonitas as palmas e quão longos e belos todos os dedos de suas mãos. Suas pernas quão lindas e suas coxas sem jaça. E todas as donzelas e todas as noivas que caminham sob a pálio nupcial não são mais formosas que ela. E acima de todas as mulheres ela é adorável e superior em sua beleza a todas, e com toda a sua beleza há nela muita sabedoria. E a ponta de suas mãos é linda.

Outro ponto interessante é que, ao curar o faraó, Abraão não só reza por ele, como impõe as mãos sobre sua cabeça. O professor David Flusser comentou isso no *Israel Exploration Journal*, volume 7, número 2, 1957. Essa imposição das mãos é mencionada com frequência no Novo Testamento como uma característica da cura realizada por Jesus, porém não figura no Velho Testamento, nem, pelo que se sabe, na literatura rabínica. Contudo sua presença no apócrifo do Gênesis, que se supõe ter sido escrito na época de Jesus ou um pouco antes, parece indicar que a prática não era exclusiva de Jesus, mas constituía um método reconhecido de efetuar curas.

3. OS SALMOS

EM 1965 PUBLICOU-SE UM NOVO MANUSCRITO dos Salmos na série de *Discoveries in the Judaean desert of Jordan* [Descobertas no deserto jordaniano da Judeia] — ou seja, na série dos manuscritos do mar Morto que não pertenciam à Universidade Hebraica, mas eram supervisionados pelo padre De Vaux e publicados pela Clarendon Press. Seu editor era o dr. J. A. Sanders, do New York Union Theological Seminary, que sobre o assunto lançou também um livro mais informal e bastante fácil de se ler: *The Dead sea Palms scroll* [O manuscrito dos Salmos do mar Morto] (Cornell). Coberto de excrementos de morcego e parcialmente decomposto quando foi encontrado, diz Sanders, esse rolo contém 41 salmos, tanto fragmentários quanto completos. O *tetragrammaton*, o nome impronunciável de Deus, que se deve substituir por *Adonai* ao ler-se a Bíblia, aqui se torna ainda mais distante por estar sempre grafado em caracteres do antigo hebraico, como 𐤉𐤄𐤅𐤄. (Isso é comum na literatura da seita, mas não em seus textos da Bíblia.) Aqui há variantes da Bíblia massorética — quer dizer, do texto hebraico oficial, como há em fragmentos dos Salmos encontrados em uma das outras cavernas —, porém o aspecto mais interessante desse manuscrito é a inclusão de oito composições apócrifas. (Fragmentos de salmos não canônicos também foram descobertos alhures.) Quatro dessas peças já eram conhecidas em tradução grega, latina ou siríaca. Uma foi identificada como uma versão hebraica de um cântico no final do Livro de Sirac (ou Eclesiástico, no rol dos apócrifos): um dos curiosos elogios da busca da Sabedoria na figura de uma mulher, o que se aproxima tanto do erótico que levou Sanders a afirmar que a comunidade celibatária do mosteiro usava o texto como um estímulo à "sublimação". Todavia três dos salmos não bíblicos eram inteiramente inéditos: um hino de louvor a Deus por ter salvado o salmista dos pecados que o fizeram chegar perto da morte; um hino de louvor ao Sion; e uma glorificação de Deus como o criador do mundo. Há ainda uma breve passagem em prosa, até então desconhecida, que fala das excelsas qualidades de Davi e afirma que ele escreveu 3600 salmos (o termo hebraico *tehillim* significa "cânticos de louvor") e 450 cânticos de outros tipos.

Provavelmente a mais interessante dessas obras não canônicas é o misterioso Salmo 151. (A Bíblia massorética contém apenas 150 salmos.) Já era conhecido em grego e siríaco, pois figura na Versão dos Setenta, a tradução grega do Velho Testamento elaborada em Alexandria, que nem sempre corresponde à Bíblia massorética e evidentemente foi feita a partir de um texto diferente. Agora esse Salmo 151 da Versão dos Setenta aparece no novo texto como duas peças separadas, que obviamente foram reunidas nas versões grega e siríaca e censuradas até certo ponto. Considera-se importante tal censura, pois nessa nova versão hebraica os rebanhos e as árvores respondem à música que Davi toca em sua lira, o que não acontece nas outras versões. Ora, a influência do culto grego de Orfeu, cuja música encantava seus ouvintes animais e vegetais, é bem clara na arte judaica e na cristã, Orfeu confundindo-se com Davi na primeira e com Cristo na última. Os animais e as árvores encantados por Orfeu se transformam nos carneiros guardados por Davi e no rebanho daquele outro bom pastor, Cristo. Entre os afrescos de uma sinagoga do século III descoberta em Dura-Europus, no alto Eufrates, há um que mostra Orfeu de barrete frígio tocando sua cítara para um macaco e um leão. Também se encontrou um Orfeu numa catacumba judia próxima de Roma, e lembrou-se que alguns saltérios bizantinos traziam miniaturas semelhantes de Davi tocando para seu rebanho. A mais extraordinária dessas representações está num mosaico do século II que se acha numa igreja cristã de Jerusalém: retrata uma figura masculina, também de barrete frígio, com uma lira e cercada por seis animais, dentre os quais dois pássaros, e algumas plantas e árvores. O mais surpreendente é que abaixo dessa figura se postam um sátiro com chifre e pé de bode e um centauro com pele de leopardo e uma clava. Eusébio, o historiador da Igreja dos inícios do século IV, comparou a magia da música de Orfeu à magia das palavras de Jesus.

Os estudiosos que traduziram esse salmo divergem ao enfatizar ou minimizar sua suposta influência órfica. Quase todos, como Sanders, traduzem os termos que precedem a afirmação de que as árvores e os rebanhos respondem à música de Davi como uma declaração de que as montanhas *não* testemunham o Senhor nem as colinas o proclamam. Por certo a negativa do hebreu está presente, porém num trabalho intitulado *David et Orphée* [Davi e Orfeu] Dupont-Sommer evita essas afirmações aparentemente contraditórias, interpretando tais versos como perguntas: "As montanhas não testemunham?" etc. A seu ver o que se segue também trai a influência grega — no caso, o pitagorismo, uma concepção da harmonia do mundo, a música das esferas, que o músico piedoso imita e reproduz em sua lira para homenagear o Deus supremo. "Pois quem há de proclamar e quem há de celebrar e quem há de relatar as obras do Senhor? Deus vê o universo; Deus ouve o universo e lhe dá ouvidos." Os termos hebraicos que significam *o todo* são traduzidos por Sanders como *tudo* e por Dupont-Sommer como "*l'univers*" — foi essa a solução que escolhi acima. Deus dá ouvidos, prossegue Dupont-Sommer, "como que para saborear na condição de *connoisseur* tanto a suave harmonia do mundo que ele criou quanto os sons que brotam das cordas inspiradas e no mesmo concerto místico se unem à música do universo". Ao reagir contra os gregos, os judeus teriam eliminado qualquer vestígio de orfismo ou pitagorismo, daí a versão resumida desse salmo helenístico na Versão dos Setenta e nos textos siríacos.

Dupont-Sommer acredita ainda que essa obra foi elaborada por um membro da seita. Seus argumentos mais convincentes baseiam-se na ênfase dada à música na literatura do mar Morto e na informação de Josefo de que a vida dos essênios tinha muito em comum com a dos pitagóricos. Ademais, o hino órfico termina com Davi dizendo que Deus "fez-me príncipe de Seu povo e governante dos filhos de Sua aliança". A expressão "filhos de Sua aliança" encontra-se também em outro manuscrito de Qumran, mas, como os termos órficos, não figura na Versão dos Setenta. Caberia concluir, então, que aqui houve uma tentativa de eliminar todos os vestígios da seita, cujos membros introduziram o "Davi-Orfeu" em seu saltério e se referiam a si mesmos como "os filhos da aliança".

Convém falar aqui sobre os manuscritos da caverna onze, descobertos somente em 1956. Entre eles estavam esse manuscrito dos Salmos, alguns fragmentos do Levítico, um rolo gelatinizado de Ezequiel, um targum aramaico de Jó (uma versão lida nas sinagogas quando já não havia amplo entendimento da Bíblia hebraica) e trechos da "Nova Jerusalém" da seita, um tema que os estudiosos ainda não expuseram, apesar de já se terem encontrado outros fragmentos a ele relacionados. Ao adquirir esses manuscritos o Museu da Palestina teve de pagar 48 mil libras a Kando, um comerciante sírio de Belém que atuara como intermediário entre os beduínos e os compradores. Isso lhe abalara de tal modo a situação financeira — mantida por Rockefeller — que agora o museu se recusava a liberar qualquer manuscrito para publicação sem antes receber uma quantia proporcional ao ressarcimento dessa despesa. Por conseguinte, só em 1964, oito anos após a aquisição dos manuscritos, quando um rico doador americano adiantou 25 mil libras, publicou-se o primeiro rolo desse lote. O texto de Jó foi financiado pelo governo holandês e está nas mãos de J. van der Ploeg, o estudioso holandês dominicano, que há muito tempo o vem examinando.

Alguns protestantes e judeus, bem como estudiosos independentes, têm se mostrado insatisfeitos com a lentidão com que o conteúdo dos manuscritos jordanianos chega ao conhecimento público — mesmo antes de ocorrer essa situação especial no Museu da Palestina. Três rolos do lote original da primeira caverna foram publicados quase de imediato pela American

School of Oriental Research, através da Yale University Press, e os outros quatro com a mesma presteza pela Universidade Hebraica tão logo chegaram a suas mãos e puderam ser lidos sob forma impressa. Em ambos os casos houve pouco trabalho de edição. Reproduziu-se o texto em caracteres hebraicos modernos e com uma tradução aproximada. Assim os manuscritos foram colocados à disposição de estudiosos de todo o mundo. Com isso Yadin pretendia que todo estudioso que resolvesse estudá-los pudesse beneficiar-se com as interpretações de outros especialistas. No entanto os rolos do Museu da Palestina têm sido publicados a longos intervalos e muitos anos depois de sua descoberta, com uma pesada bagagem editorial, textual e arqueológica, e a preços acessíveis a poucos, na série da Clarendon Press mencionada no início deste capítulo. Controla tudo isso a École Biblique — e, por conseguinte, a autoridade católica —, e tem-se insinuado que se encontrou alguma coisa prejudicial ao dogma católico e por essa razão tratou-se de escondê-la. Todavia, embora seja verdade, como relatei anteriormente, que os católicos relutam em atrair especial atenção para os manuscritos, não vejo razão nenhuma para acreditar que qualquer um desses documentos tenha sido ou venha a ser suprimido — ou que se encontre alguma coisa que lance qualquer dúvida sobre a fé católica. Até agora não surgiu nos textos de Qumram nenhuma referência a Jesus ou a João Batista, e, como a seita certamente jamais teria aceito esses profetas, é difícil imaginar por que não os teria ignorado. De qualquer modo, por que um cristão deveria se abalar por qualquer coisa que a seita pudesse ter dito sobre eles? Deixando de lado uma possível intenção de retardar e abafar a publicação dos manuscritos a fim de impedir que suas implicações provoquem um impacto muito grande, explica o atraso em parte a dificuldade de montar os manuscritos que foram encontrados em fragmentos e em parte a lentidão de certos estudiosos. Soma-se a isso, talvez, o instinto do erudito, muito natural e comum, de estabelecer prioridade e posse que levaria um homem como De Vaux a querer conduzir o manuseio e certificar-se da apresentação adequada de materiais que, afinal, ele próprio trouxe à luz e pelos quais se sente pessoalmente responsável. De qualquer modo recentemente De Vaux ouviu as queixas dos estudiosos ávidos e pressionou vários editores a levarem a cabo as tarefas que lhes foram atribuídas.

4. O *PESHER* DE NAUM

UMA DAS FASCINANTES ATRAÇÕES da biblioteca de Qumran é uma série de aparentes comentários sobre alguns salmos e profetas, escritos evidentemente por um ou vários sectários, e que na verdade são registros meio disfarçados de fatos da história da seita. Tais comentários são conhecidos como *pesharim*, porque após cada verso a interpretação especial se inicia com "*Pishro al* [...]" ("Sua interpretação refere-se a [...]"). Quando escrevi sobre esse assunto pela primeira vez, o comentário — ou *pesher* — mais extenso era o de Habacuc, encontrado na caverna um entre o primeiro lote de manuscritos. Esse texto despertou grande interesse, pois parecia lançar alguma luz sobre os antecedentes históricos dos documentos. Nele aparecem algumas figuras sem nome que são mencionadas em outros rolos: o Mestre da Retidão, o Sacerdote Iníquo, o Profeta ou Homem da Inverdade e os inimigos que os essênios enfrentam e aos quais chamam de *kittim*. Acredita-se que estes últimos, que adoravam suas águias e pareciam identificar-se de outras formas, eram os romanos, que invadiram a Palestina em 63 a.C. O Mestre da Retidão era obviamente o chefe da seita; o Sacerdote Iníquo e o Homem da Inverdade eram, talvez, a mesma pessoa odiada, afinal identificada por Dupont-Sommer como o asmoneu Hircano II, que foi sumo sacerdote de Jerusalém (78-40 a.C.) e rei dos judeus nessa dinastia — descendente dos macabeus, a belicosa família judia que combateu os selêucidas, sucessores de Alexandre, o Grande, no domínio sobre a Palestina. Mas era um suplício não saber exatamente quem foram essas pessoas ou o que de fato ocorreu.

Depois se descobriram mais manuscritos em outras cavernas, entre os quais um *pesher* de Naum; apesar de seu compromisso de manter silêncio, alguns estudiosos da Bíblia murmuraram que esse texto mencionava nomes historicamente conhecidos e que importantes revelações se delineavam. Quando uma das colunas do comentário foi publicada, em 1956, constatou-se que tais nomes eram um Antíoco e um Demétrio. John Allegro, um jovem estudioso inglês ligado à University of Manchester, ao qual se confiou o manuscrito, anunciou antes de sua publicação que o Sacerdote Iníquo não era Hircano II, e sim o pai deste, Alexandre Janeu, igualmente sumo sacerdote e rei, cuja crueldade para com o próprio povo Josefo registrou. Allegro acreditava que Janeu perseguiu a seita e "atacou" o mosteiro do mar Morto, dali

> arrancou o Mestre [da Retidão] e, como agora parece provável, entregou-o às tropas dos gentios para que o crucificassem. [...] Contudo, depois que o rei judeu partiu e a paz retornou ao Qumran, a comunidade dispersa voltou e pegou o corpo fraturado de seu Mestre para guardá-lo até o Dia do Juízo.

A partir das práticas da seita, de seus textos e de sua presença nessa localidade, onde João Batista pregou como "uma voz que clama no deserto" e batizou Jesus no Jordão, já se disse que João e Jesus tinham alguma relação com a seita e já se concluiu que o Mestre pode ter sido um precursor daquele Jesus cujos discípulos o aceitaram como o Cristo — ou seja, como o Messias. A seita esperava um Messias e, segundo uma teoria, esperava ansiosa que seu chefe morto retornasse nesse papel. Se se comprovasse que o Mestre da Retidão foi crucificado, haveria um paralelo evidente entre a trajetória de Jesus e a do Mestre — o que os textos sem dúvida estabelecem — e muita coisa em comum entre a doutrina cristã e a da seita do mar Morto. Allegro chamou a atenção para isso. "Para a maioria de nós esses fatos se associarão automaticamente com a traição e crucifixão de outro Mestre, que viveu um século depois", diz ele.

Entretanto Allegro foi imprudente ao divulgar conclusões

baseadas no *pesher* e totalmente conjeturais antes de publicar esse texto, para que se pudesse verificar sua exatidão. Na verdade o texto nunca cita o nome de Alexandre Janeu e, apesar de em uma passagem bastante fragmentária mencionar alguém que foi crucificado, não traz nenhuma indicação de que se trata do Mestre da Retidão nem de que "a comunidade dispersa voltou e pegou o corpo de seu Mestre". A contribuição de Allegro para esse assunto consiste de três programas de rádio, mais um artigo neles baseado; de uma entrevista a um repórter da *Time* (Allegro declara que o texto publicado deturpou de tal modo seu depoimento que na realidade não se pode responsabilizá-lo por nada do que ali se encontra); e da versão posterior e mais completa de sua argumentação num livro intitulado *The Dead sea scrolls* [Os manuscritos do mar Morto]. Neste livro ele não repete que a seita dispersa pegou o corpo do Mestre e conta a história de maneira a deixar bem claro que seus comentários anteriores sobre o conteúdo do rolo não passavam basicamente de conjeturas. Contudo aqui também provavelmente deveria ter sido um pouco mais explícito ao indicar os passos pelos quais reconstruiu o episódio. O que apresenta é uma narrativa coerente que tomou a liberdade de animar e colorir. Deleitou-se, por exemplo, em inventar uma confrontação melodramática entre o Mestre da Retidão e o Sacerdote Iníquo:

> A cena em que esses dois sacerdotes se defrontaram deve ter sido bem dramática. Um, altivo e orgulhoso, marcado pelas cicatrizes de muitas batalhas e pela devastação de uma vida de cobiça e luxúria; o outro, todo de branco, santo, olhando desdenhosamente para o inimigo, seguro com sua fé em Deus e a esperança da ressurreição para a vida eterna.

Mas é verdade que uma interpretação de uma passagem do Comentário de Habacuc pode levar a supor que em algum momento o Sacerdote Iníquo apareceu diante do Mestre da Retidão e de seus seguidores "para confundi-los e fazê-los vacilarem no dia do jejum". Há também uma referência à "casa de seu exílio". A data da residência da seita no mosteiro foi determinada pelas moedas que ali se encontraram e permite perfeitamente identificar o Sacerdote Iníquo com Alexandre Janeu. O Demétrio citado no comentário, que tentou entrar em Jerusalém "pelo conselho dos Que Procuram Coisas Amenas" (possivelmente os fariseus), era Demétrio III, o rei selêucida reinante, que, como se sabe, foi chamado pelos fariseus na época em que lutavam contra Janeu; e o Antíoco pode ser identificado com Antíoco IV, Epífano, um selêucida anterior, que fora rei da Síria e inimigo dos judeus.

O próximo fato importante relacionado com o *pesher* de Naum é um artigo escrito por Dupont-Sommer depois que Allegro publicou as três colunas do texto do documento; o artigo, que saiu no *Journal des Savants* de outubro-dezembro de 1963, parece-me uma das reconstruções baseadas em evidências fragmentárias e esparsas mais magistrais que me lembro de ter lido. Dupont-Sommer concorda com as identificações que Allegro faz de um "Leão da Ira" como Janeu, de Demétrio como o rei grego e dos Que Procuram Coisas Amenas ("Coisas Lisonjeiras" para Dupont-Sommer, que utiliza outro significado de חלקת) como os fariseus. A Nínive que Naum denuncia representa aqui, segundo acredita Dupont-Sommer, o "*establishment*" oficial de Jerusalém, do qual a seita se afastara. Agora sabemos que Os Que Procuram Coisas Lisonjeiras (pelas quais tentam ganhar o povo), que já haviam aparecido em certos fragmentos do mar Morto, são os fariseus — cito aqui o argumento de Dupont-Sommer —, pois foram os fariseus que chamaram Demétrio. Os fariseus eram populistas — ou seja, procuravam ganhar o povo através da lisonja —, enquanto os saduceus, que apoiavam Janeu, eram conservadores e aristocráticos; e a seita, que fugira de Jerusalém e agora habitava um mosteiro no mar Morto, opunha-se a ambos. O comentarista diz que o Leão da Ira — ou seja, Alexandre Janeu — "golpeará através de seus nobres e dos homens de seu conselho". Graças a Josefo sabemos que, após a expulsão de Demétrio, Janeu crucificou oitocentos judeus que o combateram:

> Levou-os para Jerusalém e contra eles praticou um dos atos mais bárbaros do mundo; pois, enquanto festejava com as concubinas, à vista de toda a cidade, ordenou que se cortasse o pescoço de seus filhos e suas esposas diante de seus olhos.

Evidentemente é a isso que o comentarista se refere ao dizer que o Leão da Ira operou sua vingança sobre Os Que Procuram Coisas Lisonjeiras, que apoiaram Demétrio, "pendurando-os vivos". Nesse ponto o texto está muito fragmentado. Allegro e Dupont-Sommer completam uma passagem com "o que nunca fora feito em Israel", e segue-se uma frase inacabada que fala de alguém "pendurado vivo numa árvore" (ou "no lenho" — עץ tem os dois significados), e esse era o modo usual de referir-se à crucifixão. Foi essa frase que levou Allegro a imaginar que Alexandre Janeu crucificou o Mestre da Retidão. Há no texto duas palavras incompletas, que Allegro e Dupont-Sommer reconstituem de forma diferente. Allegro interpreta assim: "Pois o homem pendurado vivo numa árvore é [cham]ado [...]". Dupont-Sommer traduz: "Mas aquele que estava pendurado vivo [no] lenho" e, como Allegro, completa a palavra seguinte, da qual restam apenas um *resh* e um *aleph*, com uma forma do verbo קרא, *chamar*, porém interpreta como "Eles (o) [ch]amarão". E acrescenta:

> Completando-se a palavra dessa maneira, a frase refere-se a alguém que sofreu punição na cruz e tornou-se um objeto de invocação. Quem seria essa pessoa extraordinária? Quem a teria crucificado? Nada nos leva a concluir que foi executada por Janeu: sua morte pode ter sido decretada por um sucessor de Janeu. A frase pode resultar de uma associação de ideias: conquanto a crucifixão seja um escândalo, há um homem crucificado que, ao contrário, se tornará objeto de preces para alguns.

Vejamos como Dupont-Sommer reconstrói os fatos históricos. Quando Alexandre Janeu morreu, sua viúva, Alexandra, assumiu o reino. Tinha dois filhos: Hircano II e Aristobulo II. Sendo Hircano o mais velho, Alexandra o nomeou sumo sacerdote. Fez dos fariseus o partido governante, e estes a obrigaram a decretar a execução dos que persuadiram seu marido a crucificar os oitocentos judeus. Cortaram o pescoço de vários conselheiros da rainha. Aristobulo, seu filho mais novo, procurou-a com uma delegação de saduceus, o partido de Janeu, e implorou-lhe que afastasse os fariseus e permitisse que seus seguidores saduceus vivessem seguros nas fortalezas nacionais. No fim, quando Alexandra estava velha e doente, Aristobulo assumiu o controle de 22 dessas fortalezas e fez com que Hircano, que não gostava de governar e só queria viver em paz, reconhecesse sua ascensão ao trono. Josefo diz que

> os fariseus transmitiram ao povo muitas observâncias, por sucessão de seus pais, que não estão escritas na lei de Moisés; e é por esse motivo que os saduceus as rejeitam e dizem que devemos considerar obrigatórias as observâncias que se encontram na palavra escrita e não seguir aquelas que [meramente] derivaram da tradição de nossos ancestrais; e em relação a essas coisas é que têm surgido entre eles grandes disputas e diferenças; os saduceus não conseguem persuadir ninguém exceto os ricos e não têm o populacho submisso a eles, porém os fariseus têm a multidão de seu lado.

Dupont-Sommer observa que, se Os Que Procuram Coisas Lisonjeiras são os fariseus, os essênios eram tão contrários a eles quanto aos saduceus. Esses sedutores do povo são assim chamados e denunciados em outros dois documentos de Qumran: nos Hinos de Ação de Graças e nos fragmentos zadoquitas ou Documento de Damasco. O Sacerdote Iníquo, que figura aqui e também no Comentário de Habacuc, seria, então, Hircano II (portanto, não o Leão da Ira). Dupont-Sommer lembra a denúncia que Jesus faz dos escribas e fariseus (Mateus 23:15) e sugere que talvez se trate de uma continuação — supondo que em algum momento Jesus tenha sido influenciado pela seita — da atitude dos essênios em relação a eles.

O *pesher* menciona um Efraim e um Manassés. Quem são eles? Em Gênesis 41:51 José tem dois filhos que recebem esses nomes. Manassés é o primogênito. Mais adiante (48:13-20) seu avô Jacó (que agora se chama Israel) os abençoa, porém coloca a mão direita na cabeça de Efraim e a esquerda na de Manassés. Quando José tenta corrigi-lo, Jacó responde que o irmão mais novo será maior que o mais velho, "e sua semente se transformará numa multiplicidade de nações". Então o Efraim e o Manassés do *pesher* devem ser os irmãos Hircano e Aristobulo. Destes dois últimos Hircano com certeza era o mais velho; contudo, como em sua bênção Jacó trocou a ordem do nascimento, Hircano deve ser Efraim, cujo nome está associado com os fariseus, aqueles "que por seus falsos ensinamentos e sua língua mentirosa e seus lábios falazes a muitos induzirão ao erro". Manassés é associado com "os nobres, os honrados" — ou seja, os aristocráticos saduceus — e também é um líder de "guerreiros", como Aristobulo. O texto nos diz que Manassés perderá sua realeza, que suas mulheres e filhos irão para o cativeiro e seus guerreiros e nobres serão massacrados — foi exatamente o que aconteceu com Aristobulo quando caiu em poder dos romanos. Um fragmento de *um pesher* do Salmo 37 nos fala dos "iníquos Efraim e Manassés, que tentarão apoderar-se do Sacerdote", referindo-se possivelmente ao Mestre da Retidão. O *pesher* de Naum também menciona "os iníquos de seu [exército], da Casa de Peleg", os que se uniram a Manassés. Ora, Peleg sugere um verbo hebraico, *palag*, que significa *dividir*, e isso está em Gênesis 10:25, onde o nome Peleg é dado ao filho de um patriarca destinado a "dividir a terra". Será que isso não se refere à dinastia asmoniana, que foi sempre tão dividida?

Ao contrário de alguns estudiosos que acreditam que o Mestre da Retidão surgiu no começo da era asmoniana — entre 160 e 135 a.C., talvez —, a partir da passagem do comentário sobre o Salmo 37, citada acima, Dupont-Sommer convenceu-se de que o Mestre viveu na época de Hircano e Aristobulo, os quais brigavam entre si porém se uniam na hostilidade aos essênios, que eram igualmente hostis a ambos os partidos do "*establishment*" de Jerusalém, assim como mais tarde os fariseus e os saduceus se uniriam contra Jesus. Dupont-Sommer assinala que tanto Josefo como Diodoro da Sicília relatam um sugestivo incidente que ocorreu quando Pompeu marchava sobre Jerusalém. Hircano e Aristobulo foram a seu encontro e expuseram suas reivindicações conflitantes, mas uma delegação que representava um terceiro grupo dos judeus declarou que não desejavam nenhum rei; que segundo sua tradição deviam ser governados pelos "sacerdotes daquele Deus a quem adoravam"; que Hircano e Aristobulo, embora descendessem de uma família sacerdotal, agora como reis estavam se transformando em tiranos. Dupont-Sommer acredita que esse grupo só podia ser o dos essênios — o que explicaria sua resistência à Jerusalém oficial e a morte de seu líder por determinação de Hircano.

Espero que esse breve apanhado não seja confuso para o leitor. Com certeza não consegue dar uma ideia da elegância, da lucidez e da lógica da demonstração de Dupont-Sommer.

5. JOHN ALLEGRO

AS TENTATIVAS PARA ESTABELECER AS RELAÇÕES entre esses comentários bíblicos encontrados nos manuscritos do mar Morto e fatos da história da seita do mar Morto já são por si sós tão complicadas que evitei complicá-las ainda mais com a descrição das relações pessoais dos estudiosos que têm se dedicado ao assunto. As controvérsias mais azedas sobre os manuscritos surgiram a propósito das opiniões e das façanhas de John Allegro, da Manchester University, e ao resumir o trabalho realizado nesse campo é importante explicar seu papel. Como erudito Allegro possui credenciais bastante sólidas para ocupar sua atual cátedra de Velho Testamento e estudos intertestamentais e participar da comissão internacional designada para trabalhar com os manuscritos jordanianos, porém não poderia ser mais oposto ao típico estudioso da Bíblia ou ao tradicional catedrático inglês. É irreverente e petulante. Quando o conheci, há doze anos, parecia pertencer realmente à espécie dos então chamados Angry Young Men* — poderia ser um membro dessa geração que por um estranho acidente veio parar no campo da especialização em semítico. Ocupa sua atual posição porque quando jovem se preparou para ser pastor metodista, porque se esmerou no estudo do hebraico e obteve uma bolsa para trabalho avançado em Oxford, foi recomendado para a equipe da Jordânia por H. H. Rowley, chefe do departamento de semítico da Manchester University, e obteve uma cadeira de filologia semítica comparada em Manchester. Foi encarregado de editar

* *Angry Young Men* (Jovens Zangados): expressão que designa os escritores ingleses das décadas de 1950-60 que se mostram em sua obra insatisfeitos, frustrados e revoltados em relação à tradição e à sociedade. (N. T.)

e publicar na série *Discoveries in the Judaean desert of Jordan* um lote de fragmentos basicamente não bíblicos que inclui o *pesher* de Naum. Entrementes — e logo, imagino — Allegro perdeu a fé, deixou de pertencer a qualquer Igreja e, assim, encontrou-se numa posição única entre os estudiosos protestantes, anglicanos e católicos que compunham o restante da comissão ecumênica. Parece-me que, em parte, o resultado inevitável disso é o fato de nem sempre concordar com seus colegas; todavia não se pode negar que os agastou tanto — e se indispôs com alguns estudiosos judeus e funcionários árabes — por demonstrar uma certa parcela de mau juízo e indiscrição. Antes de dar exemplos específicos, cabe explicar que suas brigas com outros estudiosos em geral se deveram a suas declarações sensacionalistas, na imprensa ou no rádio, sobre revelações inéditas e inquietantes que teriam sido encontradas nos rolos; tais declarações precederam a publicação dos documentos nos quais se baseavam e nem sempre se comprovaram quando os textos vieram à luz. Assim, em alguns momentos Allegro pode ter desnorteado o público. E sem dúvida não tem se entendido com seus colegas.

Já falei sobre suas conclusões ou "conjeturas" referentes ao Comentário de Naum e sobre as objeções levantadas quando ele publicou as três colunas do documento. Entrementes, porém, suas opiniões foram expressas de modo positivo e garboso em seus três programas na BBC e um tanto distorcidas no artigo resultante desses programas e de uma entrevista. Tal artigo, publicado na revista *Time*, levou o padre Roland de Vaux a escrever uma carta para o jornal *Times*, de Londres, declarando que nos documentos até então decifrados não havia nada que indicasse que o Mestre da Retidão fora crucificado ou que confirmasse outros pronunciamentos de Allegro. Assinaram essa carta mais quatro membros da equipe, dos quais três eram sacerdotes católicos. Posteriormente o católico *Tablet* publicou três artigos de outro sacerdote, o padre marista Geoffrey Graystone, de cujo enfadonho livrinho sobre os manuscritos já falei e que dá aqui a impressão de ter entrado na controvérsia como porta-voz oficial do Vaticano. A linha que o padre Graystone adotou foi, como sempre, a de ridicularizar os paralelos entre as doutrinas e práticas da seita e as dos primitivos cristãos e enfatizar as várias divergências. Um desses artigos, intitulado "A mente de Allegro", parecia visar a desacreditar o livro do estudioso inglês mesmo antes de seu lançamento — embora se restringisse aos programas da BBC. O padre Graystone acatou a autoridade da carta que o padre De Vaux enviou ao *Times* e também do protesto de um colega deste último, o monsenhor americano Patrick Skehan, da Catholic University de Washington D.C., que acabara de ingressar na equipe; e tranquilizou seus leitores católicos, dizendo-lhes que pelo menos a metade dos estudiosos que agora trabalhavam com os manuscritos era católica e que o Vaticano contribuíra com 5 mil libras para a decifração dos rolos — ou seja, iriam para a biblioteca do Vaticano manuscritos no valor de 5 mil libras. Já expliquei que no livro que publicou em seguida Allegro deixou bem claro que suas declarações anteriores se basearam essencialmente em conjeturas, mas continua sendo verdade que, ao elaborá-las, ele se entregou a algumas fantasias. Conta-se que seu superior na universidade, o professor batista Rowley, certa vez o advertiu: "Allegro, adágio, adágio!".

Com relação ao comportamento geral de Allegro devo observar que, embora atue profissionalmente num campo acadêmico bastante restrito, ele possui alguns dos talentos e instintos de um jornalista dotado de sensibilidade dramática e graças a isso pode sair de sua área. Ao fazê-lo, com seus pronunciamentos espantosos, que bem podem passar por verdades, explora tanto a ignorância do público — com a intenção de influenciá-lo na direção contrária — como os blefes dos clérigos ortodoxos de cujas práticas tenho me queixado. Entretanto sua posição de livre-pensador num departamento ao qual, na Inglaterra, poucos candidatos podem aspirar ou no qual dificilmente obterão algum cargo se não tiverem pelo menos uma afiliação religiosa nominal tende a ser um tanto precária. Quantas cátedras como essa a Inglaterra oferece a um estudioso declaradamente independente? Durante algum tempo Allegro andou inseguro quanto a sua posição e, com uma família para sustentar, obviamente tinha interesse em escrever tantos artigos, transmitir tantos programas de rádio e publicar tantos livros populares quantos lhe fossem possíveis. E seria um erro de nossa parte desacreditar o homem de imaginação histórica, ainda que às vezes ele vá além das evidências, em benefício do estudioso sem nenhuma imaginação.

No próximo capítulo tratarei das últimas aventuras de Allegro com os manuscritos de cobre. Agora devo falar um pouco de suas "conjeturas" mais recentes, que me parecem fantásticas. Em artigos publicados na revista *Harper's* de agosto de 1966 e no suplemento dominical do jornal londrino *Observer* de 13 de novembro de 1966 ele apresentou uma teoria segundo a qual os Evangelhos são na verdade um documento essênio, os nomes de Jesus e de todos os apóstolos, inclusive Judas, servem de disfarce para os títulos de funcionários essênios e as personalidades dos Evangelhos provavelmente não passam de "mitos". Allegro diz que os membros da seita eram "adivinhos" e curandeiros e chama os Evangelhos de "manual de feitiçaria". Chega a essas conclusões através de um método extremamente forçado que consiste em pesquisar termos hebraicos ou aramaicos aos quais possa atribuir alguma relação com os nomes do Novo Testamento de modo que lhe permitam tal interpretação. Allegro enfatiza muito que a palavra τέτων, *carpinteiro*, em grego, que em Mateus é aplicada a José e em Marcos ao próprio Jesus, deve ter como seu equivalente hebraico חרש, que também pode significar *mágico*. Numa carta à *Harper's* o professor J. A. Sanders, que já mencionei como editor do novo manuscrito dos Salmos, protestou, dizendo que essa palavra poderia significar também *gravador*, *aradura*, *caco de louça* e *outeiro de árvores*; e refuta outra afirmação de que o nome Jesus deve equivaler a *mágico*. Quando li pela primeira vez Allegro discorrendo sobre esse tema, lembrei-me das pessoas que conseguem encontrar em Shakespeare cifras ocultas que mostram que as obras creditadas a ele na verdade foram escritas por

Bacon ou Marlowe ou pelo conde de Oxford e achei que com esse método teria pouca dificuldade em provar que Ben-Gurion escreveu o Pentateuco. Depois, quando visitei os estudiosos mais interessados nos manuscritos, não encontrei um que levasse a sério as teorias de Allegro — nem mesmo entre os que não davam a menor importância à divindade de Jesus. Numa conversa gravada em dezembro de 1966 na redação do *Observer* londrino Allegro se confronta com os professores Yigael Yadin, da Universidade Hebraica, e Géza Vermès, de Oxford, e com o cônego E. F. Carpenter, de Westminster, que o desafiam a defender sua tese, à qual ele se refere constantemente como um "avanço". Por exemplo, Allegro valorizara muito o que chama de "um pequeno documento" no qual, diz, ocorre um termo semítico que deve ser a base do nome Cefas, dado por Jesus a Simão Pedro. (*Kefa*, ou *pedra* em aramaico, é traduzido para o grego como πέτροσ.) "Os essênios a consideravam uma palavra 'especial'", afirma Allegro, "pois significa aquele que tem a capacidade de ler a mente dos homens através da face." Portanto, Pedro é um "chefe" essênio e o primeiro a reconhecer Jesus como o Messias. Portanto, "fala em línguas desconhecidas" — como é a sequência? — "relatando as obras maravilhosas de Deus, supervisionando a admissão de novos membros à comunidade, administrando o fundo comum" etc. Aqui também Allegro se baseia num texto que ainda não fora publicado, e os professores Yadin e Vermès perguntam-lhe qual é. O professor Vermés lembra-lhe que tem sido hábito daquele outro erudito nada ortodoxo, porém escrupuloso, Dupont-Sommer, não fazer qualquer declaração dirigida a uma plateia maior sem antes publicar trabalhos acadêmicos que outros especialistas possam ler e avaliar. Todavia só conseguem fazer Allegro responder no final do encontro, e então, apesar de anteriormente ter dito que trabalhara com o documento em questão, ele explica que não o possui:

YADIN: Podemos ver o texto? Qual é?

ALLEGRO: Por que não pedem a Milik [outro editor dos manuscritos]? Faz parte de seus documentos.

VERMÈS: Como se escreve? [a palavra que Allegro relaciona com Cefas].

ALLEGRO: No documento? Escreve-se de duas maneiras — onde há uma assinatura no final e onde se encontra a abreviação — e no começo temos as letras *kaph*, *'ayin*, *pe*, *samekh*.

CROSS [não o dr. Frank M. Cross, Jr., de Harvard, a quem já me referi, e sim uma pessoa com esse nome que presidia a conversação]: Qual é o documento?

ALLEGRO: É este pequeno registro clínico.

CROSS: Com base nisso Cefas significa chefe essênio?

ALLEGRO: Não, não; é mais complicado.

VERMÈS: Muito complicado.

ALLEGRO: Parece que se trata de um título especial dentro da comunidade. O equivalente em hebraico seria *paqid*, *supervisor*. [...]

YADIN: Seu argumento não me convence nem um pouco.

ALLEGRO: Muito bem, resolva sozinho.

Seria injusto não encarar as teorias de Allegro como textos ponderados e bem documentados, se ele não fizesse declarações cada vez mais fantasiosas. A entrevista que se segue foi publicada no *Daily Mail* londrino de 13 de outubro de 1967, e com certeza o jornal sensacionalista não pode ser responsabilizado inteiramente nem pela linguagem nem pelo conteúdo dos comentários de Allegro. Diz o repórter que Allegro "em breve publicará novas descobertas que situarão as raízes do cristianismo em 'um culto secreto de caráter fálico, que envolvia ingestão de drogas e com o qual nenhum de nós gostaria de ter qualquer relação'". "O quê?", pergunta o repórter. "Os profetas do LSD?" E Allegro responde:

"Sim, de fato, ou algo muito parecido. Eles *tinham* visões. Viajavam." [...] Allegro acredita que estabeleceu um fundo comum de vocabulário religioso entre as literaturas pré-

-cristãs e as histórias da Bíblia — entre os mistérios dos cultos anteriores e o que chama de "contos interessantes e alegres desse rabino, Jesus, e sua mamãe e seu papai. [...] [O Novo Testamento] não passa de um disfarce. [...] As origens do cristianismo transparecem nesse culto da vegetação, que envolvia o uso de drogas. Seu sacerdote e seus profetas eram traficantes de drogas, se quiser, mas só no âmbito de seus próprios grupos. Buscavam libertar a alma do corpo, como algo que pudesse voar para o futuro e depois voltar. Com drogas ou com jejuns — o efeito era o mesmo — eles viajavam e voltavam. Aqui está seu falar em línguas desconhecidas. A incompreensão das origens de seu culto por parte da Igreja começou quando ela aceitou o Novo Testamento por seu valor nominal. Decompondo-o em seu substrato semítico, chega-se perto do mistério, do culto da fertilidade, que é muito mais importante do que julgamos. Não há mais Jesus, nem José, nem Maria. Aqui se lida com mitos. Se existe alguma personalidade envolvida, é possivelmente uma figura irreal da seita dos essênios, cerca de um século antes".

Aqui a única coisa que me parece plausível — e que se sugeriu algumas vezes — é que o culto de Jesus, com sua ressurreição na primavera, tomou algo do aspecto dos antigos cultos da fertilidade. Quanto ao resto a teoria lembrou-me o falecido Benjamin Smith, um estudioso de vasta cultura, que sem embargo também acreditava que Jesus não foi uma personagem histórica real e que todo o conjunto dos Evangelhos constitui uma alegoria, na qual Jesus figura como o povo judeu.

6. OS MANUSCRITOS DE COBRE

EM MARÇO DE 1952 encontraram-se numa das cavernas do mar Morto dois misteriosos rolos de cobre, colocados um sobre o outro. Evidentemente estavam tão oxidados e quebradiços que se achou melhor não tentar desenrolá-los. Todavia os caracteres foram gravados tão fundo que se pôde lê-los no verso da camada externa. Depois de estudá-los o professor K. G. Kuhn, de Göttingen, chegou à conclusão de que continham instruções para encontrar o tesouro enterrado do mosteiro essênio. Mais tarde enviou-se um desses rolos ao Manchester College of Science and Technology, na esperança de que se criasse algum método para abri-los. Em 1955-6 o dr. H. Wright Baker, professor de engenharia mecânica, conseguiu a façanha: inventou uma pequena serra circular que, passando por entre os caracteres, cortou o rolo em fatias que se podiam abrir em tiras, dispor lado a lado e ler. Agora enviou-se o segundo manuscrito e constatou-se que os dois fazem parte do mesmo documento. O texto foi decifrado por Allegro e de fato contém instruções para encontrar um tesouro escondido. Tais instruções foram escritas grosseiramente, como que às pressas, e por certo não foi fácil usar o estilo no cobre — é bem provável que se tenha achado mais seguro deixar a mensagem no cobre que no pergaminho, pois as chances de conservação eram maiores. Mas será que se trata mesmo do tesouro do mosteiro, cujos habitantes teriam levado uma vida tão austera? O documento envolve uma bela soma em dinheiro, bem como recipientes de ouro e prata. Os manuscritos se encontravam a alguma distância dos fragmentos de jarros, o que leva a supor que talvez tenham sido depositados ali separadamente. Allegro chegou a acreditar que os essênios nada tinham a ver com esses rolos — apenas permitiram que fossem escondidos numa caverna próxima ao mosteiro — e que o tesouro era o do Templo de Jerusalém, cujos sacerdotes tomaram o cuidado de colocá-lo fora do alcance dos invasores romanos, da mesma forma que os essênios trataram de esconder sua biblioteca.

Agora devemos voltar ao espinhoso tema das relações de Allegro com seus colegas. Ele entregou a um jornal de Manchester uma declaração sobre o corte dos rolos e imediatamente recebeu de Jerusalém uma ordem para não dizer mais nada sobre isso. Foi ainda repreendido pelo dr. Baker por ter fotografado o processo de abertura do primeiro manuscrito. Allegro não se pronunciou publicamente sobre o conteúdo dos rolos, porém seis meses após a abertura destes o dr. Baker enviou à imprensa uma nota em que o padre De Vaux e seus colegas declaravam que o tesouro escondido quase com certeza era imaginário. Tal parecer tornou-se uma espécie de posição oficial. Como professor de Manchester Allegro fora o primeiro a decifrar os manuscritos, mas deixaram-lhe bem claro que sua edição competia a J. T. Milik, sacerdote e erudito polonês, que, como o próprio Allegro admite,

> é talvez o editor mais brilhante de nossa pequena equipe. [...] Adquiriu uma facilidade extraordinária para ler uma escrita semítica em caracteres cursivos nunca vistos e para reconhecer o trabalho de escribas individuais a partir dos mais ínfimos fragmentos, o que vem a ser a base de nossa tarefa de [...] reconstituição dos documentos originais.

Entretanto Allegro fizera uma tradução e publicou-a em 1960, antes que o texto e a tradução de Milik saíssem na terceira seção da série oficial das *Discoveries in the Judaean desert of Jordan*. Isso levou o padre De Vaux a escrever em sua *Revue Biblique* de janeiro de 1961 um artigo violento sobre o livro de Allegro. Este último afirmara que três diretores sucessivos do Departamento de Antiguidades da Jordânia lhe deram permissão para publicar os manuscritos, mas De Vaux diz que eles não tinham o direito de fazer isso. O direito de publicação pertencia aos que efetivamente encontraram os rolos, e Allegro sequer cita pelo nome a American School of Oriental Research ou L'École Archéologique Française de Jérusalem, da qual De Vaux era diretor, ou o Museu Arqueológico da Palestina, que na verdade tinha a custódia dos manuscritos. Furioso ou cumprindo ordens, o padre Milik se recusa a mencionar a obra de Allegro até o final de seu volume:

> Acrescentei nas provas determinado número de referências a estudos que apareceram depois que o manuscrito se encontrava no prelo. Contudo não cito o livro de J. M. Allegro, *The treasure of the copper scrolls* [O tesouro dos manuscritos de cobre], Londres, 1960, por motivos que se podem adivinhar lendo-se os comentários de R. De Vaux [em seu artigo da *Revue Biblique*].

Entrementes Allegro conseguira levantar fundos em Manchester para realizar uma expedição à Jordânia na esperança de encontrar os sítios do tesouro escondido, e em seu artigo De Vaux dissera que "essas expedições, sem nenhuma autoridade arqueológica séria, evisceraram o solo e os muros de Qirbet Qumran e os arredores das grandes tumbas judaicas do vale do Cedron" e "só no último instante foram impedidas de estender sua depredação à esplanada da mesquita de Omar". Milik se contenta com citar essa declaração. Em *Search in the desert* [Busca no deserto], um livro sobre sua expedição, Allegro afirma que o guardião da mesquita o autorizou a cavar um túnel sob o piso do terraço sem danificá-lo. No entanto, quando estive em Jerusalém, concluí que seu ato causou apreensão. A mesquita se situa no local do antigo Templo judaico e contém a pedra venerada duplamente como aquela na qual Abraão deveria sacrificar Isaac e aquela na qual Maomé pousou ao fugir de Meca pelos ares. Chamou-se o Exército para impedir as explorações de Allegro. Este explica que não é o primeiro inglês a entrar no Domo da Pedra, como também é conhecida a mesquita de Omar. Quanto às instruções contidas nos rolos de cobre, o padre Milik segue o que Allegro chama de "linha do partido", da qual outros estudiosos tendem a discordar: que o tesouro é imaginário e que os rolos constituem uma tentativa de acrescentar documentação a uma fantasia oriental. Milik cita uma obra da "literatura popular", escrita no Egito, em árabe, *O livro de pérolas enterradas e mistérios preciosos*, que fornece instruções para localizar tais tesouros e é típica de um gênero, diz ele, admitindo, porém, que o autor das instruções do mar Morto "conseguiu criar uma forte ilusão do real graças aos princípios que adotou: a eliminação dos detalhes 'históricos' e explicações sobre a origem dos esconderijos, redução da informação ao mínimo estrito de dados topográficos e numéricos". Como Allegro, entretanto, Milik se esforça para determinar tais sítios com exatidão. O que é difícil, pois há poucos nomes de lugares — monte Gerizim, o vale de Acor — reconhecíveis atualmente; quanto à tumba de Absalão, a tumba e jardim de Zadoc e o vale de Secacah, mencionado com frequência, só podemos conjeturar. Pode ser que as descrições dos locais sejam propositalmente confusas para que só os iniciados compreendam. Concordo com Allegro que essa lista é concisa e pormenorizada demais — a seu modo, organizada demais — para não indicar tesouros autênticos. Allegro defende sua convicção lembrando-nos dos três jarros que continham quinhentas moedas de prata e foram encontrados sob o piso do mosteiro, e a acusação levantada por De Vaux de "eviscerar seu solo e seus muros" refere-se à tentativa de Allegro de prosseguir na escavação e encontrar algo mais — tentativa que, como podemos facilmente compreender, muito aborreceu o arqueólogo quando, ao visitar as ruínas que escavara, descobriu que alguém andara por ali sem sua permissão. Milik procura insistir que o valor do tesouro é tão enorme que se torna inacreditável, porém Allegro replica que não sabemos quanto valia então o talento. Os valores constantes do Velho Testamento e da literatura rabínica tardia resultariam de fato em pesos fantásticos, e se o administrador injusto de Mateus trabalhava com valores do Velho Testamento "poderia se dar muito bem em Wall Street", e o "servo bom e fiel" do mesmo evangelho "que teve tanto sucesso em especular com seus cinco talentos precisaria de um carrinho de mão bem grande para levar a seu amo os resultantes quatrocentos pesos de prata".

As traduções dos rolos de cobre feitas por Allegro e Milik diferem consideravelmente, e o primeiro, numa segunda edição de sua obra, reconhece a contribuição de Milik e em certa medida a acata para rever a sua. Lamenta que a controvérsia recente tenha destruído um relacionamento prazeroso, baseado em parte num entusiasmo comum pelos textos de P. G. Wodehouse. Explica que publicou o texto sem a permissão dos colegas levando em conta a reclamação de vários estudiosos, a qual já mencionei: que De Vaux demorou demais para publicar os outros documentos. A isso a equipe da Velha Jerusalém responde que Allegro, como membro dessa equipe, violou a ética da erudição. Ele justifica a expedição realizada por sua iniciativa alegando que o grupo oficial não tencionava fazer nada, uma vez que considerava o tesouro imaginário. Na Jerusalém jordaniana disseram-me que as autoridades oficiais da Jordânia, que sem dúvida autorizaram a expedição de Allegro, esfriaram, como ele diz em seu livro, quando Allegro não encontrou nada importante — apenas umas poucas moedas e algumas peças de cerâmica.

7. OS TEXTOS

JÁ MENCIONEI A CONSTERNAÇÃO causada entre estudiosos judeus ortodoxos pela descoberta de antigos textos hebraicos da Bíblia que diferem da versão massorética; falei também do transtorno que foi para os estudiosos cristãos a descoberta de documentos desconhecidos que lançam novas luzes sobre o surgimento do cristianismo. O judeu comum sabe apenas que a Torá e os Profetas e os Hagiógrafos, as três partes de sua Bíblia, são sagrados; o gentio comum sabe que *sua* Bíblia, da qual a primeira parte tem uma organização diferente do "Tanakh"* (palavra criada a partir das consoantes iniciais das três seções) hebraico e que foi traduzida de formas diversas, é uma obra de revelação divina e consiste de duas unidades sólidas chamadas Velho e Novo Testamentos. Hoje em dia raramente a lê e, se vai à igreja, ouve a leitura de uns poucos versículos selecionados, em geral bem destacados do contexto. Fiquei surpreso quando descobri que muitos gentios letrados não sabem em que línguas a Bíblia foi escrita. D. F. Hudson, do Serampore College de Bengala, autor de uma gramática do grego do Novo Testamento, conta que uma senhora inglesa disse a um missionário que traduzia o Novo Testamento do grego para uma língua da África central: "Mas para que fazer isso? Se o inglês serviu para são Paulo, por que não pode servir para eles?". Em seu livro *The English bible: a history of translations* [A Bíblia inglesa: uma história de traduções] F. F. Bruce, da University of Manchester, também relata histórias engraçadas sobre a reação à Revised Standard Version de 1952 —

* *Tanakh*: as três seções são Torá (Lei), Nabbhin (Profetas) e Kathubhin (Hagiógrafos). (N. T.)

revista obviamente em benefício da precisão: nessa época não se cogitava em retomar o estilo da Versão do rei Jaime. Algumas pessoas protestaram porque um ilustre erudito judeu, uma autoridade na Versão dos Setenta, fora incluído na comissão que preparava a Revised Version. E quando essa versão foi publicada "um pregador americano queimou um exemplar [...] em seu púlpito, comentando que parecia o diabo porque era difícil de queimar". Surgiram panfletos com títulos como "A Bíblia do Anticristo", "A Nova Bíblia Blasfema" e "Que Dedos Sujos Andaram Mexendo Com a Bíblia Sagrada, a Palavra Pura, Infalível, Verbalmente Inspirada de Deus?" — este último se inicia com a seguinte frase: "Toda pessoa informada e inteligente sabe que nosso governo está repleto de comunistas ou de indivíduos que aprovam e estimulam o comunismo". Naturalmente para esse tipo de gente é ainda mais difícil entender os problemas que aparecem quando se faz um esforço sério para determinar o que de fato foi escrito na Bíblia e o que significava para as pessoas que escreveram. Em sua poética linguagem seiscentista a Versão do rei Jaime é uma obra literária tão bela que se torna difícil para o leitor familiarizado com ela não imaginar que ali está impressa a Palavra de Deus — como achavam a senhora inglesa ou o autor do panfleto anticomunista. Não só lembramos I Coríntios — "Agora vemos como por um espelho, em enigma" — e não reconhecemos (provavelmente não lemos) James Moffatt — "Agora vemos apenas os confusos reflexos num espelho" — ou Ronald Knox — "Agora estamos olhando para um confuso reflexo num espelho" —, mas ainda imaginamos o jovem José do Gênesis numa espécie de fantasia de arlequim, o "casaco de muitas cores", embora Moffatt e a Revised Standard Version nos digam que se tratava na verdade de uma toga ou túnica de mangas longas (Knox tenta tornar a velha interpretação mais apresentável chamando a veste de "um casaco todo bordado". Entretanto todo professor de hebraico para principiantes tem de começar combatendo essa influência, explicando que em muitos casos sabemos mais que os tradutores do século XVII.

Um professor do Union Seminary me contou que distribuiu entre seus alunos cópias mimeografadas do ensaio do professor Walter Raleigh sobre as belezas da tradução do rei Jaime, garantindo-lhes que tudo que Raleigh dizia era verdade: deviam ler, mas ter em mente que era irrelevante para o que iam estudar. Um professor do Princeton Seminary fazia um aviso semelhante, referindo-se ao velho clichê de que os maiores tesouros da literatura inglesa são Shakespeare e a Bíblia do rei Jaime, e depois, quando percebia numa tradução da classe um eco dessa Bíblia, que evidentemente fora usada para cola, interrompia: "Não se preocupem com Shakespeare!".

Principalmente depois que as cavernas do mar Morto apresentaram tantos textos novos, o estudioso que procura se aprofundar na questão do que a Bíblia diz e entender os motivos das muitas variantes entre suas diferentes versões — em hebraico, grego e latim, samaritano e outras línguas semíticas — vê-se diante de um desafio, que consiste em estudar sem cessar uma espécie de quebra-cabeças que é raro conseguir montar, pois faltam muitas peças. As monografias sobre esses temas são extremamente difíceis para o leigo: por que fragmentos de outro texto grego parecem diferir daqueles da Versão dos Setenta? Um fragmento em hebraico, recém-encontrado, representa uma versão anterior do texto do Pentateuco samaritano, que, embora escrito nos caracteres e no dialeto dos dissidentes samaritanos, estes sempre afirmaram ser mais antigo e autêntico que o dos judeus, seus parentes distantes? Algumas novas leituras dos manuscritos não são muito mais satisfatórias que aquelas que têm sido tão zelosamente guardadas na sagrada Bíblia massorética? Um exemplo notável dessa última questão é o texto das colunas de Samuel descoberto na caverna quatro, cuja importância o dr. Cross foi o primeiro a compreender. É divertido cotejar seu modo de trabalhar com esse texto, totalmente seco e impessoal, em seu livro *The ancient library of Qumrân and modern biblical studies* [A antiga biblioteca de Qumran e os modernos estudos bíblicos], com o estilo muito mais empolgante de Allegro em

The Dead sea scrolls: a reappraisal [Os manuscritos do mar Morto: uma reavaliação]. Se Cross não dramatiza sua descoberta, Allegro faz isso por ele. Assim escreve:

> Enquanto se empenhava em limpar e reunir uns frágeis pedaços de couro do Livro de Samuel, provenientes da caverna quatro, Frank Cross percebeu que em determinado ponto o texto parecia ser inteiramente contrário ao TM [texto massorético]. Verificou mais uma vez e não teve dúvida. Continuou esfregando delicadamente até aparecer a linha seguinte. De novo o texto apresentava acentuadas variantes, e as poucas linhas seguintes incluíam todo um parágrafo que não estava grafado no hebraico usual. Cada vez mais empolgado, Cross foi consultar as principais versões e quase de imediato constatou que seu texto correspondia, palavra por palavra, à tradução grega. Os preciosos fragmentos unidos a outros [...]

Em três colunas paralelas Allegro coloca suas traduções das mesmas passagens tiradas desse novo texto, da Versão dos Setenta e da Revised Standard Version, e isso talvez dê ao leitor comum a ideia mais clara das variantes em tais textos. (Seu livro encontra-se à venda numa brochura da Pelican.) O novo manuscrito de Samuel, diz o dr. Cross, coincide mais frequentemente com a Versão dos Setenta do que com o texto "tradicional", porém existem muitas novas leituras que não coincidem com nenhum dos dois. Aproxima-se mais que o texto massorético daquele usado pelo autor das Crônicas, que conta mais ou menos a mesma história. Graças a um reforço de papiro, esse Samuel é o melhor dos textos bíblicos encontrados na caverna quatro. Um texto de Samuel mais antigo sobreviveu apenas em sete fragmentos. O dr. Cross acredita que é o mais antigo dos manuscritos do mar Morto, não sendo posterior a 200 a.C. Só dessa caverna quatro saíram fragmentos do que se estima em 382 manuscritos, bíblicos e da seita. Entre os rolos encontram-se versões — sempre incompletas, exceto no caso de Isaías — de todos os livros canônicos, menos Ester.

Na cerimônia de abertura do Santuário do Livro, o museu especial para a exposição dos manuscritos da Universidade Hebraica, na Jerusalém israelense, o dr. Cross pronunciou um discurso para uma plateia de eruditos sobre "A contribuição das descobertas de Qumran para o estudo do texto bíblico" que depois foi publicado no volume XVI, número 2, 1966, do *Israel Exploration Journal*. Tal discurso dará ao leigo uma ideia de como é complexa a tarefa de desemaranhar as relações entre os diferentes textos bíblicos, porém vale a pena citar aqui algumas das conclusões mais gerais de Cross. Diz ele que existem três principais "famílias" de textos: palestina, egípcia e babilônia, cada uma das quais apresenta características especiais resultantes de seu desenvolvimento em diferentes localidades. Cross não encontra nos documentos de Qumran nenhuma indicação de que na época em que foram escritos e reunidos existisse um texto bíblico básico. "Não há um exemplar do texto massorético", declara, "nem sinais de sua influência." Esse texto massorético — que para os judeus é o "tradicional" e hoje em dia oficial — foi composto a partir das versões palestina, babilônia e dos Setenta, a tradução para o grego, elaborada em Alexandria, de uma versão então corrente no Egito, o que explica as diferenças entre elas. A "recensão rabínica", diz Cross, deve ter "surgido entre a era de Hillel" — ou seja, o final do século I a.C. — "e a primeira revolta dos judeus". Conquanto não fosse a versão da biblioteca de Qumran,

> parece que foi aceita em outros círculos por volta de 70 d.C. e no intervalo entre as revoltas dos judeus contra Roma tornou-se o texto predominante em todas as comunidades judaicas que sobreviveram. Sua vitória foi completa, e tradições textuais rivais logo se extinguiram, salvo quando foram preservadas em traduções antigas ou

sobreviveram no texto de uma seita isolada como a dos samaritanos.

Tendo chegado a este ponto, será melhor continuar a discussão dos textos bíblicos em relação com os chamados Testimonia.

8. OS TESTIMONIA

As passagens do Velho Testamento que são citadas no Novo Testamento como profecias da vinda de Jesus Cristo — ou seja, de Jesus de Nazaré como o Messias esperado pelos judeus — e de outros eventos dos Evangelhos sempre constituíram um embaraço para os estudiosos, pois ou não ocorrem na Bíblia hebraica tal como a possuímos, ou ocorrem numa forma diferente. Calcula-se que já no começo do século IX — falei disso anteriormente — um patriarca de Selêucia escreveu a um metropolita do Elam perguntando sobre uns textos que teriam sido encontrados numa caverna próxima a Jericó. O patriarca perguntara a um estudioso que tinha visto os manuscritos se alguns deles continham tais passagens, que não figuram nem no texto massorético nem na Versão dos Setenta. O estudioso respondeu que tais passagens foram efetivamente encontradas nos textos dessa caverna e que entre eles havia também mais de duzentos Salmos de Davi. (Conforme vimos apareceram recentemente em Qumran outros salmos que não os 150 canônicos, embora não fossem tantos.) O patriarca continuou investigando, mas para sua frustração não obteve resposta. "Isto é como fogo em meu coração", escreve em sua carta ao metropolita, "queimando e ardendo em meus ossos." Não sabemos como sua carta foi respondida. Entretanto o enigma sobre a fonte da qual os cristãos tiraram o que se passou a chamar suas "provas textuais" continuava a preocupar os estudiosos da Bíblia. Não só a Bíblia, como ainda a apócrifa Epístola de Barnabé e alguns padres da Igreja parecem refletir em suas citações o texto da Versão dos Setenta — podiam ter lido a Bíblia só em grego —, porém em alguns aspectos diferem dela. Em 1838 o erudito alemão K. A. Credner apresentou a teoria, formulada claramente cinquenta anos depois pelo estudioso inglês Edwin Hatch, de que existiam antologias de citações proféticas — primeiro compiladas pelos próprios judeus — usadas também pelos autores do Novo Testamento e pelos padres da Igreja cristã. No final do século XIX, F. C. Burkitt e J. R. Harris chegaram à hipótese dos Testimonia — ou seja, coletâneas de textos proféticos organizadas para uso exclusivo dos cristãos em suas discussões com os judeus para mostrarem que os livros sagrados destes últimos predisseram a vinda de Jesus como o Cristo. Ilustra dramaticamente as disputas que isso gerou o "Diálogo de Justino, filósofo e mártir, com Trífon, um judeu", escrito por Justino no século II d.C. Justino, que está esperando um navio em Éfeso, conhece o rabino Trífon, que fugiu da Palestina, ora ocupada pelos romanos, na época da rebelião de Bar-Kochba contra estes. No decorrer de uma longuíssima discussão, que aparentemente se estendeu por dois dias e na qual Trífon é intimidado, Justino acusa os judeus de terem alterado o texto de suas Escrituras a fim de eliminar as passagens que os cristãos podiam com toda a propriedade interpretar como profecias da origem miraculosa e da missão divina de Jesus. Num caso ainda muito discutível trata-se simplesmente de um problema de tradução, podendo os judeus alegarem que se interpretou o hebraico de maneira equivocada. Em Isaías 7:14 a Bíblia cristã tem esta versão: "Portanto o Senhor vos dará um sinal; atenção, uma virgem conceberá e dará à luz um filho, e seu nome será Emanuel [Deus está conosco]", evidentemente seguindo a Versão dos Setenta, em que o termo hebraico que designa a mãe de Emanuel foi traduzido como ἡ παρθένοσ; Trífon objeta que *ha-almah* não significa necessariamente virgem, mas apenas jovem, e que a profecia, que se cumpriu, não se aplica a Jesus e sim a Ezequias, a cujo pai, Acaz, Isaías se dirige. O rabino diz ainda que essa história do nascimento de Jesus se situa no mesmo nível do mito grego segundo o qual Zeus gerou Perseu em Dânae descendo sob a forma de uma chuva de ouro e que os cristãos deveriam se envergonhar de fazer afirmações tão absurdas. (A questão continua em debate, como demonstra a recente tradução da Bíblia elaborada pelo monsenhor Ronald Knox, que parece transigir um pouco ao traduzir o termo por *donzela* — como *almah*, acredita ele, não necessariamente uma virgem —, "pois refere-se a uma época da vida, não a um estado"; e acrescenta: "mas diante do fato não podemos duvidar que essa profecia se aplica à Virgindade de Maria".) É evidente, contudo, que Trífon e Justino discutiam baseados em textos diferentes, e hoje se pensa que três traduções gregas, além da Versão dos Setenta, que datam mais ou menos da época de Trífon e se devem aos estudiosos judeus Teodócio, Aquila e Símaco, apresentam um viés anticristão ou uma ênfase antiantropomórfica não cristã em oposição ao tipo de coisa que se presta aos empregos dos Testimonia.

E onde os cristãos conseguiram suas "provas textuais"? Constavam de outras versões que se perderam ou às vezes foram criadas deliberadamente? As pessoas que eles procuravam converter não deviam estar familiarizadas com a Versão dos Setenta e muito menos com o massorético hebraico. Entretanto o deslindamento desses mistérios sempre foi uma questão delicada, porque pode pôr em jogo a veracidade do Novo Testamento. No início da apresentação de seu recente livro, *The Old Testament of the early Church* [O Velho Testamento da Igreja primitiva] Albert C. Sundberg, Jr., explica que

> o Velho Testamento da igreja primitiva, que constitui um problema em termos do cânon, tem recebido nos estudos bíblicos um tratamento inadequado. Tem sido tratado como apêndice do cânon do Velho Testamento, do cânon do Novo Testamento e estudado na Literatura dos Apócrifos e Pseudepígrafos, restando definir ainda a disciplina responsável pela abordagem desse problema.

Podem ilustrar o tipo de entraves aqui envolvidos dois exemplos claros de Mateus 27:9 e 2:23. No primeiro desses exemplos lemos que Judas devolveu "aos príncipes dos sacerdotes e aos anciãos" as trinta moedas de prata que recebera para trair Jesus e que eles se recusaram a colocar o dinheiro em seu tesouro porque era "preço de sangue", mas utilizaram-no para comprar "o campo do oleiro, para sepultura dos estrangeiros", e que tudo isso foi predito pelo profeta Jeremias. Ora, não encontramos tal predição em Jeremias, mas Zacarias (11:12-13) contém a seguinte passagem, que nunca se compreendeu e que talvez tenha sido tirada de outro lugar:

> E eu lhes disse: Se vos parece bem, dai-me a recompensa que me é devida; e, se não, deixai-vos disso. Então, pagaram-me pelo meu salário trinta moedas de prata. E o Senhor me disse: Arroja ao oleiro esse dinheiro, essa bela soma pela qual me apreciaram. E tomei as trinta moedas de prata e lancei-as na casa do Senhor para o oleiro.

As opiniões divergem em relação à palavra יוצר: alguns acham que designa o bairro dos oleiros, onde havia um pátio no qual se jogavam os vasos quebrados do Templo; para outros trata-se, na verdade, do termo que significa *tesoureiro* e figura nos textos aramaico e siríaco, tendo sido aqui grafado erroneamente. De qualquer modo é bem diferente da versão de Mateus, e Knox apresenta a hipótese de que a passagem tenha sido o resultado da fusão dos versículos de Zacarias com Jeremias 32:7-9, que fala da compra de um campo por "dezessete siclos de prata". A segunda referência em Mateus — com a qual o patriarca de Selêucia estava particularmente preocupado ao escrever para o metropolita do Elam sobre os manuscritos recém-descobertos — é a seguinte: "E, chegando, ele [Jesus] habitou numa cidade chamada Nazaré, cumprindo-se deste modo o que tinha sido predito pelos profetas, que seria lá chamado Nazareno". Mas nos Profetas que temos não há tal predição. Minha velha Bíblia inglesa, impressa em fins do século XIX, remete-nos para Juízes 13:5 e I Samuel 1:11, que não se referem a nazarenos, e sim a nazireus, um grupo especial mencionado pela primeira vez no Gênesis, cujo culto exigia, entre outras coisas, que não raspassem a cabeça dos filhos, mas os deixassem ter longos cabelos.

Na primeira dessas passagens o Anjo do Senhor profetiza para a mãe de Sansão:

> Porque conceberás e darás à luz um filho, cuja cabeça não será tocada por navalha; pois que ele será nazireu de Deus desde a sua infância e desde o ventre de sua mãe. Ele começará a livrar Israel das mãos dos filisteus.

Evidentemente isso não se aplica a Jesus. A proveniência desse versículo em Mateus gerou muita controvérsia, tendo sido propostas, segundo me disseram, quase tantas explicações quantos foram os estudiosos que abordaram o problema.

Não havia Testimonia conhecidos para mostrar de onde o autor de Mateus tirou suas citações tão oportunas, e a existência de tais coletâneas era ainda inteiramente hipotética. Porém um dos aspectos mais extraordinários das descobertas realizadas nas cavernas do mar Morto é que alguma coisa desse tipo veio à luz. Trata-se do Documento IV, da caverna quatro, publicado por Allegro na edição de setembro de 1956 do *Journal of Biblical Literature* (e depois, sem seu comentário crítico, no volume V de *Discoveries in the Judaean desert*). Esse texto não fala nada sobre Nazaré, nem Jesus, nem trinta moedas de prata. Apenas prediz a vinda de um Messias. Entretanto, para atender a seus propósitos especiais, o compilador alterou ligeiramente as citações bíblicas, como fizeram os autores do Novo Testamento, ou, como estes também fizeram, juntou dois textos distintos de modo a lhes dar um significado diferente do que tinham em seus respectivos contextos. Assim, a Deuteronômio 5:28-29 segue-se imediatamente Deuteronômio 18:18, compondo a seguinte passagem:

> Ouvi a voz das palavras que esse povo dirigiu a ti: eles falaram bem tudo o que disseram. Oh, quem dera que tivessem um coração, e me temessem e sempre guardassem meus mandamentos, para que tudo fosse propício a eles e a

> seus filhos, para sempre! Suscitarei dentre seus irmãos um profeta como tu; e na boca desse profeta colocarei minhas palavras, e ele lhes dirá tudo que eu ordenar.

O primeiro texto, que termina em "filhos, para sempre", aplica-se no Deuteronômio a Moisés; porém no segundo, que começa com "Suscitarei dentre seus irmãos um profeta", o que se referia a Moisés parece aplicar-se a um profeta inominado que está por vir. Cabe notar também que em Atos 3:22 e 7:37, nos discursos de Pedro e Estêvão, o segundo desses textos é aplicado a Jesus. O que complica ainda mais o problema é o fato de que a fusão dessas duas passagens ocorre em Êxodo 20 no Pentateuco samaritano, de modo que sua existência deve ser anterior ao texto massorético.

O que realmente aconteceu aqui é que os primitivos cristãos utilizaram os Profetas para predições e autenticações das origens de seu grupo, assim como fez a seita de Qumran — conforme expliquei em relação ao *pesher* de Naum — com os fatos de sua história.

9. A EPÍSTOLA AOS HEBREUS

Pelas discussões mencionadas vemos como se examinou cada palavra desses documentos e que conclusões se pode tirar da mais ligeira alusão ou sugestão. A existência dos remanescentes dessa biblioteca, que aumentam sem cessar, essa torrente repentina de dados compreendidos apenas em parte tem levado cada vez mais a estender a especulação em todas as direções — sobre a história dos documentos do que chamamos o Velho Testamento, sobre os documentos já conhecidos do que se denomina o período intertestamental e sobre os primórdios do cristianismo. No último caso algumas semelhanças eram óbvias desde o começo: a influência da seita do mar Morto parecia presente em parte da linguagem do Evangelho segundo são João e na doutrina das Epístolas de são Paulo; o comportamento de Jesus na Santa Ceia parecia explicar-se como um desafio ao protocolo estabelecido pelos essênios em suas prescrições para seu banquete sagrado. E ainda se fazem tentativas — às vezes com resultados implausíveis — para ligar o que sabemos da literatura do cristianismo primitivo ao que sabemos da literatura da seita. Uma das mais interessantes é a teoria de Yigael Yadin sobre a Epístola aos Hebreus.

Esse documento, que agora é apresentado como a última das epístolas atribuídas a Paulo, sempre foi suspeito, não só para o que se denominava "crítica superior" do século XIX, mas desde o início do cânon cristão. Num dos três primeiros códices a Epístola aos Hebreus é omitida; em outro figura apenas em latim; num terceiro aparece como uma espécie de apêndice. Os primeiros padres da Igreja tinham sobre ela opiniões diversas. A epístola foi atribuída a são Lucas, a Barnabé — que, embora não fizesse parte dos Doze, logo foi considerado apóstolo —, a um alexandrino convertido por Paulo e chamado

Apolo e ao bispo Clemente de Roma, do século I. Os eruditos modernos parecem tender cada vez mais a atribuí-la a Apolo. A convicção de que foi escrita por Paulo fortaleceu-se em meados do século III, mas no final do IV Agostinho e Jerônimo expressaram suas dúvidas. Parece haver um certo mistério, em primeiro lugar, sobre a maneira como essa epístola entrou no cânon do Novo Testamento e ali se incorporou. As razões para se acreditar que não é obra de Paulo são, entre outras, as seguintes: ao contrário das demais epístolas paulinas, não traz saudação, nem indicação de autoria ou localidade; o grego no qual está escrita é muito melhor que o de Paulo, e o estilo difere do seu. O autor parece alexandrino — donde a preferência por Apolo — e se baseia na Versão dos Setenta, a tradução alexandrina da Bíblia, expressando-se de uma forma que sugere seu desconhecimento do original hebraico.

E quem são esses "hebreus" aos quais a epístola tão vagamente se dirige? Quem eram e onde moravam? Os dados de que dispomos para identificá-los são tão escassos quanto os que temos para identificar o autor. O professor Yadin, que discutiu o problema com os professores W. F. Albright e David Flusser, tentou uma resposta da qual até agora os outros apenas se aproximaram confusamente. Ele inicia um trabalho sobre o assunto — "Os manuscritos do mar Morto e a Epístola aos Hebreus", no quarto volume dos *Scripta Hierosolymitana*, publicados pela Universidade Hebraica — citando algumas das opiniões registradas por estudiosos anteriores, que em geral discordam entre si. Esses hebreus eram judeus ortodoxos, judeus cristianizados ou gentios cristianizados? O professor Yadin acredita que agora existe outra explicação possível: esses hebreus podiam ser membros da seita do mar Morto. O autor da epístola se empenha em prevenir seus destinatários sobre alguns erros especialíssimos que não parecem ter muito em comum com as opiniões e os preconceitos que Paulo geralmente procura destruir. O professor Yadin teve a brilhante ideia de inverter essa doutrina negativa a fim de descobrir qual seria o lado positivo e no quadro formado pelo lado positivo reconhece algumas das doutrinas características da seita do mar Morto — em especial aquelas contra as quais um defensor de Jesus-Messias se veria obrigado a lutar. Diz Yadin:

> De início cabe enfatizar que a maior parte da Epístola aos Hebreus procura provar a superioridade de Jesus sobre diversas pessoas e criaturas celestiais de caráter messiânico ou escatológico, as quais — segundo as crenças dos leitores — ou são superiores a Jesus, como um Messias leigo, ou foram encarregadas de realizar determinadas funções no Fim dos Tempos que — segundo o autor — reservam-se a Jesus, o Messias [divino]. Assim, o autor da Epístola discute os seguintes temas: Jesus e os profetas; Jesus e os anjos; Jesus e Moisés; e por fim Jesus e Aarão.

Seguindo essa ordem de apresentação: já no começo (1:1-2) a Epístola desconsidera os profetas, coloca-os de lado como obsoletos, pois "ultimamente, nestes dias, [Deus] falou-nos por meio de seu Filho, a quem constituiu herdeiro de tudo, por quem criou também os séculos". (Aqui e doravante uso a tradução do padre Knox, que, embora respeite a Vulgata, está mais próxima do original grego que a Versão do rei Jaime ou a Revised Standard Version.) Tão invocados nos documentos do mar Morto, nesses dois versículos os profetas são rebaixados, e o passo seguinte consiste em tentar rebaixar os anjos, pois estes tinham imensa importância para a seita, que — às vezes referindo-se a eles como "santos", "deuses" ou "filhos do Céu" — parece lhes dar o poder supremo depois de Deus, com Miguel, o Anjo da Luz, à frente. (Josefo também fala disso em seu texto sobre os essênios.) Ora, o autor da Epístola aos Hebreus dedica a maior parte de seus dois primeiros capítulos a enfatizar a inferioridade dos anjos em relação a Jesus Cristo:

> Porque, a qual dos anjos disse [Deus] jamais: "Tu és meu filho, eu te gerei hoje"? [...] E novamente [ninguém sabe

> o que significa esse "novamente"], quando introduz o seu Primogênito no mundo: "Todos os anjos de Deus o adorem"? [...] E a qual dos anjos disse alguma vez: "Senta-te à minha direita, até que eu ponha os teus inimigos em escabelos aos teus pés"? Porventura não são todos esses espíritos seus ministros enviados para exercer o seu ministério a favor daqueles que hão de receber a herança da salvação?

Jesus, que em seu papel humano foi feito "por um pouco inferior aos anjos [...] em nenhum lugar vem em auxílio dos anjos, mas vem em auxílio da descendência de Abraão". Quer dizer, os anjos são os servos do Filho, embora Jesus, na medida em que é humano, partilhe a natureza do homem, que é "por um pouco inferior aos anjos".

Convém observar, como Yadin menciona, que Colossenses 2:18 também previne contra a sedução dos que afetam "humildade e culto dos anjos". Ao escrever sobre Colossenses em 1875, J. B. Lightfoot falou dessa advertência contra a angelologia e a partir desta e de outras indicações concluiu que a influência dos essênios — que, achava, se inspiraram nos gnósticos — era identificável da mesma forma negativa quando Paulo tenta prevenir os colossenses contra o que Lightfoot chama de "a heresia colossense". Não deviam considerar-se uma elite, nem possuidores de sabedoria esotérica, pois Cristo veio para "admoestar *todo* homem e instruir *todo* homem em toda sabedoria, para que possa apresentar *todo* homem perfeito em Cristo Jesus" (tradução e grifos de Lightfoot). Ao contrário dos essênios, não deviam observar normas rígidas quanto ao que bebiam e comiam. "Assim, que ninguém vos censure pelo que comeis ou bebeis, ou por observardes festas, e luas novas, e dias de *shabat*; tudo isso são apenas sombras lançadas por eventos futuros, a realidade se encontra em Cristo" (Knox). Não tendo a literatura da seita, Lightfoot não podia saber que essa última advertência teria confirmado sua teoria de que os colossenses aos quais se dirigia estavam imbuídos das doutrinas dos essênios, que, como agora sabemos, possuíam um calendário solar segundo o qual suas festas caíam em dias diferentes das festas dos outros judeus.

Voltando ao autor da Epístola aos Hebreus, ele passa a uma argumentação especial que ocupa quase a metade de sua carta e visa a mostrar que Jesus é um autêntico sacerdote numa linhagem que seus destinatários devem aceitar. "Sobre este assunto [do sacerdócio de Cristo] tínhamos muitas coisas que dizer, e coisas difíceis de explicar, porque vos tornastes tardos para compreender." A seita esperava, no Fim dos Tempos, um Messias que seria um sacerdote na linhagem de Aarão — ou seja, um levita —, porém isso não se aplica a Jesus, que era da linhagem de Judá, "e desta tribo Moisés nada falou no tocante aos sacerdotes". No entanto Deus declarara a Jesus: "Tu és sacerdote eternamente segundo a ordem de Melquisedec", o qual era sumo sacerdote e rei, como a seita esperava que fosse seu Messias. Melquisedec

> saiu ao encontro de Abraão, quando ele voltava de destroçar os reis [de Sodoma e Gomorra e seus aliados] e o abençoou; a ele deu Abraão o dízimo de todos os despojos; [o seu nome] primeiramente se interpreta rei de justiça, e depois rei de Salém, que quer dizer rei de paz [é evidente que *shalem* tem aqui o mesmo sentido de *shalom*].

Melquisedec realmente é superior a Aarão. Um dos salmos diz sobre Davi: "Jurou o Senhor, e não se arrependerá: Tu és sacerdote eternamente, segundo a ordem de Melquisedec". E sabemos que Melquisedec foi sumo sacerdote e rei muito antes de Levi nascer — do qual a seita esperava seu duplo Messias, de modo que não importava Jesus não descender de Levi. (Com base num fragmento da caverna onze — *Melquisedec e o Filho do Homem*, em *Christian News from Israel*, abril de 1966 — David Flusser acha que "pelo menos alguns membros da seita acreditavam que o Messias sacerdotal dos Últimos Dias seria Melquisedec. Como conciliavam essa convicção com a crença comumente aceita num

Messias aarônico não sabemos. No entanto uma conclusão parece impor-se: a referência em Hebreus não seria uma expressão de oposição à ideologia aarônica da seita, e sim uma opinião já existente em determinados círculos da seita".)

Ademais o rolo da Guerra estipulava que no fim, após a libertação de Jerusalém, os sacrifícios no Templo fossem retomados em conformidade com a lei de Moisés: tais sacrifícios deviam ser feitos "para o prazer de Deus, para expiação de todos os Seus fiéis". O autor da Epístola aos Hebreus descreve o banho de sangue dos sacrifícios mosaicos e depois explica que Cristo não precisava

> se oferecer muitas vezes a si mesmo, como o pontífice entra todos os anos no Santo dos Santos com sangue alheio; doutra maneira ser-lhe-ia necessário padecer muitas vezes desde o princípio do mundo; apareceu, porém, uma só vez no fim dos séculos, para destruir o pecado com o sacrifício de si mesmo.

Cada uma dessas advertências tem, portanto, sua aplicação muito especial às doutrinas da seita do mar Morto. Ernest Renan datou a Epístola aos Hebreus do período entre 65 e 70 d.C. — ou seja, dos últimos anos da seita, pouco antes da destruição do mosteiro. O autor judeu convertido estaria tentando converter igualmente os habitantes do mosteiro?

Cabe assinalar que em *A comparative study of the Old Testament text in the Dead sea scrolls and in the New Testament* [Um estudo comparativo do texto do Velho Testamento nos manuscritos do mar Morto e no Novo Testamento] (E. J. Brill, Leiden, 1965), uma obra puramente textual, que nada tem a dizer sobre a teoria de Yadin, o estudioso holandês J. De Waard chegou à conclusão de que o autor da Epístola aos Hebreus devia conhecer a literatura de Qumran.

10. MASSADA

MASSADA É UM ROCHEDO IMENSO e abrupto, situado 48 quilômetros ao sul de Qumran, erguendo-se a 390 metros de altura próximo à margem ocidental do mar Morto. Seu cume chato, mais ou menos semelhante a um navio, mede 570 metros de norte a sul e 195 de leste a oeste. Aqui Herodes, com sua desconfiança paranoica, construiu uma das várias cidadelas em que procurou armar-se contra as forças que o ameaçavam: os judeus, que estavam descontentes com um rei imposto pelos romanos e de sangue edomita, quer dizer, não judeu — a hostilidade entre os judeus e seus vizinhos é bem antiga —, e podiam tentar restaurar sua dinastia asmoniana; e as ambições de Cleópatra, que pedira a Antônio que matasse Herodes e lhe desse o trono da Judeia. Josefo, nossa única autoridade antiga sobre o assunto, conta-nos que em Massada Herodes construiu um palácio e uma muralha de casamatas com 38 torres. Após a morte de Herodes os romanos tomaram essa fortaleza, que mais tarde foi conquistada por Menahem, o líder da revolta judaica de 66 d.C., que matou os legionários. Depois a ocupou durante sete anos um grupo de judeus militantes conhecidos como zelotes ou sicários. Apenas dois caminhos conduziam à cidadela, sendo um deles uma trilha em zigue-zague que segundo Josefo era chamada "a serpente":

> Pois seu curso é interrompido ao contornar as fragas salientes e, voltando-se com frequência sobre si mesma e pouco a pouco estendendo-se de novo, avança penosamente. Quem segue por esse caminho deve firmar cada pé alternadamente. A destruição está presente; pois de cada lado abrem-se fendas profundas e tão terríveis que intimidam os mais

corajosos. Depois de percorrer essa perigosa trilha por uns seis quilômetros chega-se ao cume, que, ao invés de afilar-se num pico agudo, estende-se numa planície.

Entretanto os judeus conseguiam levar provisões para cima, e o topo do rochedo era relativamente fértil, de modo que sempre foi possível cultivar hortaliças ali; o clima era tão preservador, diz Josefo, que os judeus encontraram alimentos ainda utilizáveis que estavam no local havia quase um século. Josefo declara que os zelotes eram um transtorno, que pilhavam os campos de maneira brutal e inescrupulosa. Em toda a sua *História da guerra judaica* ele mostra um certo preconceito. Primeiro participara da campanha da Galileia, mas depois rendeu-se a Vespasiano, o general romano na Palestina, e durante o cerco de Jerusalém aconselhou o filho deste, Tito. Jerusalém foi destruída em 70 d.C., na época em que Josefo está escrevendo, e nada podia ser mais amargo que o sentimento entre os judeus que se submeteram aos invasores — como no passado fora o caso dos que se submeteram aos gregos — e os que continuaram combatendo-os. Josefo gosta de bajular Tito por sua relativa magnanimidade e — sendo ele mesmo descendente de uma nobre família sacerdotal, que visitou Roma na juventude e evidentemente ficou impressionado com o poderio e a civilização romana — tende a enfatizar as barbaridades de seus compatriotas. Na verdade estava escrevendo seu livro em Roma na condição de protegido do imperador.

Naturalmente hoje sabemos que os judeus eram capazes, às vezes, de ser quase tão cruéis quanto seus inimigos romanos, e podemos compreender que Josefo tinha interesse em tentar mostrar como os defensores da Judeia se comportaram de modo abominável e como teria sido muito melhor para os judeus se renderem mais cedo aos invasores romanos. Contudo é difícil para nós nutrir qualquer simpatia pelos romanos. Por que, perguntamos, deviam achar que, depois de ocupar a Judeia, destruir Jerusalém e queimar o Templo, ainda precisavam encurralar os intransigentes (menos de mil) que resistiam em Massada? E por que não conseguiam sossegar enquanto não matavam os homens, violentavam as mulheres e escravizavam as crianças? Encontramos a razão expressa claramente nas *Histórias* do romano Tácito (livro V). Foi a simples, ingovernável, insaciável cobiça do organismo do poder que tudo quer engolir, acompanhada pela necessária convicção de que existe algo de inferior ou perverso no "estilo de vida" das futuras vítimas. A acusação de Tácito contra os judeus pode servir como um modelo cômico e trágico de todas as acusações absurdas como essa que até os dias de hoje um grupo lança contra o outro. Diz Tácito:

> A fim de assegurar para o futuro sua autoridade sobre seu povo, Moisés introduziu um culto que era muito original e se opunha ao de outros mortais — segundo esse culto todas as coisas que *nós* consideramos sagradas *eles* julgam profanas e inversamente toleram práticas que consideramos impuras.
>
> Consagraram num local santo uma imagem do animal sob cuja orientação puseram fim a suas perambulações e sua sede [isto se refere à antiga lenda, repetida com frequência pelos autores clássicos, de que os judeus adoravam uma cabeça de asno; aqui Tácito explica que inspirou tal culto a gratidão a um rebanho de asnos selvagens que, nas andanças dos judeus em seu Êxodo, conduziram-nos até as águas de uma fonte], tendo já matado um carneiro para insultar Amon [o deus principal dos faraós].
>
> Também sacrificaram um touro, que os egípcios adoram como Ápis.

Tácito prossegue, falando das restrições alimentares dos judeus, de seus jejuns e sua observância do *shabat*, a que dá uma conotação ofensiva.

> Eles são obstinadamente leais entre si e dispostos a demonstrar compaixão recíproca, mas são hostis com relação aos outros. Sua vida sexual é abominável: entregam-se à lu-

xúria e contudo não têm relações com estrangeiros, embora entre si nada seja proibido. Instituíram a circuncisão a fim de distinguir-se dos outros povos. Enterram seus mortos ao invés de cremá-los e consideram uma impiedade matar os filhos tardios [nascidos depois que o pai fez seu testamento]. Os egípcios adoram muitas imagens de animais e homens conjugados, porém os judeus concebem uma única Divindade e apenas em sua mente. [Nesse ponto parece que Tácito esqueceu sua objeção ao culto judaico do asno.] [Declaram] profanos aqueles que produzem imagens de deuses à semelhança dos homens e com materiais perecíveis: seu Deus é supremo e eterno, imutável e indestrutível, e, assim, não permitem imagens dele em suas cidades, nem mesmo em seus templos.

Não prestam tal homenagem nem a seus reis nem a César. Como seus sacerdotes usam coroa de hera e tocam flautas e címbalos, e como se viu em seu Templo uma videira, julgam alguns que adoram Baco, o qual chegou a dominar o Oriente; todavia os ritos báquicos não se coadunam com os judeus, pois são festivos e alegres, ao passo que os ritos judaicos são rudes e indecorosos.

O fato era que os judeus levavam sua religião a sério e os romanos não conseguiam entender isso. Tácito não é capaz de entender por que os animais egípcios e os imperadores romanos deificados não eram mais aceitáveis como divindades que um Deus único, invisível e insuscetível de representação, assim como Antíoco IV, Epífano, não conseguira perceber por que não podiam se conformar com a instalação de Zeus no Templo — o que chamavam de "a Abominação da Desolação" — nem aceitar a exigência de fazer sacrifícios ao deus grego. Durante algum tempo os romanos se afastaram do Oriente em função de suas guerras civis, prossegue o historiador, mas depois que se estabeleceu a paz voltaram a pensar no assunto. "*Augebat iras quod soli Judaei non cessissent*" ("Irava-os o fato de só os judeus não cederem"). Tácito lamenta sua teimosia e descreve os preparativos para o cerco de Jerusalém. Tal tarefa cabia às legiões romanas, e a luta só começaria depois que tudo estivesse organizado para tomar a cidade pelos "velhos e novos dispositivos" nos quais os romanos se tornaram peritos. Mas nesse ponto o historiador passa a falar da guerra com os germânicos, e os últimos livros das *Histórias* se perderam.

Josefo, no entanto, continua a história. Presenciou a queda de Jerusalém e fala do cerco de Massada. Flávio Silva, o general romano encarregado dessa operação, dedicou-se à tarefa utilizando as avançadas técnicas de engenharia e a sistemática deliberação característica dos métodos romanos. Primeiro ergueu um muro ao redor do penhasco para que nenhum dos sitiados conseguisse escapar; depois começou a construir uma rampa no único lugar onde uma larga saliência na rocha formava um patamar para alcançar o topo. Ali fez um aterro sobre o qual ergueu uma plataforma de pedra que serviria de base para as máquinas bélicas. Essas incluíam uma torre de ferro, que controlava o topo e permitia atacar os defensores com uma saraivada de lanças e pedras atiradas das catapultas, e um aríete, com o qual os soldados abriram uma fenda na muralha. Prevendo isso, os zelotes haviam construído outra muralha no interior — duas fileiras paralelas de vigas empilhadas e o espaço entre elas preenchido por terra —, que amortecia o impacto dos projéteis. O inimigo passou a atacar essa parede interna com chuvas de tochas ardentes e conseguiu incendiá-la. A princípio o vento norte soprava-lhe as chamas no rosto; depois o vento mudou de direção e se pôs a soprá-las contra a muralha.

Percebendo que os defensores da cidadela estavam condenados, o então governador de Massada, um homem chamado Eleazar Ben Ya'ir, reuniu seus companheiros mais corajosos e segundo o relato de Josefo, que segue a prática dos historiadores antigos, pronunciou discursos tão eloquentes e longos que só podem ser fruto da invenção do narrador. Primeiro Eleazar lhes diz que não há mais esperanças. É óbvio que em função de suas maldades passadas Deus agora está implacável em relação a eles, pois, embora tivessem provisões em abundância e armas e uma fortaleza aparentemente inexpugnável, o Senhor mudou a direção do vento e conduziu as chamas para os destruírem.

> Salvemos então nossas esposas da desonra e nossos filhos da vergonha da escravidão. Não paguemos aos romanos o preço de nossos pecados; paguemo-lo diretamente a Deus. Ele pelo menos nos concedeu este favor: morrer por nossas próprias mãos. E antes de morrer queimemos tudo que existe na fortaleza, para que os romanos de nada se apoderem — tudo, menos os alimentos, que deixaremos a fim de que o inimigo saiba que não fomos vencidos pela fome, porém preferimos a morte à servidão.

Não querendo morrer nem matar a esposa e os filhos, alguns de seus companheiros hesitavam em seguir suas recomendações, e houve até quem derramasse lágrimas. Diante disso Eleazar se viu obrigado a renovar seu apelo, que, na versão de Josefo, está mais perto da filosofia grega que do tradicional ensinamento judaico. O ponto de vista de Josefo parece uma mistura de pensamento judaico e europeu. Em Jerusalém já havia concluído que os judeus foram condenados por Deus, que em sua concepção realizara algo como o Destino sofocliano que elimina o protagonista de uma tragédia, e o historiador tentara convencer os habitantes da cidade a aceitar a dominação romana. Agora faz Eleazar dizer a mesma coisa, mas, embora considere teimosos esses judeus rebeldes, não pode deixar de conferir ao episódio um forte caráter de trágica nobilidade. Seu líder helenizante pergunta: "A morte não liberta a alma do corpo, que está sujeito a tantas enfermidades, e lhe permite partir para sua pura morada?". Invoca também os filósofos indianos, os quais, como homens admiráveis que são, reconhecem que a vida é na melhor das hipóteses uma desgraça e se destroem pelo fogo a fim de libertar seu espírito.

> Ainda que nos tenham ensinado o contrário — a saber, que a vida é o melhor bem do homem e a morte deve ser uma

desgraça —, precisamos enfrentar com o coração destemido a situação na qual agora nos encontramos. Há muito tempo Deus determinou que todo o povo judeu deixasse esta vida, pois não se empenhou em dela fazer bom uso. Os judeus não só foram massacrados em terra egípcia e síria, como também em seu próprio solo tiveram de lutar com os romanos, e aqueles que apenas morreram em combate merecem felicitação, pois dos outros alguns morreram desmembrados, alguns sofreram a tortura do açoite e do fogo, alguns foram meio comidos pelas feras e depois, para riso e divertimento de seus inimigos, foram mantidos vivos para ser comidos de novo. Sem embargo os mais miseráveis de todos são aqueles que ainda vivem e que com frequência oram pedindo a morte, porém não veem atendidas suas orações. Não viram sua cidade-mãe, Jerusalém, que se acreditava fundada por Deus — apesar de armada e entrincheirada e defendida por milhares —, arrasada, e a única lembrança que restou é o acampamento dos que a destruíram, que ainda se ergue entre suas ruínas? Velhos miseráveis sentados na poeira de seu santuário, com umas poucas mulheres que o inimigo reservou para serem vítimas de seu desavergonhado ultraje! Esperavam recuperar-se e vingar-se de seus inimigos, porém agora que a esperança terminou apressemo-nos em morrer com honra! Apressemo-nos em ter piedade, enquanto ainda é possível, de nós mesmos e de nossos filhos e de nossas esposas!

Como os romanos nos odiarão por termos resistido! Deve um homem ver sua mulher sendo carregada para sofrer violação, ouvir a voz de seu filho, com as mãos atadas, gritando pelo pai? Se os romanos conseguirem seu intento, nenhum de nós morrerá antes de ser capturado. Apressemo-nos em frustrar sua esperança e deixar-lhes a surpresa por nossa morte e a admiração por nossa fortitude!

Nesse ponto interrompe-se o discurso de Eleazar. Agora seus ouvintes estão convencidos. Como se tivessem pressa de agir e não ficar entre os últimos, abraçam e beijam suas famílias e quase no mesmo instante as matam. Depois sorteiam dez que deverão matar os restantes. Deitam-se ao lado das esposas e dos filhos e oferecem o pescoço. Mortos todos esses, um dos dez é escolhido por sorteio para eliminar os outros nove. Depois olha cuidadosamente para certificar-se de que ninguém está vivo, ateia fogo ao palácio e transpassa o próprio corpo com a espada. Uma velha e uma mulher com cinco crianças esconderam-se nos aquedutos subterrâneos, e não se notou sua ausência. Elas saem quando os soldados entram e contam aos romanos, incrédulos, o que acontecera. Provavelmente foi através dessas mulheres que Josefo tomou conhecimento da história.

Ao viajar em 1838, dois eruditos americanos, Eli Smith e Edward Robinson, identificaram como Massada o rochedo que os árabes chamam de es-Sebbeh. Mas ali estava uma empresa tão difícil que raramente os arqueólogos tentaram aventurar-se. Estimulados pela sugestão de Smith e Robinson, um pintor inglês e um missionário americano chamados W. Tipping e S. W. Wolcott decidiram examinar o sítio mais cuidadosamente. Conseguiram escalar o rochedo pelo lado onde havia a rampa dos romanos e reconheceram certos elementos: o acampamento romano, a muralha, a grande torre e os tanques de água descritos por Josefo, os contornos de longas salas paralelas que serviram evidentemente de depósitos ou alojamentos. Wolcott escreveu: "A linguagem daquele historiador [Josefo] em relação à altura do local não é muito extravagante. É preciso ter nervos firmes para postar-se na beira de suas encostas íngremes e olhar diretamente para baixo". Tipping retratou o sítio em algumas gravuras impressionantes, que Yadin reproduziu num livro sobre Massada. Seguiram-se a esses exploradores um oficial da Marinha americana, que explorou o mar Morto em 1848, um erudito francês e um estudioso holandês.

A expedição mais séria até as realizadas recentemente foi a do alemão Adolf Schulten, que em 1932 passou um mês inteiro no local, porém só duas manhãs no topo do penhasco. Em

1955-6 a Sociedade de Exploração de Israel efetuou duas expedições de dez dias cada uma que descobriram grande parte do palácio de Herodes, exatamente igual à descrição de Josefo, na ponta da grande rocha em forma de navio. Membros do movimento jovem israelense já estiveram escalando os rochedos. Dois deles já percorreram a "trilha da serpente" mencionada por Josefo: Shmaryahu Guttman e seu companheiro, Micha Livne, que a restauraram e desenterraram seu portão e também descobriram a disposição de um dos acampamentos romanos. A expedição israelense definitiva, conduzida pelo professor Yadin, estendeu-se por onze meses — "com uma breve interrupção na Páscoa judaica" —, de outubro de 1963 a maio de 1964 e de novembro de 1964 a abril de 1965. Tudo que se segue aqui devo a dois volumes de Yadin: *Masada: Herod's fortress and the zealot's last stand* [Massada: fortaleza de Herodes e último reduto dos zelotes], livro concebido para o leitor comum, com um *Preliminary report* [Relatório preliminar] mais erudito, publicado em inglês, em Jerusalém, pela Sociedade de Exploração de Israel; e a *The zealots of Masada: story of a dig* [Os zelotes de Massada: história de uma escavação], de Moshe Pearlman. Acho uma pena resumir o primeiro desses livros, as descobertas sensacionais do que foi traduzido num inglês tão vívido por Moshe Pearlman e ilustrado com fotos tão magníficas, muitas delas coloridas — tiradas de baixo, do alto e no local. Só posso garantir ao leitor que, se está interessado no assunto, achará esses livros fascinantes.

Antes de passar às descobertas realizadas por essa expedição, vale a pena falar um pouco da maneira extraordinária como se constituiu. Yadin anunciou seu projeto e convidou as pessoas a se apresentarem, explicando que os voluntários aceitos receberiam alimento e abrigo possíveis no local, porém não ganhariam salário nem seriam reembolsados por despesas com transporte. Recrutou assim numerosos voluntários, a maioria jovens, mas também alguns de meia-idade e nem todos judeus. Havia um bom número de escandinavos. Uma senhora inglesa casada explicou que decidira passar as férias em Massada. Sob o escaldante sol da Palestina as mulheres trabalhavam de biquíni. Todos dormiam em barracas de cáqui. Yadin conta que às vezes tentou, sem sucesso, impedir que seus recrutas realizassem tarefas para as quais pareciam não ter capacidade e que só em dois casos precisou despachar um trabalhador. A meu ver Massada demonstra que, quando são chamados a participar de um projeto que reúne idealismo e aventura, os jovens respondem prontamente. Nosso Peace Corps atraiu muitos deles, mas agora, com a guerra do Vietnã, o nome dessa organização a torna tão ridícula que o tipo de desafio proposto parece ter sido suplantado pelo de queimar ou devolver a convocação do serviço militar ou de ir para a prisão ou para o Canadá.

O palácio de Herodes descrito por Josefo revelou-se o que Yadin chama de "palácio-vila". O palácio administrativo, com sua sala do trono, é um edifício maior, situado na parte ocidental do rochedo. Herodes deve ter causado muitos problemas para seus operários e deve ter gasto muito dinheiro para pendurar seus três terraços na proa do penhasco íngreme. Só com grande engenhosidade e um risco considerável os engenheiros militares israelenses construíram uma escadaria de madeira que permite subir da base do precipício até esses terraços, e foi preciso atar com cordas, como alpinistas, os operários modernos que trabalhavam na borda do abismo, a 390 metros acima do nível do mar Morto. No terraço mais baixo havia colunas coríntias e pinturas murais. Josefo registrou que o palácio era revestido de mármore e que as colunas foram talhadas numa única pedra, mas descobriu-se que os painéis eram de gesso pintado com veios para simular mármore e que as colunas se compunham de tambores de pedra mole estriada e revestida de gesso para apresentar a aparência do mármore. Um capitel guarda vestígios de pintura dourada. Nesse terraço havia também uma casa de banhos, com uma piscina de água fria, uma sala tépida e uma sala quente. Sob as ruínas desses aposentos havia uma densa camada de cinzas — possivelmente resultado do fogo que o último dos zelotes ateara —, na qual se encontraram caroços de tâmara e azeitona e moedas com inscrições como "A Liberdade do Sion". No piso da casa de banhos acharam-se partes de armadura, flechas de ferro, os restos de um *tallith* ou xale de rezar, um caco de cerâmica com inscrição em caracteres hebraicos e os esqueletos de um homem de aproximadamente vinte anos, de uma mulher e de uma criança que deviam fazer parte de uma daquelas famílias zelotes que se entregaram à morte. O couro cabeludo e as tranças castanho-escuras da mulher se conservaram no ar seco, e havia um par de sandálias femininas. O revestimento dos degraus em que se encontrou a mulher apresentava manchas que pareciam ser de sangue.

O terraço intermediário estava cheio de pedras grandes que caíram do terraço superior, e foi muito difícil removê-las. Esse terraço continha um pavilhão circular que, segundo acredita Yadin, Herodes concebera também para "lazer e descanso", mas acabara caindo em poder dos zelotes, que ali queimaram — alguns objetos estavam carbonizados — uma pilha de ossos de animais e restos de comida, cacos de vidro e cerâmica e catorze pontas de flecha. O terraço superior abrigava a moradia, que na época de Herodes consistia de apenas quatro aposentos; no século V os monges bizantinos que viveram em Massada os dividiram para aumentar o número de celas. Havia um pórtico semicircular, com uma fantástica vista do mar Morto, e um piso simples de mosaico, que, com alguns poucos mais elaborados, figura entre os mais antigos que se conhecem na Palestina.

Havia também uma grande casa de banhos romana, cujo mecanismo ainda era bastante claro: um forno produzia ar quente que entrava num espaço entre dois pisos e dali em canos de argila embutidos na parede; depósitos de armas e de hortaliças, frutos e grãos; e uma espécie de prédio de apartamentos que podem ter sido usados como escritórios. Cada unidade deste último edifício se compunha de uma sala grande, dois quartos pequenos e um pequeno pátio fechado. Numa das salas maiores encontraram-se restos de um saco e uma quantidade de siclos e meios siclos de prata. Em outro lugar acharam-se mais dois conjuntos de siclos, que representam todos os anos da revolta. Na sala em que estava o primeiro desses conjuntos havia um caco de cerâmica com o nome "Hillel", que, segundo Yadin, pode designar um sacerdote que coletava as contribuições para o Templo. O maior edifício de Massada era o palácio ocidental. Parece que continha uma sala do trono, ricamente mobiliada, com quatro buracos no chão para os pés do trono e um belo mosaico colorido, que, cumprindo a lei de Moisés como Herodes devia cumprir, não representa homens nem animais, e sim ramos de oliveira, folhas de videira e outros exemplares da vida vegetal. Há uma cozinha com fogões imensos, mais depósitos e apartamentos para os empregados do palácio. Há muitos indícios de incêndio, o qual deve ter ocorrido no final da revolta, segundo revela uma moeda de 72-73 encontrada entre as cinzas. Perto do palácio erguiam-se várias vilas pequenas e uma capela bizantina com mosaicos mais recentes. Um estranho edifício circular tinha nas paredes nichos quadrados como uma forma de *waffles*. Primeiro pensou-se que se tratava de um pombal, mas a experiência demonstrou que as pombas não cabiam nas aberturas; concluiu-se então que o prédio fora construído para abrigar as cinzas dos funcionários e criados não judeus após sua cremação. As estruturas especificamente judaicas eram os banhos rituais de imersão e as ruínas de uma sinagoga, com pequenos fragmentos de pergaminhos bíblicos.

A muralha de casamatas, com seus vários compartimentos, revelou-se extremamente interessante. Os zelotes dividiram esses cômodos para aumentar ao máximo os alojamentos. Parecia que tudo estava como eles deixaram, o que nos permitiu imaginar facilmente sua vida doméstica: panelas e jarros de bronze, lâmpadas de argila, pequenos frascos de perfume, bastões de sombra para os olhos, um pente de madeira, uma paleta de cosméticos feita de uma concha do mar Morto, anéis, fivelas e chaves. Quando os romanos atacaram a muralha, lançaram-se pela catapulta pedras do tamanho de um melão; e num ponto estratégico, logo acima da trilha da serpente, havia uma dúzia de pedras com mais de quarenta quilos que os zelotes sem dúvida reuniram ali para despejar sobre seus agressores. Encontraram-se mais 25 esqueletos nos porões, onde os romanos provavelmente os jogaram: homens de 22 a setenta anos; mulheres de quinze a 22; crianças de oito a doze; e o esqueleto de um feto. Em outro local acharam-se

> onze pequenos e estranhos óstracos, diferentes de quaisquer outros descobertos em Massada. Em cada um estava inscrito um único nome, e todos diferiam entre si, embora aparentemente tivessem sido grafados pela mesma mão. Os nomes também eram estranhos, mais parecendo apelidos.

Seriam os nomes dos homens que foram sorteados para cortar o pescoço dos outros? Um deles é "Ben Ya'ir", o patronímico de Eleazar.

Em vários pontos de Massada encontraram-se fragmentos de manuscritos de couro ou pergaminho — sobretudo de Levítico, Deuteronômio, Ezequiel e dos Salmos e praticamente idênticos ao texto massorético. Alguns deles, como alguns dos rolos de Qumram, parece que foram deliberadamente rasgados pelos romanos. E há quase setecentas inscrições em peças de cerâmica, sendo algumas apenas os nomes — todos hebraicos — das pessoas às quais as peças pertenciam; também há fragmentos de muitos documentos, em hebraico, aramaico, grego e latim, sem grande possibilidade de decifração. Uma descoberta importante para o estudioso, porém de menor interesse para o leitor comum, foi uma parte de um manuscrito hebraico do Livro da Sabedoria de Ben Sirach, obra apócrifa que na Vulgata recebeu o título de Eclesiástico (não confundir com Eclesiastes). Embora tal livro seja com frequência citado em hebraico, o original nesse idioma desapareceu em princípios do século XI, sendo conhecido somente em traduções até que em 1896 descobriram-se quase dois terços de um texto hebraico na *genizah* — ou depósito de velhos manuscritos em desuso — da sinagoga medieval do Cairo, onde se acharam também os chamados fragmentos zadoquitas que mais tarde se identificaram como pertencentes à literatura da seita do mar Morto. Discutiu-se se era o texto original ou uma tradução do grego, porém o novo rolo pôs fim a essa controvérsia: trata-se claramente do mesmo texto, que deve ser anterior a 73 d.C. Entretanto hoje em dia o mais interessante é outro fragmento menor, que também deve ser anterior a 73 e, assim, resolve uma questão mais importante. Entre os outros rolos das cavernas de Qumran havia quatro fragmentos de quatro manuscritos distintos do que com toda a evidência era um documento ritualístico básico para a seita do mar Morto. Tornou-se conhecido como Liturgias Angélicas ou Cânticos dos Sacrifícios do Sabá. Os essênios tinham um calendário especial, diferente do calendário judaico tradicional. Era solar e baseava-se num ano de doze meses de trinta dias cada um, com um dia extra ao final de cada trimestre. Cada *shabat* tinha seu próprio hino sacrifical, entoado alternadamente por sete "príncipes supremos", que deviam ser arcanjos do tipo que os essênios imaginavam. Ora, encontrou-se em Massada, num compartimento da muralha de casamatas, um fragmento que pertence ao mesmo documento. Deve ter chegado ali através de alguém da seita, que, afastado do Templo — talvez destruído nessa época —, queria manter-se fiel a sua programação sectária, e isso deve ter ocorrido no período em que os zelotes ocuparam o rochedo — quer dizer, antes de 73. G. R. Driver e Cecil Roth, ambos de Oxford, e mais um ou dois estudiosos, muito velhos ou inflexíveis, tentaram tenazmente incorporar novo material a fim de mostrar que os rolos de Qumran devem datar de "meados ou final do século I d.C." (aqui cito Driver) "ou início do século II d.C." e que os habitantes do mosteiro (aqui cito Driver e Roth) nunca foram os essênios, e sim os zelotes. É bem verdade que os essênios são descritos como homens pacíficos, porém o rolo da Guerra mostra que esperavam no Fim dos Tempos um violento confronto entre os Filhos das Trevas e os Filhos da Luz. Pode ser, conforme sugere Yadin, que, ao invés de acompanhar a evolução dos acontecimentos com o olho realista de Josefo, eles tenham achado que esse confronto ocorreu quando os judeus se lançaram contra os romanos no que lhes parecia uma luta final, e Josefo deixa claro que, quando a situação chegou a tal ponto, outros judeus haviam unido forças com os zelotes. Como assinala Yadin, Josefo fala duas vezes de João, o Essênio, como um dos generais na guerra contra os romanos. E não seria possível que alguns essênios, ainda fiéis à programação de seu calendário, tivessem subido do vulnerável Qumran, situado na praia, às formidáveis alturas de Massada? Se o documento que contém seu calendário deve ser bem anterior a 73, então o restante da literatura sectária também não deve ter sido elaborado muito antes dessa data?

Mesmo antes das escavações os novos recrutas das unidades blindadas do Exército israelense prestavam seu juramento de lealdade no topo de Massada. Yadin pronunciou um discurso na cerimônia de 19 de junho de 1963, dirigindo-se aos soldados nos seguintes termos:

> De pé entre seus homens, diante das pirâmides do Egito, Napoleão declarou: "Quatrocentos anos de história humana vos contemplam!".
>
> Mas o que ele não teria dado para conseguir dizer a seus homens: "Quatrocentos anos de *vossa própria* história vos contemplam!".

Yadin contou-lhes resumidamente a história dos zelotes e concluiu:

> Massada se tornou um símbolo para nós. As palavras do poeta "Massada não cairá de novo" se transformaram num chamado para a geração mais jovem e, na verdade, para toda a nação. Não é exagero dizer que é graças ao heroísmo dos guerreiros de Massada, bem como aos outros elos da longa cadeia do valor judaico, que hoje estamos aqui de pé como soldados do Exército de um povo jovem e sem embargo antigo, enquanto tudo a nossa volta são vestígios

dos acampamentos armados daqueles que desejaram nos destruir. Hoje estamos aqui de pé, não mais impotentes face ao poderio de nossos inimigos, não mais fazendo um último e desesperado esforço numa guerra já perdida, e sim firmes, orgulhosos e seguros, sabendo que nosso destino está em nossas mãos, na força de nosso espírito, que é o espírito redespertado do velho Israel. O eco de nosso juramento nesta noite será ouvido entre os exércitos de nossos inimigos. Nele reside nossa força, não menos que em nosso armamento. E nós, os descendentes daqueles heróis de um passado distante, estamos hoje de pé aqui, prontos para restaurar toda a nossa nação.

Somos felizes por merecer isto.

11. DOCUMENTOS DUVIDOSOS

Em 1868 um missionário alemão encontrou entre as ruínas da região bíblica de Moab, na margem oriental do mar Morto e no local da antiga cidade de Dion, quase em frente a Engadi, uma estela de basalto negro, com um metro de altura e sessenta centímetros de espessura, portando uma inscrição no dialeto moabita, que pouco difere do hebraico antigo. Um jovem arqueólogo francês, Charles-Simon Clermont-Ganneau, ligado ao consulado em Jerusalém, tirou uma cópia dessa estela. Descobriu-se então que continha um relato da guerra que o rei moabita Mesa travou no século IX contra os israelitas a leste do Jordão e que é narrada em II Reis 3. Ao perceber o interesse dos estrangeiros, os árabes dessa localidade concluíram, como os beduínos modernos em relação aos manuscritos do mar Morto, que devia haver algum tesouro envolvido na história. Quebraram a estela para abri-la, mas Clermont-Ganneau reuniu os fragmentos e reconstituiu-a. Hoje ela se encontra no Louvre e é conhecida como a Pedra Moabita. Provavelmente data da época de Mesa, em cujo nome é feito o relato que contém.

Nessa época vivia em Jerusalém um comerciante de lembranças e antiguidades chamado Moses Wilhelm Shapira. Juntamente com a esposa, Shapira se convertera ao cristianismo, porém, sendo judeu, tinha certa competência em hebraico e seu comércio de livros e manuscritos raros, muçulmanos, judaicos e cristãos, que guardava no fundo da loja e vendia a museus e bibliotecas, era muito mais importante que seu movimento de livros de oração e Bíblias encadernadas com madeira de oliva que vendia aos turistas. Após a descoberta da Pedra Moabita o negociante enviou alguns homens para escavarem o local, e estes lhe levaram pequenas imagens de cerâmica com inscrições nos caracteres antigos e que supostamente representavam deuses moabitas. Shapira vendeu as estatuetas ao governo prussiano, mas Clermont-Ganneau declarou que se tratava de falsificações produzidas em Jerusalém por um empregado do comerciante. Então Shapira explicou que sempre tivera dúvidas quanto à autenticidade dessas peças, porém não era responsável pelas falsificações. Mais tarde apresentou quinze fragmentos de um manuscrito de couro tão enegrecidos que eram quase ilegíveis; incluíam os Dez Mandamentos e a *Shema* ("Ouve, ó Israel, o Senhor nosso Deus é o único Senhor" etc.) de Deuteronômio 6 — o discurso de Moisés sobre a Lei, à qual os judeus dão importância especial, tanto em casa como na sinagoga, levando-a junto ao corpo em seus filactérios e inscrevendo-a nos *mezuzahs* de sua porta. Esses fragmentos também estavam escritos nos caracteres hebraicos arcaicos e diferiam muito do texto massorético. Em 1883 Shapira foi a Londres e ofereceu-os ao British Museum por 1 milhão de libras. A princípio estudiosos ingleses e alemães levaram a sério o manuscrito e concluíram que era contemporâneo da Pedra Moabita, se não mais antigo; no entanto Clermont-Ganneau foi a Londres e interferiu com sua decidida opinião de que Shapira estava negociando falsificações. Um professor de Oxford já havia assinalado que o clima da Palestina era úmido demais para que um couro de carneiro se conservasse por quase 3 mil anos. Contudo o manuscrito fora encontrado numa caverna por um árabe, como o foram os rolos de Qumran, no lado oposto do mar Morto, e, assim, podia ter-se mantido igualmente seco. Então Clermont-Ganneau mostrou que os Mandamentos e a *Shema* foram escritos nas bordas retiradas de um rolo que tinha apenas duzentos ou trezentos anos e em caracteres copiados da Pedra Moabita e enegrecidos por meio de um processo químico. O rolo fora pautado com ponta-seca, e o falsário não percebera. O estudioso francês acrescentou, zombeteiramente, que ele próprio se encarregaria de reproduzir um texto semelhante do Levítico, com a vantagem de que não custaria tão caro. A essa altura Shapira esperava vender os fragmentos por uma bela soma; sua família em Jerusalém se mudara para uma casa maior, comprara cavalos e se endividava. A notícia da façanha transformara os Shapira em pessoas importantes. Um certo dr. C. D. Ginsburg, que escrevera sobre a Pedra Moabita, foi consultado pelo British Museum e pronunciou-se favoravelmente; acreditava-se que o museu compraria os fragmentos. Contudo, talvez em função de Clermont-Ganneau e de uma carta que ele escreveu ao *Times* de Londres, declarando que o texto era uma falsificação, Ginsburg mudou de ideia e passou a repetir mais ou menos os mesmos argumentos do erudito francês. Naturalmente os fraudulentos deuses moabitas ficaram na cabeça de todo mundo.

Shapira deixou Londres e foi para o continente, sem avisar nada à família. As más novas chegaram a Jerusalém, e o crédito dos Shapira desabou; na verdade eles haviam caído em desgraça. Só na primavera do ano seguinte, 1884, souberam que, depois de perambular pela Europa e escrever cartas que nunca enviou à esposa, o comerciante se matara com um tiro num hotel de Roterdã.

Ninguém sabe se Shapira forjou os fragmentos ou se outra pessoa os forjou. Nem mesmo há unanimidade quanto à falsificação. Os manuscritos desapareceram. Em 1885 foram vendidos pela Sotheby's — Ginsburg comprou alguns —, mas até agora não se conseguiu encontrá-los. Existem apenas fotografias ilegíveis e transcrições decifradas. Entretanto recentemente, em 1959, o professor Menahem Mansoor, da University of Wisconsin, reavivou toda a história num artigo do volume XLVII das *Transactions of the Wisconsin Academy of Sciences, Arts and Letters* [Atas da Academia de Ciências, Artes e Letras de Wisconsin], que depois foi acrescido de material suplementar e reimpresso em forma de folheto; e em 1965 o professor John Allegro publicou um livrinho sobre o mesmo assunto, intitulado *The Shapira affair* [O caso Shapira]. Os dois estudiosos — aos quais devo a maior parte do que aqui informo — estão dispostos a aceitar o Deuteronômio como autêntico. Não posso recapitular seus argumentos, que no caso do professor Mansoor envolvem discussão técnica de linguagem, e não estou capacitado a julgá-los. No texto de Allegro a situação se complica com a existência de outro documento que demanda atenção. A família Shapira partiu de Jerusalém, e a filha mais nova do comerciante escreveu uma série de romances em francês sob o nome de Myriam Harry. Um deles — *Une petite fille de Jérusalem* [Uma menina de Jerusalém], publicado em capítulos por *La Petite Illustration*, em 1914, com muitas ilustrações encantadoras da época — consiste de uma narrativa autobiográfica, na qual os nomes são vagamente disfarçados. A filha de Shapira evidentemente o amava e conta toda a história de suas façanhas e sua morte trágica de um modo que nos leva a simpatizar com ele e lamentar seus infortúnios. Clermont-Ganneau aparece como um bicho-papão, que sem embargo exerce sobre a menina um tipo estranho de pérfida fascinação. (Há uma lenda de que ela tentou atirar no erudito francês.) Boa parte dessa história romanceada entrou no texto de Allegro e também um pouco no meu, talvez. Mas não se deve encará-la como um depoimento confiável. No romance há uma cena, por exemplo, em que a filha, ainda muito jovem, corre para o pai, toda empolgada, a fim de lhe contar que está noiva, porém o encontra tão absorto em seus recém-adquiridos fragmentos do Deuteronômio que não recebe a menor atenção; segue-se uma conversa engraçada: "Papai, ele se chama Casimir Kra". "Será minha glória e tua fortuna!" "Ele ainda é judeu, mas vai se converter." "Siona, é o Deuteronômio. [...] Comprei-o na Arábia por uma ninharia" etc. Allegro cita essa cena, explicando sua fonte. Mas será que isso ocorreu realmente? Se de fato aconteceu mostra que ou Shapira se convenceu da autenticidade do manuscrito, pois estudou-o com cuidado — a filha o descreve molhando o couro enegrecido para amaciá-lo —, ou fez toda uma encenação para persuadir a família. Já se disse também que ele estava na verdade trabalhando atentamente em sua falsificação. Mas afora isso os professores Allegro e Mansoor teriam me convencido de que os fragmentos de Shapira eram autênticos, se o professor Frank Cross, uma autoridade em paleografia hebraica, não me garantisse que os fragmentos são forjados, não só pelas razões que Clermont-Ganneau apresentou, como também porque a "posição" dos caracteres é impossível, o que o falsificador não podia saber, e porque a escrita utilizada não se identifica com a escrita de nenhum período conhecido e mistura características de vários séculos. O professor W. F. Albright, da Johns Hopkins, também os considera forjados, conforme observou em seu livro *The archaeology of Palestine* [A arqueologia da Palestina].

Naturalmente essa questão ressurgiu em função da descoberta dos rolos de Qumran — o próprio Shapira dissera que seus fragmentos do Deuteronômio podiam ter pertencido a alguma seita do mar Morto —, que da mesma forma foram rejeitados por estudiosos competentes mas preconceituosos. Algumas características especiais dos textos de Shapira, que foram utilizadas para refutar sua autenticidade, apareceram agora nos documentos de Qumran, segundo o professor Mansoor. Parece um pouco improvável que um falsário tenha produzido um texto que difere tanto do aceito quanto o Deuteronômio de Shapira: o sexto e o sétimo mandamentos intercambiados; elementos dos velhos segundo, terceiro e nono reunidos num novo sétimo; e a primeira proibição de Levítico 19:17 — "Não odiarás teu irmão em teu coração" — figurando como um novo décimo etc. No entanto Albright afirma que tal versão seria impossível para os piedosos judeus do período no qual esse texto teria sido escrito.

Tal qual a Pedra Moabita em sua época, hoje a descoberta dos manuscritos do mar Morto, com os preços que essas coisas acabaram por alcançar, vem estimulando toda uma série de falsificações. Ofereceram ao dr. Cross, que imediatamente as recusou, umas tiras de prata contendo disparates inscritos em caracteres derivados do grego arcaico. Um grupo de papiros que se consideravam escritos em hebraico tardio, sobre os quais o professor alemão K. G. Kuhn pagou uma opção, também se revelaram falsos. O professor William H. Brownlee, um dos editores originais do *pesher* de Habacuc, escreveu-me o seguinte:

> Na primavera de 1962 eu estava trabalhando em Jerusalém no rolo de Ezequiel, da caverna onze Q. [...] Fui surpreendido por um visitante vindo de Belém que me contou que os beduínos Ta'âmireh [que descobriram o primeiro lote de manuscritos e desde então vivem à caça de outros] andavam escavando novamente e ali estavam algumas coisas que encontraram. Uma delas se identificava de imediato como parte de um moderno rolo de Ester [o único livro bíblico que ainda não apareceu em Qumran]. A outra era uma placa de calcário com formato irregular [...] e umas letras aramaicas (ou hebraicas) rabiscadas. Respondi que uma peça era moderna e que a placa de calcário era falsa, porém a forma de suas letras era mais antiga que os manuscritos do mar Morto.

Esses caracteres revelaram-se cópia de um amontoado de papiros samaritanos despedaçados que os beduínos acharam numa caverna, explica o dr. Cross,

> localizada numa região remota e terrível, catorze quilômetros ao norte da velha Jericó [...] cerca de doze quilômetros a oeste do Jordão nas colinas retorcidas que marcam o limite ocidental da falha que criou o vale do Jordão.

O dr. Brownlee acredita que essa placa forjada foi a maneira tortuosa que os beduínos encontraram para sondar o interesse dos estudiosos em caracteres como esses. Kando de Belém, o intermediário dos beduínos, mostrou um fragmento de papiro com escrita aramaica em ambos os lados ao diretor da American School, que partiu com o padre Roland de Vaux e o diretor do Museu da Palestina para a caverna quase inacessível, pouco menos de cem metros acima do nível do mar; com grande dificuldade — primeiro pensaram que precisariam de helicópteros, depois descobriram que podiam subir montados em asnos — os três chegaram lá e entre montes de estrume de morcego encontraram os restos de uns quarenta documentos que com toda a evidência datavam do século IV a.C. Eram "relativamente banais", diz o professor Cross, que tem trabalhado neles — registros de "comércio de escravos, vendas ou transmissões de bens e documentos de manumissão [...] transações de propriedade, resoluções de contratos quebrados, incluindo divórcio, e acordos de empréstimos" —, porém do ponto de vista histórico e paleográfico não deixam de ter interesse por se referir a um período da Palestina sobre o qual pouco se sabe. Havia ainda moedas e anéis com sinete e uma extraordinária quantidade de esqueletos humanos — homens, mulheres e crianças: mais provas terríveis do massacre dos nativos pelos invasores ocidentais, dessa vez gregos. Esses samaritanos aparentemente fugiram para as colinas, levando consigo seus registros, para escapar de Alexandre, o Grande. Consta que Alexandre destruiu a cidade de Samaria e em seu lugar estabeleceu uma colônia de macedônios. O dr. Cross acredita que o grande dominador insaciável deve ter se apressado em seguir para a Babilônia. Esses refugiados teriam sido os líderes dos que resistiram aos gregos, mas "foram descobertos em seu esconderijo pelos macedônios — em consequência ou de uma busca assídua, ou, mais provavelmente, da traição de seus companheiros que permaneceram na Samaria — e foram todos mortos sem piedade".

O dr. Cross disse que às vezes estremece ao pensar que algum falsário engenhoso e bem equipado possa, como John Collier e o falecido Thomas Wise no campo da literatura inglesa, produzir uma obra-prima nesse campo muito mais lucrativo.

“NA VÉSPERA”
1967

1. *TATTOO*

EIS AÍ UMA PALAVRA QUE OS ISRAELENSES emprestaram do inglês. Significa basicamente um toque de tambor, à noite, para chamar os soldados a se recolherem, mas conforme a definição do *Concise Oxford Dictionary* pode designar um "aprimoramento desse toque, com música e marcha, sob forma de espetáculo".

O *tattoo* que soou na Jerusalém israelense na noite de 14 de maio de 1967 precedeu a parada comemorativa do 19º aniversário da independência de Israel, a qual, começando às sete e meia do dia seguinte, teve lugar no grande e novo estádio da cidade. Assistiram ao desfile 1700 pessoas sentadas no estádio e muitas mais instaladas nas janelas ou nos telhados. Um espetáculo formidável: febril, nervoso, um pouco sinistro. Os alto-falantes nos assaltaram com música judaica, rápida e fanhosa — canções e marchas populares. Uma demonstração militar com elementos de circo: a arena iluminada ou escurecida para enfatizar eventos especiais.

As unidades marcharam uma a uma, representando todos os setores das Forças Armadas. Entretanto as únicas armas permitidas eram relativamente leves, como fuzis utilizados nos treinamentos e canhões antiaéreos. Pelos termos do armistício de 1949 os armamentos pesados estavam banidos de Jerusalém, de modo que não desfilaram tanques, grandes canhões ou aeroplanos. Vendo o espetáculo como um ato de provocação hostil, os jordanianos haviam exigido da Comissão de Armistício que o proibisse; todavia a comissão concluiu que, observadas as normas do armistício, nada lhe cabia fazer. Segundo se diz, por pressão da Inglaterra, que já tem problemas com os árabes, a maioria do corpo diplomático não compareceu às cerimônias, e os israelenses se aborreceram, creio eu, porque praticamente os únicos representantes estrangeiros que assistiram aos festejos eram dos pequenos países sul-americanos e das recém-criadas repúblicas africanas às quais Israel enviava conselheiros para ajudá-las a implantar seus novos regimes. Ben-Gurion desaprovou de tal modo essa deferência pela opinião estrangeira que boicotou toda a comemoração. Pensou-se que ele colocaria os tanques na rua, desafiando os termos do armistício, que, concebido para garantir Jerusalém como cidade internacional, tornara-se letra morta. Os mais importantes árabes de Israel, com suas túnicas negras e seus toucados brancos, ocupavam alguns dos lugares mais prestigiosos, e legionários jordanianos foram vistos com binóculos e periscópios acompanhando a festa do alto da muralha da Cidade Velha.

De qualquer modo era patente o caráter belicoso da ocasião. O espetáculo começou com o *tattoo* propriamente dito — o toque dos tambores. Mas não foi só o nome e a natureza do ritual que os israelenses aprenderam com os militares ingleses. Todo o estilo das tropas em desfile era britânico: o exagerado balanço rítmico dos braços, as longas passadas com as pernas bem estendidas, os pés batendo no chão vigorosamente. Os vários comandantes e oficiais entraram individualmente, precedidos por motocicletas. Foram conduzidos pela arena e escoltados até a tribuna oficial. Esse desfile culminou com a chegada do presidente, com uma guarda de motocicleta em frente e batedores montados em belos cavalos brancos atrás. (Ao sair pelo portão, um desses cavalos escorregou, caiu e quebrou a perna do cavaleiro, sem dúvida para maldosa satisfação dos árabes, que se orgulham de sua perícia em equitação.) Então todo mundo se levantou e cantou o hino nacional — composto por um sionista palestino anos antes da fundação do Estado de Israel. Leu-se um poema de Natan Alterman. Tal poema fora escrito na época da campanha do Sinai, e no ensaio considerou-se que era belicoso demais para a atual ocasião; cortaram-se alguns trechos no gabinete do primeiro-ministro. Depois apagaram-se as luzes, e pares de grandes pontos brilhantes surgiram na escuridão, descendo pelos corredores. Eram soldados com lâmpadas nos ombros — brancas, azuladas e vermelhas — que, lotando pouco a pouco a plataforma, realizaram complicadas evoluções. Todo mundo aplaudiu muito. Iluminados por holofotes, coros cantaram num palanque e num portão.

As luzes se acenderam de novo, e o presidente pronunciou um discurso no qual se absteve cuidadosamente de mostrar qualquer indício de belicosidade, porém lamentou que

> a harmonia na qual desejamos viver com nossos vizinhos demora muito a instaurar-se. Todas as nossas tentativas de cooperação e comunicação com eles, mesmo as mais banais, ainda não deram frutos, e se o ódio por nós já não lhes assegura a unidade também está longe de diminuir.

Falou das dificuldades econômicas que Israel vinha enfrentando — o desemprego, o decréscimo da imigração, os perigos da "recaída espiritual" — e dos promissores indícios de que se podia contrabalançá-las com a diminuição da brecha entre importações e exportações, o aprimoramento da agricultura e a mecanização avançada. Não entendi o discurso de Shazar, mas estava perto o bastante para ver a repercussão de cada declaração enfática e achei-o muito convincente. O hebraico é um idioma particularmente prático; reúne em suas variadas e expressivas formas verbais a maioria dos significados que relegamos aos advérbios. Depois falei sobre isso com um amigo israelense, dizendo que, ao contrário dos russos, que, mesmo quando pronunciam discursos que devem ser vigorosos, parece que nunca abandonam um tom lúgubre de lamentação, um discurso em hebraico sempre é enérgico. (Acho que isso se deve em parte à cadência arrastada das palavras russas em oposição aos termos curtos do hebraico.) Meu amigo respondeu que, se tivesse entendido o discurso de Shazar, não teria ficado com essa impressão. Por que não? "Porque ele faz tudo parecer patético. Se falasse sobre essa mesa, a faria parecer patética." Mas por quê? "Porque ele é russo." Shazar só era vigoroso "foneticamente", afirmou. E de fato, quando li o discurso, percebi que os sentimentos eram mesmo bastante moderados. Para mim isso constitui um exemplo impressionante dos poderes transformadores da linguagem.

As manobras continuavam. Um contingente de homens e mulheres veteranos da Alta Galileia Oriental desfilou com suas camisas brancas e calças ou saias azuis. E leu-se uma passagem adequada de Josefo, na qual o historiador elogia a bravura dos galileus em sua guerra contra os romanos:

> Essas duas Galileias, de tal tamanho e rodeadas por tantas nações de estrangeiros, sempre conseguiram resistir com firmeza em todas as ocasiões de guerra; pois os galileus estão habituados à guerra desde a infância e sempre foram muito numerosos; nem o país jamais se viu desprovido de homens corajosos ou desejou uma hoste muito grande.

Com uma tocha acesa no túmulo de Theodor Herzl ateou-se fogo a dezenove caldeirões contendo gasolina — um para cada ano de independência —, e eles ficaram ardendo o resto da noite. Crianças trouxeram vasos de flores e os colocaram na beira da plataforma, enquanto a banda tocava "Happy days are here again". A cada unidade que passava diante da tribuna disparava-se um tiro de canhão. Ninguém me avisara disso, e inicialmente pensei que os jordanianos podiam estar lançando bombas do outro lado da fronteira, pois quando entrei no estádio a tensão que havia no ar me levou a temer que uma sirene que soou de repente e foi seguida por um repentino silêncio estivesse anunciando um ataque aéreo da Síria. Explicaram-me que isso apenas sinalizara o término do Dia da Lembrança dos homens que morreram por Israel, o qual precedera a comemoração. O espetáculo da noite se encerrou com fogos de artifício, os mais esplêndidos e explosivos que já vi. Os rojões e outros fogos eram lançados de ambos os lados do estádio e passavam tão próximo de nossas cabeças que por pouco as centelhas não nos atingiram. Disseram-me que essa queima custou caríssimo, pois os fogos foram comprados em Paris.

Só no dia seguinte fiquei sabendo que as tropas egípcias deixavam o Cairo ao longo do Nilo.

2. PALESTINOS

O KING DAVID HOTEL, no qual eu estava, ficou repleto de visitantes que reservaram acomodações para a festa do Dia da Independência, e tive de me mudar por uma noite. Hospedou-me a família de um jovem advogado, e para mim foi uma alegria conhecer essa gente moça e ver como ela vivia. Seu apartamento parecia típico dos prédios mais recentes — modesto, confortável, claro e espaçoso. (Contudo não me lembro de ter visto elevador em nenhum deles.) Como tinham de passar o dia fora, o advogado e sua esposa arrumaram uma empregada — o que parecia mais fácil que nos Estados Unidos — que fazia os serviços domésticos e ficava com a filhinha do casal. Marido e mulher eram palestinos de velha cepa, cujas famílias habitaram ali durante sete gerações. Falando sobre o assunto, descobriram que os ancestrais da esposa chegaram à região dois anos antes dos do marido. O bisavô da mulher fundara o primeiro jornal em língua hebraica publicado na Palestina e também a primeira colônia judaica estabelecida fora da Velha Jerusalém. Fiquei mais atento a esses palestinos antigos que em minha visita anterior a Israel. Conheci vários, inclusive uma bela senhora sefardita que me contou que sua família foi da Espanha para a Palestina no século XVI. Quando fala sobre sua linhagem um palestino às vezes acrescenta — ela não — "Mayflower". Esses nativos, pensei, eram a pedra fundamental sobre a qual se erigira o novo Estado. São tão seguros e autóctones quanto qualquer outro povo. Nunca tiveram de se adaptar a outra cultura. Não parecem ter sido influenciados pelos árabes e, embora os ingleses os tivessem decepcionado e não fossem particularmente queridos, na época do mandato aprenderam com eles a língua inglesa e o treinamento militar. Falam idiomas estrangeiros com sotaque hebraico, o qual não se parece com o iídiche. Lembro que Frances Gunther (ex-esposa de John Gunther) — lamentei ao saber que morrera depois de minha visita anterior — acreditava-se descendente de Davi, e quando mencionei isso disseram-me que houve mesmo monarquistas israelenses que também se julgavam descendentes de Davi e afirmavam, como todos os monarquistas, que o regime monárquico poderia resolver mais facilmente os problemas do país.

O advogado e sua esposa, que foram tão gentis a ponto de me hospedar, constituíam exemplos do tipo de gente jovem cujo objetivo básico, afora a vida familiar, é trabalhar pelo novo Estado. A esposa passava o dia atendendo visitantes estrangeiros. Como muitas mulheres, trajava-se com simplicidade, usando um vestido solto, listrado de verde e laranja ou rosa e azul. O advogado me disse que praticamente não bebia; só na ceia do *shabat*, na sexta-feira à noite, tomava seu vinho Carmelo. Jogamos cartas, o que era tido como "decadente". Ele estava preocupado com os sírios, que constantemente colocavam minas nas estradas, de modo que ninguém se arriscava a viajar com a família. Até a estrada para Tel Aviv fora minada, mas na época já haviam retirado as minas. Era aflitivo pensar que cinco Estados árabes podiam estar se unindo contra Israel: "Querem nos jogar no mar!".

Os hóspedes do King David Hotel contrastavam não só com esses palestinos autóctones, mas também com os israelenses em geral, que são um povo ativo e trabalhador, bronzeado pelo sol do Oriente. Já os visitantes são burgueses judeus de todo lugar do mundo, geralmente pálidos, gordos e disformes — inchados, barrigudos, com tornozelos e pescoço grossos —, e, embora sejam abastados, vestem-se muito mal. Às vezes aparece um casal velho e magro, que no fim da vida se deu o trabalho de viajar a Israel para ver o que seus correligionários judeus realizaram. Quase todos vieram para a comemoração, e a maioria partirá no dia seguinte. Avistei apenas um homem de solidéu preto no restaurante. Todos esses visitantes, disseram-

-me, têm um nível econômico que lhes permite arcar com os preços do King David. Os jovens sem dinheiro ficam nos albergues. De qualquer modo era estranho e impressionante ir do saguão do hotel ao escritório da Air France, ali vizinho, e encontrar uma bela jovem israelense, morena como qualquer árabe, de intensos olhos negros, o corpo esguio totalmente escondido nesses vestidos-saco. Ela não usava sua beleza para agradar os outros e baixou os olhos quando a fitei.

3. AS DUAS JERUSALÉM

CHEGUEI A ISRAEL VINDO DA JORDÂNIA, onde fiquei na American School of Oriental Research, como em minha viagem anterior. Sempre achei que ali o ambiente era amistoso e a conversa interessante. Fui ao Oriente Médio a fim de atualizar este livro sobre os manuscritos do mar Morto e descobri que podia aprender muito na American School, cujos residentes são principalmente arqueólogos, historiadores ou estudiosos da Bíblia. Fiquei impressionado com a paixão pela arqueologia que se desenvolveu nas últimas décadas. As escavações de Jericó realizadas por Kathleen Kenyon, do mosteiro de Qumran pelo padre De Vaux e de Massada pelo professor Yadin são os feitos palestinos mais noticiados, porém a Jordânia tem estado repleta de escavadores estrangeiros (parece que os árabes não se interessam muito por seu passado); os israelenses também andam ocupados, e com isso o mundo da Bíblia — seus palácios, templos e túmulos e todos os tecidos, alimentos, utensílios e adornos de sua vida cotidiana — é trazido até nós nesses termos dos objetos concretos que foram desenterrados em locais antigos e que desvinculam o passado distante da linguagem da Bíblia do rei Jaime e da atmosfera de lenda que ela inevitavelmente cria. Entre os arqueólogos da escola havia um dominicano, um jesuíta e uma freira — todos com trinta e poucos anos, eu diria. Passavam a maior parte do tempo "nos sítios" e só voltavam nos fins de semana ou quando adoeciam em função do trabalho e do mau tempo. Eram uma companhia agradabilíssima. Quando estive na escola, treze anos atrás, ninguém me ofereceu um drinque — a não ser o diretor, em sua casa. Agora, no entanto, esses jovens estudiosos me convidavam para ir a sua sala comum, onde os encontrava reunindo forças com a ajuda de algumas doses de uísque para encarar o jantar horrível — arroz com carneiro e um pão árabe borrachento. A irmã Marie usava roupas comuns e tinha lindos cabelos castanhos. Ela e o jesuíta me disseram que hoje em dia nos Estados Unidos a tosquia das freiras era "um mito".

Mas diz-se que a American School é um reduto de europeus. Os estrangeiros se isolam e reclamam que nas festas encontram sempre as mesmas pessoas. Conheci apenas dois árabes cultos. Minha melhor impressão de um nativo ignorante — 90% dos árabes são analfabetos — foi a que me deu o vigia noturno da escola, a quem chamavam de "o Hajj", porque fizera a peregrinação a Meca. Ele usava turbante, uma túnica branca e barba e tinha a forma de um imenso tonel com a consistência de uma almofada. Ficava no pequeno terraço ao fim da escada que conduzia à porta, ou dormindo, todo enrolado, ou então rezando. Não falava uma palavra de inglês, mas invariavelmente apertava a mão e abençoava a gente com um ar de extrema benevolência. Às vezes abraçava e beijava os residentes permanentes da escola. Cabe lembrar que, apesar da ferocidade atribuída aos árabes, o maometismo inculca, seu ritual à parte, virtudes delicadas como as cristãs.

Os muçulmanos lá de fora nem sempre eram tão atraentes. Desde minha visita anterior toda uma pequena rue de la Paix árabe — nas vitrines das lojas de roupas femininas, manequins meio europeizados, com minissaia e amendoados olhos árabes — cresceu e se transformou numa das ruas principais do exterior da velha muralha, onde estão a American School e a sede do governo, e ali nos abordam engraxates, negociantes de antiguidades, proxenetas e gente que quer nos levar a Petra, primeiro por um preço exorbitante, depois pela metade ou um quarto da quantia inicial, que continua sendo algo excessivo. Os incautos são sujeitos a falcatruas colossais. Uma moça americana que morou algum tempo no Oriente Médio me preveniu: "Lá não existe nem certo nem errado. Eles pegam tudo que podem". Contaram-me que até os correios trapaceiam ao vender selos e que a velha tradição oriental de não fazer nada sem propina dificultou o recebimento de uns livros que a American School encomendara para sua biblioteca. Isso não quer dizer que não encontrei — nas livrarias, por exemplo — homens muito sérios e dignos, mas andar pelas ruas era irritante. Naturalmente esse tipo de coisa acontece em toda cidade que vive de turismo, porém a Jerusalém jordaniana é pior que qualquer lugar da Itália, pelo que me lembro. Se a gente diz não, eles não aceitam e vêm atrás por algum tempo. Aconselharam-me a virar a cabeça e produzir um estalido com a língua, e descobri que isso funcionava. As pessoas caminham pelas ruas sem nenhum método para dividir os espaços. O controle do trânsito tampouco tem método, e os carros, apesar de poucos, conduzidos por motoristas descuidados, vivem batendo e buzinando sem parar — o que torna perigoso atravessar uma rua.

Quando estive lá anteriormente vi a maioria dos pontos turísticos e só uma vez estive na Cidade Velha. Minhas reações sem dúvida foram influenciadas por minhas doenças e minha idade avançada — agora tenho dificuldade em subir e descer escadas, e há um bom número delas para se entrar na cidade pela velha Porta de Damasco —, mas não gosto muito da Velha Jerusalém. Quando a vi pela primeira vez, anos atrás, incitou-me a imaginação; hoje só me cansa e me aborrece. Ao entrar pela Porta de Damasco o visitante se encontra em túneis estreitos e malcheirosos — mercados em arcadas chamados *suqs*, cheios de todo tipo de barraca e de loja que vendem carne, tortas, doces, roupas, joias, cartões-postais e toda espécie de adornos de metal —, um bazar que os amadores da Velha Jerusalém fingem achar fascinante e que para mim é repulsivo. O que o torna um pouco mais interessante, porém não muito mais tolerável, é saber que durante 2 mil anos esse foi o principal mercado de Jerusalém. Fiquei contente por me ver ao ar livre, embora os velhos monumentos, com exceção da mesquita de Omar, não sejam extraordinariamente belos. O Muro das Lamentações, ao qual os judeus dão tanta importância por ser o último remanescente do Segundo Templo, nada tem de impressionante. A igreja do Santo Sepulcro é "uma bagunça", como todo mundo diz, e como sempre estava cercada de andaimes para se evitar que desmorone. Na entrada nos defrontamos com o que seguramente são dois dos piores murais sacros do mundo e com as mulheres que se inclinam para beijar a tampa da pedra na qual teria repousado o corpo de Jesus. Para sair um pouco do sol invadi a penumbra interior, que é mais nevoenta do que escura, e, evitando o sepulcro sufocante, entrei numa sala provida de bancos e li "Dick Tracy" no *Herald Tribune* de Paris. Toda a atmosfera é desagradável. Nenhuma pessoa bem informada acredita na autenticidade desses "lugares sagrados", e os sacerdotes dos vários ritos vivem brigando entre si. Este ano, na cerimônia do Fogo Sagrado — na qual morreu gente esmagada e numerosas mulheres perderam a consciência, tendo de ser carregadas para fora — tais sacerdotes, segundo me contaram, deixaram os espectadores constrangidos no pátio em frente à entrada porque atiraram pedras uns nos outros.

Um dia fui a Pella com um grupo de arqueólogos. Diz-se que em seus primórdios os cristãos iam a Pella para se afastar dos romanos, e com o passar do tempo estabeleceu-se ali uma considerável colônia cristã. Erguia-se no lugar uma catedral bizantina, cujas fundações de pedra estão sendo avidamente escavadas. Quando partimos o diretor da American School disse para nosso cônsul, com o qual eu viajava, que a estrada "não é muito boa". Depois que percorremos um pequeno trecho o cônsul falou: "Entendo o que ele quis dizer com 'a estrada não é muito boa'". Era a pior estrada que já vi — cheia de buracos enormes e fendas pelas quais passávamos sacolejando e tão estreita que deparar com um caminhão ou um ônibus sempre constituía um problema. O campo era típico, creio eu: beduínos em tendas pretas; casas com um ou dois cubículos que mais pareciam gaiolas — um padrão de vida primitivo e miserável. Embora cultive a terra sempre que possível, essa gente se ocupa mais de seus carneiros e cabras. Os fardos são carregados pelos jumentos ou pelas mulheres, que os levam balançando na cabeça. Poucas mulheres usam longos véus negros que as cobrem da cabeça aos pés. (São ainda mais raras nas cidades.) Nem os animais nem as pessoas ligam muito para os carros. O máximo que homens, mulheres e crianças fazem é sair lentamente do caminho quando o carro já está bem perto deles. Os jumentos ficam empacados no meio da estrada, a não ser que alguém os puxe. Quando se avista o que, em comparação com o resto, parece uma comunidade integrada e bem construída, descobre-se que se trata de uma aldeia de refugiados subsidiada pelas Nações Unidas. Tais aldeias possuem clínicas e escolas, inexistentes no restante do interior. As colinas ao fundo são grandes dobras áridas. Uns poucos camelos percorrem os campos pedregosos. O Jordão corre estreito e lamacento.

Para ir da American School, na Jerusalém jordaniana, ao King David Hotel, no outro lado, são apenas quinze minutos de carro. Na fronteira, no lado jordaniano, vê-se, ainda em ruínas, a velha Casa Mandelbaum, bombardeada na primeira guerra árabe. Depois que se cruza a fronteira, o contraste no clima e no ritmo é abrupto. A Jordânia é atrasada e estática, enquanto Israel é dinâmico e resoluto. Isso gera um trânsito igualmente perigoso: há mais carros e os motoristas também são descuidados. Contudo estão sujeitos a algum controle, e quando estive em Jerusalém realizou-se em Tel Aviv uma conferência cujo objetivo era eliminar os acidentes. Os motoristas de ônibus que bateram menos recebem medalhas. Entretanto esse setor da Jerusalém anterior à guerra vem se transformando numa cidade sólida. Fiquei impressionado com o bom gosto dos novos prédios de escritórios e de apartamentos, bem como do museu e da universidade; e disseram-me que uma comissão de planejamento dirige a expansão da cidade. É ilegal construir casas com qualquer outro material que não a pedra local, clara e áspera. Por motivos de economia infelizmente já não podem erguer os vistosos telhados vermelhos que quebravam a monotonia. Na King David Street havia um terreno baldio cheio de detritos e parcialmente árido; agora estava limpo e plantado.

Embora a nova Jerusalém seja estimulante em muitos aspectos, às vezes sente-se ali um vazio, uma desolação — os judeus provenientes de outros países, aos quais se integraram parcialmente, devem ter se achado meio num vácuo. E sempre há um elemento de incerteza, de dependência de ajuda externa. Atualmente os israelenses passam por uma fase difícil. As indenizações dos alemães terminaram, e com isso Israel deixou de receber 70 milhões de dólares por ano; e ainda por cima parece que se tornou mais difícil conseguir empréstimos dos americanos. Calcula-se que o desemprego seja da ordem de 10% e uma tentativa de congelar salários já resultou em greves. A emigração aumenta e a imigração decresce. A presença de judeus orientais e norte-africanos também tem criado problemas. O nível de instrução e o padrão de vida dessas pessoas são muito baixos. São os ocidentalizadores que mandam no país, e os recém-chegados na realidade ainda não se misturam com eles. Mostraram-me novos prédios de apartamentos na borda da terra de ninguém que separa as duas Jerusalém e disseram-me que se destinavam a "moradores de cortiços". Minha camareira, uma mulher bonita e muito trabalhadeira, de aparência africana, era marroquina de língua francesa, mas contou-me que agora falava hebraico melhor que francês. Ela esteve na França — pelo que entendi a serviço do governo ou com uma bolsa oficial. Achei que essa mulher devia representar a nata dos imigrantes norte-africanos.

À noite, olhando pela janela de meu hotel, no prolongamento da King David Street, vejo a longa estrada iluminada e as outras artérias das margens da cidade estendendo-se em direção às colinas tranquilas. Não há nada ofuscante como as luzes que brilham na noite de uma grande cidade moderna; um movimento rápido e um zumbido de automóveis, mas sem o barulho irritante das buzinas frequentes. Essa ruas foram planejadas para unir-se facilmente às estradas do lado jordaniano. (Na época não consegui prever quando isso seria conveniente.)

Li no jornal que catorze pessoas — entre as quais vários turistas e policiais — foram mortos por um carro-bomba que alguns sírios levaram para a Jordânia. Isso evidentemente foi obra da esquerda síria: o país, onde são frequentes as mudanças de governo, agora é socialista e consequentemente antimonarquista e inimigo do rei Hussein, ao qual acusa de ser "brando" demais com os israelenses. (Os governos sírio e jordaniano romperam relações na última crise e só as retomaram sob pressão de Nasser para manter a unidade árabe.)

Uma história que circula no Oriente Médio e até chegou a uma coluna do *Globe* de Boston — a meu ver uma fábula árabe atualizada — fala de um escorpião que chega a um rio e pede a um sapo que o leve para o outro lado. "Mas você vai me aferroar", argumenta o sapo. "Oh, não, não vou fazer isso", diz o escorpião. "Só quero atravessar o rio." Então o sapo resolve levá-lo, mas no meio do caminho o escorpião o aferroa. "Oh, por que você fez isso, se tinha prometido? Agora eu vou morrer e você vai se afogar!" "Assim é o Oriente Médio!", conclui o escorpião.

4. O NOVO MUSEU NACIONAL DE ISRAEL

ACHO QUE O MUSEU DE ISRAEL, construído depois de minha última estadia em Jerusalém, é um dos mais bem concebidos que já vi. É relativamente baixo e parece esparramado, pois os vários departamentos foram adaptados à configuração da encosta na qual se encontra, de modo que o visitante precisa subir e descer alguns degraus para passar de um a outro. Há tanto espaço nas salas que a apresentação do material exposto nunca é confusa ou apinhada: menorás de ouro, prata e cobre, estojos de pergaminho e caixas de especiarias e outros objetos ricos e curiosos provenientes de sinagogas abastadas; imagens populares que ilustram a Bíblia, entre as quais uma série deliciosa sobre a dona de casa ideal descrita nos Provérbios; quadros modernos que incluem um daqueles Francis Bacons horríveis, mais disforme que qualquer pintura popular, e estão longe de aludir a uma sociedade bem organizada e devota; inscrições latinas e faunos pseudogregos da época da ocupação romana; o piso de mosaico de uma sinagoga e uma sinagoga inteira, transportada de Veneza e reconstruída — tudo isso ao lado de ossos e pedras e tecidos antigos que nos levam à era de Salomão e até a de Abraão. Atrás do museu há um parque com esculturas expostas a boas distâncias umas das outras — muitas legadas por Billy Rose, o produtor teatral americano —; a mostra vai de Rodin e Maillol, passando por uma coleção de bustos de Epstein — que também os legou a Israel —, até engenhocas mecânicas e objetos bizarros dos quais se podem ver exemplares nas coleções "vanguardistas" dos museus nova-iorquinos. Jerusalém é muito austera — não só por necessidade, creio eu, mas também por acatar a tradicional determinação de Moisés de não se fazer "imagens gravadas", o que, apesar do esplendor dos objetos sagrados provenientes dessas sinagogas mais ricas, estende-se às amenidades visuais em geral. Só hoje é que um judeu se permitiu deleitar-se com realizações artísticas como as magníficas janelas criadas por Marc Chagall para adornar o Hospital Hadassah. (Contudo diz-se que Chagall ficou descontente com a lúgubre capelinha inadequada a sua obra.)

Uma construção mais imaginativa é o museu especial, projetado por dois arquitetos não israelenses, F. J. Kiesler e A. P. Bartos, para abrigar os sete manuscritos do mar Morto encontrados na primeira caverna e adquiridos pelo governo de Israel. Esse prédio, chamado Santuário do Livro, foi concebido para enfatizar seu conteúdo de várias formas simbólicas. Na entrada há um anteparo de basalto negro cujo propósito parece meramente decorativo. Explica-se que o negro puro está ali para contrabalançar o branco puro da cúpula do santuário, assim representando o contraste entre as forças das trevas e as forças da luz que desempenham um papel tão importante na literatura dos manuscritos. Para dar ao visitante a impressão de que vai entrar numa caverna, o acesso ao santuário é um caminho estreito, margeado por muros de pedra bruta inclinados na direção do caminho. Este conduz a um túnel cavernoso de forma simetricamente irregular, ao longo de cujas paredes se dispõem fileiras de mostradores de vidro, iluminados, cada qual contendo num canto uma caixa de cristais para proteger da umidade o material exposto. Esse material vem a ser o conteúdo das cavernas que equipes chefiadas por Yadin e outros estudiosos da Universidade Hebraica exploraram a partir da precária saliência de um rochedo entre Massada e Engadi. Ali se escondera Bar-Kochba, o líder da última revolta judaica contra os romanos, em 132-35 d.C. Há os pertences das mulheres que acompanharam os seguidores de Bar-Kochba: caixas de joias, espelhos de cobre, pentes, objetos relacionados com cosméticos; as sandálias das mulheres e das crianças, que não diferem muito das sandálias atuais; um prato e uma grande tigela de vidro, facas, panelas e uma cesta com grãos de sal; restos de xales tingidos e tecidos; tigelas e jarros de bronze decorados para uso ritual, a maioria dos quais, feitos evidentemente no sul da Itália, assemelham-se aos que foram encontrados em Pompeia (devem ter sido pilhados do Exército romano); ossos humanos e vários crânios, um deles ainda com um pouco de cabelo. O mais extraordinário, talvez — embora duas dessas cartas já tivessem aparecido numa das cavernas do outro lado da fronteira entre a Jordânia e Israel —, é a descoberta de quinze papiros com cartas em hebraico, aramaico e grego compostas, se não escritas, pelo próprio Bar-Kochba e contendo ordens sobre suprimentos e mobilização. Há também um maço de 35 documentos cuidadosamente rotulados, dobrados e amarrados; referem-se aos negócios de uma matrona casada duas vezes e com toda a evidência rica, que possuía propriedade nas vizinhanças: são contratos de casamento, escrituras, papéis relativos a processos legais. Nos arredores descobriu-se uma escritura de propriedade em aramaico lavrada "no primeiro dia de Iyar no primeiro ano da redenção de Israel por Shim'on Bar-Kosiba, príncipe de Israel". (Acredita-se que Bar-Kosiba era o verdadeiro nome do líder, sendo Bar-Kochba, Filho da Estrela, um apelido honorífico.) O documento incluía "direitos sobre a água na forma própria e adequada", ou seja, o direito de canalizar os cursos das fontes existentes nas encostas de modo que irrigassem os jardins. Os israelenses gostam de dizer que só depois de quase mil anos Engadi voltou a ser irrigada. Após 52 batalhas Bar-Kochba foi derrotado e morto pelos romanos, mas ao término de séculos os judeus de nosso tempo recuperaram sua terra.

Esse túnel conduz o visitante a uma espécie de rotunda, onde estão expostos os manuscritos, protegidos por placas de vidro. Ali vemos o manuscrito dos Hinos de Ação de Graças, que é marrom bem escuro, quase preto em alguns pontos; o Manual de Disciplina da seita, claríssimo em sua bela caligrafia; um fragmento do Levítico, procedente de Massada, que de tão enegrecido parece ilegível, porém se torna perfeitamente nítido quando fotografado com raios infravermelhos; o intrigante Comentário de Habacuc, sem a base de suas colunas, e o rolo da Guerra, também deteriorado; o apócrifo do Gênesis, com algumas partes reduzidas a farrapos rendados. No meio da sala redonda, que tem a forma de uma grande tigela emborcada, há uma plataforma redonda à qual se sobe por uma escada, e no centro desta há um grande buraco redondo, do qual se ergue uma espécie de pedestal. Esse pedestal é rodeado por um círculo de vidro concebido para conter o rolo de Isaías aberto em todo o seu comprimento, de modo que se pode lê-lo contornando o pedestal. Sobre o círculo de vidro vê-se o que parece um enorme carimbo antigo, cujo cabo de metal sugere um símbolo fálico, embora se diga que o objeto ali está para harmonizar-se com a forma dos jarros em que os rolos foram escondidos. Acima, como um pescoço mais estreito desses jarros, há uma abertura para o céu. A princípio pensou-se em transformar o cabo do carimbo num repuxo, cuja água sairia pela abertura do teto e escorreria pela cúpula, caindo numa vala, mas depois se abandonou a ideia, pois a umidade poderia danificar o material exposto. Assim, esse símbolo fálico ficou meio sem sentido, a menos que o interpretemos como a representação de uma vigorosa vontade de persistir.

O efeito desse santuário é um pouco bizarro, porém impressionante.

5. CONVERSAS COM YADIN E FLUSSER

VÁRIAS VEZES conversei com o professor Yigael Yadin sobre os manuscritos do mar Morto. Yadin é filho do falecido E. L. Sukenik, que chefiara o Departamento de Arqueologia da Universidade Hebraica e, em meio à confusão da guerra árabe de 1947, fora o primeiro a reconhecer a antiguidade dos manuscritos, tendo comprado de um negociante de Belém alguns da primeira leva. Também arqueólogo, Yadin (ele assumiu um nome hebraico) desempenhou um papel importantíssimo na primeira guerra árabe, quando se tornou, aos trinta anos, chefe de operações das Forças Defensivas de Israel e depois chefe do estado-maior. Possui extraordinária inteligência, autoridade baseada em sólida cultura e um poder de persuasão quase hipnótico. É fácil compreender por que se tornou o líder da equipe de trezentos voluntários que conseguiram escavar a fortaleza de Massada, como relatei anteriormente. Em Yadin o estudioso e o homem de ação se conjugam de um modo muito incomum.

Falamos da possível relação entre os manuscritos da seita do mar Morto e o cristianismo primitivo. Ele achava que as declarações de João Batista e Paulo evidenciam a influência da seita e afirmou que a importância de Damasco tanto para a seita — que, segundo um de seus documentos, esteve durante algum tempo nessa cidade — como para Paulo — que se converteu repentinamente quando ia perseguir os cristãos — era um tema que se podia investigar. Acredita-se que depois esses sectários voltaram para seu mosteiro no mar Morto; mas será que alguns não ficaram em Damasco e transmitiram suas doutrinas a Paulo? Yadin falou que não encontrou nada nas palavras atribuídas a Jesus que se pudesse creditar à doutrina dos essênios. Desconfiava que a presença dos romanos na Palestina subjugada de Jesus era mais importante nos Evangelhos do que em geral se explicita. Certamente as pessoas procuravam Jesus e lhe perguntavam: "Rabino, que atitude devemos tomar em relação aos romanos?". E Jesus respondia que por enquanto deviam submeter-se — "dai a César" etc. —, porém no momento oportuno lutariam e venceriam. Yadin lembrou as passagens do Evangelho em que Jesus demonstra um espírito veladamente combativo — "Não vim trazer a paz, mas a espada" (Mateus 10:34) e "Quem não tem espada venda o seu manto e compre uma" (Lucas 22:36); contudo, quando lhe apresentam duas espadas, declara que são suficientes. E há Simão, o zelote, que é escolhido como discípulo de Jesus (Lucas 6:15). Os zelotes eram o grupo que resistiu ferozmente e fez de Massada seu último reduto. E depois, quando os inimigos de Jesus aparecem com espadas e paus para prendê-lo, um dos discípulos desrespeita a tal ponto a ordem do Mestre para oferecer a outra face que chega a cortar a orelha do servo do sumo sacerdote. Concordei com Yadin: os preceitos de não-resistência de Jesus às vezes não condizem com sua ordem de enfrentar os inimigos nem com os gestos retaliativos de seus discípulos. Yadin pensava que a ênfase no perdão e na submissão à autoridade pode ter sido acrescentada aos ensinamentos de Jesus depois de sua morte e numa fase tardia; entretanto não tenho a menor dificuldade em imaginar que, embora achasse melhor pregar a resignação, após o triunfo dos romanos, Jesus podia às vezes dar vazão a seu espírito belicoso. De qualquer modo, ao relatar o corte da orelha, os quatro evangelistas têm formas curiosamente distintas de conciliar esse ato de violência com a suposta mansidão de Jesus. Em Mateus (26:52-53) Jesus diz: "Põe a tua espada no seu lugar, porque todos os que tomarem espada, morrerão à espada" — quer dizer, prega a não-resistência —; contudo afirma que pode chamar uma proteção sobre-humana: "Julgas porventura que eu não posso rogar a meu Pai, e que ele me não porá aqui logo mais de doze legiões de anjos?". Em Marcos (14:48) simplesmente fala a seus perseguidores, como também ocorre em Mateus e Lucas: "Como se eu fosse um ladrão, viestes com espadas e paus a prender-me?" — lembrando-lhes, como em Mateus, que o ouviram sem hostilidade no templo. Em Lucas (22:51) — uso aqui a tradução de Ronald Knox, um pouco mais clara que a Versão do rei Jaime — seus seguidores lhe perguntam: "Senhor, se os feríssemos à espada?"; e ele responde: "Deixai, basta. E, tendo-lhe [ao servo] tocado a orelha, o sarou". Em João (18:10-11) — aqui é Simão Pedro quem corta a orelha do servo e este se chama Malco — Jesus diz para Pedro: "Põe a tua espada na bainha. Não hei de beber o cálice que o Pai me deu?".

Ao sair, perguntei a Yadin o que achava da crise crescente. Contei-lhe que as várias pessoas com quem falei pareciam não levá-la muito a sério e que fiquei pensando se a história toda não passava de uma comédia. "Uma estranha comédia", disse Yadin, "com as tropas deles concentradas ao longo da fronteira e as nossas concentradas do outro lado, e setecentos tanques de cada lado! Se bloquearem nossos navios, haverá guerra."

No dia seguinte fui visitar David Flusser — meu amigo, o incomparável Flusser. A não ser na erudição, ele é em tudo o oposto de seu colega Yadin. Casou-se depois da última vez que o vi e agora é catedrático na Universidade Hebraica — contou-me os dois fatos no latim medieval que, como me dissera numa visita anterior, era a língua que melhor falava em Israel. Apesar de ser professor universitário, nada tem de acadêmico. É um erudito que ama a cultura pelo que ela é, e não como meio de assegurar qualquer tipo de promoção. Tem como principal interesse a religião comparada, mas suas leituras abrangem um leque imenso, e sua cabeça está tão repleta de ideias que o obriga a se comunicar, e uma ideia interessante sugere outra, de tal modo que conversar com Flusser é fascinante. Certa vez um de seus colegas me disse: "O que acontece com Flusser é que ele flui". E seu fluxo pode se transformar numa torrente. Ele parece ter simultaneamente a sua frente, em sua cabeça, os textos abertos para consulta imediata: o Velho e o Novo Testamentos, os Apócrifos e os Pseudepígrafos (ou seja, os escritos intertestamentais), o Talmude e outros livros rabínicos e os padres da Igreja, bem como os estudos bíblicos modernos e a filosofia e a literatura da Europa clássica e moderna. Embora nem sempre eu consiga acompanhar seu pensamento e muitas vezes fique perplexo com suas importantes citações — que ele faz de memória ou lê no idioma original, achando que posso entendê-las — acho fascinante conversar com Flusser sobre os manuscritos e assuntos afins, porque sua memória precisa, seu amplo conhecimento e seus poderes de intuição o levaram a estabelecer relações e tirar conclusões que não ocorreram a ninguém. Dois tópicos que surgiram em nossas conversas dão uma ideia disso. A figura central na literatura da seita do mar Morto é o líder designado como המודה העדק, o que se traduz como Mestre da Retidão, Mestre Justo, Mestre Legítimo e *Maître de Justice*. Um estudioso protestante que conheci na Escola Arqueológica Hebraica, em Israel — um dos céticos profissionais em relação às teorias sobre os manuscritos —, disse-me, todo satisfeito, que havia encontrado essa expressão na Michna, numa referência que não podia ter nenhuma ligação com os essênios, e que ia escrever sobre o assunto. Contei isso a Flusser, e ele me falou que a expressão ocorre com frequência no Talmude e fora aplicada a Maimônides. Eis um bom exemplo da desvantagem de um estudioso cristão que desconhece a literatura rabínica. Em outra ocasião Flusser me mostrou um texto, em eslavônio antigo, do Livro dos Segredos de Henoc — texto que R. H. Charles desconhecia quando publicou uma tradução desse livro feita a partir de outros escritos. Uma das versões eslavônias dessa obra conta o nascimento miraculoso do sacerdote-rei Melquisedec, o qual tem muito em comum com o nascimento miraculoso de Jesus narrado no Evangelho. Sofonim, a mãe de Melquisedec, era estéril e velha. Ao descobrir sua gravidez, escondeu-se; e Nir, seu marido, só soube de sua situação quando a chamou no dia em que ela estava prestes a dar à luz. Sofonim disse que não imaginava como isso havia acontecido; não tinha relações com Nir desde que Matusalém o ungira sacerdote, e o marido fez uma cena terrível. Nir era irmão de Noé e neto de

Matusalém. Ele ordenou à mulher que fosse embora para não ser obrigado a bater-lhe e, assim, pecar aos olhos do Senhor. Diante disso, Sofonim caiu morta a seus pés. Nir ficou cheio de remorso e achou que Deus fora misericordioso só porque o impedira de bater na esposa. Secretamente preparou com Noé uma sepultura, mas nesse meio-tempo uma criança nasceu do corpo de Sofonim. Um menino inteiramente desenvolvido e que já falava; quando os irmãos voltaram para casa encontraram-no sentado na cama e louvando o Senhor. Fora gerado por Deus e destinado a ser o sumo sacerdote Melquisedec. Já se estabeleceu uma tradição, conforme lemos na Epístola aos Hebreus, de que Melquisedec surgiu "sem pai nem mãe, sem genealogia, sem princípio de dias, sem fim de vida, tornado assim semelhante ao Filho de Deus, permanece sacerdote para sempre". Entretanto, como seu irmão Noé, Nir sabia que Deus planejava um expurgo completo da humanidade e pediu a Ele que lhe mostrasse o que seria feito do menino maravilhoso. Deus respondeu-lhe num sonho que esse problema se resolveria. Então o arcanjo Miguel apareceu para Nir, também num sonho, e falou: "Devolve-me a criança que deixei contigo". Desconhecendo o visitante e sabendo que as pessoas se tornaram muito más, Nir ficou amedrontado e perguntou se pretendiam matar a criança divina. O anjo identificou-se e explicou que viera para levar o menino ao Jardim do Éden. Agora Nir sentia alegria e tristeza por ter tido essa criança como filho. Assim Melquisedec — seu nome significa Rei de Jerusalém — foi poupado do Dilúvio para no fim emergir como sumo sacerdote.

O Livro dos Segredos de Henoc existe apenas em manuscritos eslavônios, mas supõe-se que estes sejam tradução de um original grego elaborado no Egito, um desdobramento do Livro de Henoc hebraico, sem o qual, diz Charles, "não se poderia ter escrito a história do desenvolvimento da teologia superior nos dois séculos que antecederam a era cristã". Nessa obra a expressão "Filho do Homem", aplicada a um Messias esperado, "aparece pela primeira vez na literatura judaica e é, historicamente, a fonte da designação do Novo Testamento e contribui com alguns de seus conteúdos mais característicos". No Livro de Henoc o Filho do Homem é aquele "em quem reside a retidão" e "que revela todos os tesouros do que está escondido, porque o Senhor dos Espíritos o escolheu" e que "soltará as rédeas dos fortes e quebrará os dentes dos pecadores" etc. Aqueles que "negam o Senhor dos Espíritos [...] perseguem as casas de Seus fiéis". Charles situa o Livro dos Segredos — não o Livro de Henoc, aqui citado, que deve ter sido escrito muito antes — na primeira metade da era cristã e, embora desconhecesse a versão descrita anteriormente, notou semelhanças com os Evangelhos. O editor francês M. A. Vaillant, do Collège de France, acredita que se trata de um documento cristão primitivo. Há outra história apócrifa um pouco parecida no Livro de Adão e Eva etíope: quando se tirou da Arca o corpo intacto de Adão para enterrá-lo, Melquisedec, que estava então com quinze anos, foi arrancado de seu pai pelo anjo, ungido sacerdote e encarregado de guardar o túmulo. Vaillant não diz, mas isso me parece bem possível, que a história de Melquisedec nos Segredos de Henoc eslavônios é um típico conto de fadas russo inventado por um monge criativo. Diferencia-se muito da narrativa anterior, que fala da viagem de Henoc pelo outro mundo. Acho que em sua ênfase psicológica e em certos detalhes realistas é bastante fácil reconhecer como russos o remorso do pai de Melquisedec e seu modo de consolar-se, seu medo da crueldade das pessoas e seu misto de alegria e tristeza ao saber que o menino escapará de um destino medonho só para ser levado embora. Um copista dessa versão omitiu toda a história de Melquisedec por julgar, segundo acredita Vaillant, que se assemelhava muito ao nascimento de Cristo. Os fatos dos dois Testamentos que ficaram vagos ou não foram desenvolvidos deram todo tipo de ensejo às invenções dos contribuidores do Talmude e dos autores dos apócrifos judaicos e cristãos.

Estendi-me sobre o assunto porque é não só interessante, mas também típico das portas inesperadas que Flusser pode abrir.

Flusser possui uma ironia jocosa e uma empolgação intelectual e gosta de pregar peças com a cara mais impassível.

Engordou desde que o vi pela última vez e está com uma aparência ainda mais extraordinária, com seus cabelos ruivos, seus olhinhos argutos, ora verdes, ora azuis, suas orelhas grandes e pontudas, que não têm lóbulos e saem diretamente da cabeça. Não me surpreendi ao saber que num congresso de estudiosos realizado na Índia ele foi o único dos delegados cujos pés os nativos beijaram e que, com seu aspecto de gênio, foi visto como um ser semissobrenatural.

Em nossas conversas sobre religião às vezes acabávamos falando de fatos do momento, sobre os quais Flusser estava muito bem informado. Antes de eclodir a crise e de os árabes começarem a fazer pronunciamentos públicos, explicou-me que eles ainda pensavam em termos de guerra santa, como na época em que massacravam os cristãos: consideravam um ponto para o Islã cada homem ou mulher que explodissem com dinamite. Os judeus haviam abandonado a ideia de guerra santa já nos tempos talmúdicos. Ademais, os muçulmanos ainda eram feudais. Os países tinham entre si desavenças muito primitivas, e os grupos brigavam em sua própria terra. Mencionei as retaliações dos israelenses. Conversei com um motorista da American School que passara alguns anos no Exército jordaniano e falou com azedume sobre o ataque israelense contra a Jordânia, no ano passado, quando bombardearam quarenta casas, depois de expulsar as famílias. "Recorrem à represália porque chegaram à conclusão de que é a única linguagem que os árabes entendem", disse Flusser. "E não conseguimos! Não acreditamos nisso realmente!"

Fui visitá-lo em 23 de maio, na véspera de minha partida. Ele me recebeu anunciando: "Esta é a Guerra dos Filhos das Trevas Contra os Filhos da Luz!" — o título que foi dado a um dos manuscritos, que prediz uma espécie de Armagedon.* "Uma nuvem sobre Eilat! Você se lembra da nuvem que Moisés

* *Armagedon* (monte de Megido ou Magedo): simboliza massacre e derrota e pressagia o extermínio das forças contrárias a Deus. Mencionado em Apocalipse 16:16. (N. T.)

viu sobre Eilat." No momento os egípcios estavam ameaçando Eilat em seu esforço para bloquear o movimento dos navios israelenses que iam ou vinham do golfo de Ácaba. Em seu êxodo do Egito Moisés teria passado por Eilat, porém não encontrei referência à nuvem. Com uma esposa e dois filhos pequenos, disse Flusser, era muito desagradável ter essa sombra no horizonte.

> E se tudo isto aqui for varrido do mapa? Os profetas sempre acertam! Dizem ou que os desastres ocorreram porque os judeus foram tão pecadores, ou que os judeus são tão pecadores que os desastres vão ocorrer. E os judeus sempre são pecadores, de modo que o profeta sempre tem razão!

A quem devemos pedir que intervenha? A Joana d'Arc? Não, ela poderia lutar por Nasser. A Tomás de Aquino, talvez. Contei-lhe o que Yadin falara sobre a atitude de Jesus em relação aos romanos. Yadin foi soldado, disse Flusser, e naturalmente pensava em termos de armas. A mensagem do ensinamento de Jesus era totalmente diferente. Então me fez a mais eloquente dissertação sobre Jesus que me lembro de ter ouvido. (Anunciou que estava para escrever um livro em alemão sobre o assunto.) O Mestre da Retidão e Jesus tinham ideais e objetivos inteiramente distintos. O primeiro queria criar em sua isolada comunidade do mar Morto uma pequena utopia da elite. Os membros da comunidade deviam ser tolerantes entre si e ver todos os outros como inimigos; condenavam tanto os romanos como Jerusalém. Entretanto Jesus estava no mundo e instruiu seus discípulos para que não resistissem à autoridade: isso só tornaria piores as autoridades civis, que logo os colocariam na prisão. "O Reino de Deus está dentro de vós." Contudo Jesus foi crucificado, enquanto o Mestre da Retidão — segundo Flusser acreditava agora, baseado nos fragmentos do mar Morto — não foi executado ou assassinado por seus inimigos, conforme se pensara. No fundo da casa a senhora Flusser ouvia as notícias pelo rádio, e o marido saiu da sala para saber o que estava acontecendo. "Eshkol apelou para De Gaulle", informou ao voltar. "Ora, se Jesus estivesse aqui e ouvisse isso, diria, referindo-se a Eshkol: 'Pobre homem!'" — porque Eshkol estava recorrendo à autoridade. Não diria a mesma coisa sobre Nasser?, perguntei. Flusser ficou em silêncio por um instante. "Sim, diria 'pobre homem' em relação a Nasser também, mas não estaria particularmente interessado." Não pensei em comentar que Eshkol também representava a autoridade. Depois compreendi que, como judeu, Flusser podia colocar-se no lugar de Jesus e pensar que ele não teria agido como Eshkol, mas admitiria que Nasser e De Gaulle pertenciam ao outro lado — eram as autoridades desse mundo que queriam eliminar os judeus. Pareceu-me também que, ao imaginar os outros judeus procurando Jesus para perguntar que atitude lhes competia tomar em relação aos romanos, Yadin deve ter interpretado tal situação em termos de sua própria experiência quando, durante os anos do armistício, sem dúvida seus compatriotas o consultaram para saber como agir em relação aos árabes.

[O livro do professor Flusser sobre Jesus saiu tão logo foi escrito: *Jesus in Selbstzeugnissen und Bilddokumenten*, na série Rowohlts Monographien, Rowohlt Taschenbuch Verlag, Reinbeck bei Hamburg. Flusser escreve:

> O presente estudo não tenta estabelecer uma ponte entre o Jesus histórico e a fé cristã. Procuramos apenas, sem nos anular nem suprimir nosso próprio período — de outra forma é impossível escrever biografia —, colocar Jesus aqui e agora diante dos olhos do leitor. Nosso período parece especialmente adequado para compreender Jesus e sua pregação. Uma profunda ansiedade em relação ao futuro e ao presente despertou em nós uma nova sensibilidade. Hoje somos receptivos à reavaliação que Jesus fez de todos os outros valores, e muitos de nós agora percebem a dubiedade da moralidade instituída — percepção da qual Jesus parte.

Como ele, também nos sentimos impelidos em direção aos párias e aos pecadores da sociedade. E, se ele diz que devemos *não resistir ao mal*, porque indo contra o mal só contribuímos para a luta de forças, desimportantes em si mesmas, na sociedade e no grande mundo, hoje pelo menos temos condições de entendê-lo. E, se nos libertamos das cadeias de preconceitos obsoletos, temos mais segurança para atender a sua exigência de amor indiviso, não por fraqueza filantrópica, e sim como uma correta conclusão psicológica.

A tremenda realização de sua vida também nos interessa hoje em dia: do chamado na época de seu batismo, da ruptura dos laços com sua família estranha e da descoberta de uma nova paternidade mais elevada para o pandemônio dos enfermos e dos insanos e dali para a morte na cruz. Assim, chegamos a entender as palavras que, segundo Mateus (28:20), ele disse na ressurreição, num sentido novo e não eclesiástico: "Eu estarei convosco todos os dias, até o fim do mundo".

Esse livro constitui um exemplo significativo do crescente interesse que os judeus recentemente vêm tendo por Jesus. A descoberta dos manuscritos do mar Morto e as novas escavações na Palestina vieram preencher algumas das lacunas da história judaica antiga, e isso tem levado os estudiosos a perguntar: Quem foi Jesus exatamente? O que o levou a falar e agir daquela forma? O que ele disse e fez na realidade? E qual foi a explicação do imenso sucesso de sua doutrina entre os não-judeus? 1969.]

6. PARTIDA

ANTES DE PARTIR DE BOSTON eu já havia planejado todo o meu itinerário e na manhã de 24 de maio estava deixando Tel Aviv. Na tarde da véspera o cônsul dos Estados Unidos me ligou e disse que recebera ordem de Washington para comunicar a todos os americanos que deviam sair do país.

Não esperava rever nenhum de meus amigos do governo, porém no fim do dia Teddy Kollek, prefeito de Jerusalém, e Moshe Pearlman, veterano da primeira guerra árabe, autor de muitos livros e durante algum tempo porta-voz do governo, apareceram no King David com um ex-embaixador israelense e sua esposa, os quais eu não conhecia; como o bar do andar superior estava fechado, o que indicava mobilização, descemos para o bar do térreo. O dinâmico Kollek, cuja família passou por Praga e Viena, tem alguma coisa da dureza e da brusquidão germânicas, embora vivesse na Palestina desde a adolescência. Segundo me contaram, ele disse que o problema de se candidatar à prefeitura era correr o risco de ser eleito. Kollek não tirou seu número da lista telefônica e era acessível a todo mundo — com isso qualquer um podia chamá-lo no meio da noite para reclamar que não conseguia dormir com os latidos do cachorro do vizinho. Ele possui uma biblioteca sobre o Oriente Médio do tipo que só se pode adquirir acompanhando os catálogos e encomendando; possui também uma seleta coleção de utensílios e joias antigas, que guarda em cristaleiras. Quando o vi pela primeira vez nessa viagem ele me falou: “Você está aqui para conversar com as pessoas sobre os manuscritos, mas eu devo me preocupar com o problema do lixo”. Agora perguntei se tinham um monturo. Sim, tinham. “E o problema de Teddy é ver o lixo de novo nas ruas”, brincou Moshe Pearlman. A conversa foi muito agradável. Quando comentei que Eshkol apelara a De Gaulle, a mulher do diplomata corrigiu-me tranquilamente: "Lembrou-o".

Na manhã seguinte levantei-me às cinco horas e fui de carro para o aeroporto. Percorrer as estradas que se afastam de Jerusalém é enervante, seja em Israel, seja na Jordânia. Os motoristas correm nas curvas, sem avistar o que vem pela frente, tendo de um lado um barranco sem proteção nenhuma; e em Israel, quando se fala com o chofer, ele tende a gesticular de uma maneira tal que dá medo de que largue o volante de uma vez. O aeroporto parecia um abrigo para refugiados de um exército hostil. Nunca ouvi num local público tanto falatório, tanto grito, tanto uivo. As únicas pessoas calmas e quietas eram um velho de barba densa e um homem bem barbeado de camisa aberta no pescoço e uma careca como a de Ben Gurion, um halo de cabelos grisalhos circundando-lhe a cabeça. Havia também jovens judeus ortodoxos de óculos e cachinhos nas orelhas, barbas negras e longos capotes pretos que lhes chegavam até quase os tornozelos. É uma delícia ler sobre tais pessoas em Agnon, e entretanto não pude deixar de pensar que esses jovens neófitos, tão altos e magros e pálidos, tão pouco adaptados ao mundo moderno, destoam de tudo que está ocorrendo hoje em Israel. Atribuí a histeria no balcão da Air France à agitação dos judeus, porém encontrei-a de novo em Orly — os mesmos funcionários confusos, os mesmos gestos febris ao verificar e carimbar os passaportes, a mesma gritaria de uma família francesa reclamando porque alguma coisa deu errado. Encontrar esses dois tipos de histeria reunidos nos funcionários que falam francês e atendem passageiros que falam francês no aeroporto de Tel Aviv é alguma coisa que faz de obter um cartão de embarque uma guerra de nervos.

Foi um alívio entrar no avião. Uma vez no ar, os viajantes se acalmaram.

De volta aos Estados Unidos, li nos jornais que meus amigos da American School, o diretor e sua família, saíram da Jerusalém jordaniana quando se iniciou o bombardeio da fronteira, com a cúpula da igreja da Dormition* destruída e com Israel prestes a recuperar o monte Scopus, onde outrora se erguia a Universidade Hebraica e que não passava de um enclave inútil na Jordânia; li que a octogenária senhora Vester, a grande dama da colônia americana na Jordânia, recusara-se a deixar o hotel que durante várias gerações pertencia a sua família; que uma bomba atingiu o Museu de Israel e por motivos de segurança seu conteúdo foi retirado; que uma bomba destruiu uma árvore em frente ao King David Hotel e os hóspedes se abrigaram no bar do térreo, cujas janelas estavam protegidas por sacos de areia e no qual ainda se serviam drinques; que o *barman* do King David perdeu seu filho de dezenove anos, esfaqueado na Cidade Velha ao tentar socorrer um amigo ferido (devo estes últimos detalhes a um artigo de Flora Lewis que saiu na *New Yorker*); que Teddy Kollek percorreu as ruas de Jerusalém para tranquilizar o povo, enquanto as bombas caíam a sua volta, e disse que ia acrescentar a sua coleção uma bala que se alojou em seu carro e durante o bombardeio continuou brincando sobre a coleta de lixo, à qual se somava agora o problema da remoção dos escombros causados pela guerra; que Pearlman, tenente-coronel, reassumiu em Tel Aviv sua antiga função de porta-voz militar. Quanto aos manuscritos do mar Morto, a nacionalização do Museu da Palestina tornou-os propriedade do governo jordaniano, e tenho tentado imaginar como serão tratados no futuro. Li que num primeiro instante os israelenses ocuparam o museu, porém até agora só encontraram fragmentos dos rolos; depois li que o prédio foi alvejado e os manuscritos provavelmente enviados para Amã. O padre Roland de Vaux me pedira que, antes de deixar a Jordânia, eu transmitisse suas lembranças a Yadin e lhe

* *Dormition* (em francês no original): na teologia católica o termo designa o último sono da Virgem Maria, durante o qual ocorreu sua Assunção. (N. T.)

dissesse o quanto ele lamentava "a barreira" que os impedia de encontrarem-se em qualquer lugar exceto Paris ou Londres. O diretor americano da Escola Hebraica de Arqueologia, no lado israelense, contou-me que os americanos se reuniram com as autoridades árabes no edifício neutro das Nações Unidas a fim de pedir permissão para os estudiosos estrangeiros utilizarem a biblioteca da École Biblique jordaniana. Tal permissão foi negada, mas pela primeira vez — assim esperamos — estudiosos israelenses e gentios finalmente podem examinar todo o conjunto dos manuscritos, discuti-los e reunir suas conclusões.

A GUERRA DE JUNHO E O ROLO DO TEMPLO

QUANDO ENTRARAM NA VELHA JERUSALÉM, em 5 de junho de 1967, os israelenses constataram que os defensores jordanianos estavam usando como fortaleza o Museu Arqueológico da Palestina, onde se haviam guardado e estudado os últimos lotes de manuscritos. O museu era um dos objetivos básicos das forças de Israel, que não tiveram grande dificuldade em capturá-lo; em 6 de junho, ao meio-dia, içaram ali sua bandeira azul e branca. Em 12 de junho, dois dias após o cessar-fogo, o dr. William G. Dever, da Escola Arqueológica Hebraica, na Jerusalém israelense, foi ao museu; encontrou o prédio todo marcado de balas e a torre, que fora usada pela artilharia, seriamente danificada. No interior os mostradores e vitrines estavam despedaçados; o material exposto se espalhara pelo chão, algumas peças quebradas. Havia corpos de vários soldados israelenses dentro do prédio e no pátio. Uma placa na entrada anunciava que agora o museu era do Estado de Israel. A princípio não se encontraram os manuscritos e pensou-se que não estavam mais ali; depois, no entanto, foram descobertos num cofre na parede, atrás de um mostrador. Fez-se um inventário dos fragmentos, que tinham sido reunidos pelos estudiosos e colocados entre placas de vidro, e aparentemente só faltavam as tiras dos rolos de cobre, desde muito enviadas para Amã, capital da Jordânia.

Esse museu foi construído em 1929 com dinheiro de Rockefeller. Durante o mandato britânico foi administrado pelo governo do mandato, porém quanto este terminou, em 1948, como consequência da primeira guerra entre árabes e judeus e da proclamação do Estado de Israel, assumiu sua direção uma junta internacional de curadores. Talvez incitados a emular o Santuário do Livro do novo Museu Nacional de Israel e animados com a oferta de uma doação, em 1965 esses curadores propuseram construir-se uma ala especial para os manuscritos e pediram ao governo jordaniano que lhes vendesse um terreno atrás do museu. O resultado disso foi que, através de seu principal representante na junta de curadores, o governo da Jordânia exigiu de repente a nacionalização do museu. Os embaixadores americano e britânico não levantaram objeções, embora os estudiosos estrangeiros ficassem muito inquietos, e em novembro de 1966 a nacionalização ocorreu. Os jordanianos transferiram seus títulos — menos de meio milhão de dólares — de um banco de Londres para um banco de Amã. Os estudiosos estavam perplexos. Agora manuscritos pertenciam aos jordanianos, que sequer conseguiam lê-los, e decidiu-se não permitir a publicação de nenhum manuscrito sem que os estudiosos estrangeiros tivessem levantado uma grande soma de dinheiro para reembolsar o museu dos gastos que tivera ao comprar dos beduínos os rolos encontrados na caverna onze. Assim se financiou a permissão para lançar-se o rolo dos Salmos — o único dessa caverna até agora publicado —, e a rica senhora que forneceu o dinheiro não se deixou convencer a contribuir com uma quantia maior porque, agora que o Museu da Palestina pertencia à Jordânia e portanto não era mais uma instituição americana como fora a American School, tal doação não poderia ser deduzida de seu imposto de renda. Em Jerusalém tive a impressão de que todo o processo estava parado. Sabia-se que faltava comprar outros manuscritos, mas não havia como chegar até eles. Se descobrissem seu paradeiro, as autoridades poderiam simplesmente confiscá-los e colocar na cadeia seu detentor, de modo que este último não se sentia nem um pouco estimulado a oferecer os manuscritos. E correu um boato, talvez infundado, de que algumas peças do museu apareceram à venda em lojas de antiguidades. Os estudiosos não podiam ter certeza de que novos manuscritos não estivessem sendo vendidos fora da Jordânia. A captura do museu coloca nas mãos dos isralenses os rolos que ali já se encontram, porém o rancor dos árabes aumenta o perigo de que os beduínos não lhes permitam comprar nenhum que ainda não fora adquirido.

A guerra não danificou seriamente nem a École Biblique, nem a American School. Na segunda-feira, 5 de junho, o primeiro dia do conflito, o padre De Vaux lia na biblioteca quando uma bomba explodiu do lado de fora e despedaçou as vidraças. Todos os funcionários correram para o porão; na manhã seguinte chegaram os soldados israelenses e os tiraram dali sob a mira de suas armas. Fizeram todos os jordanianos prisioneiros, mas deixaram que os padres fossem para seus respectivos quartos com a condição de que dois deles, revezando-se a cada hora, ficassem sentados no pátio como reféns. Disseram-lhes que seriam executados de imediato se um único tiro partisse do prédio. Instalaram metralhadoras no terraço e na torre do mosteiro. Evidentemente a razão de tudo isso era que na manhã da segunda-feira os jordanianos haviam bombardeado a Jerusalém israelense, disparando de um terreno baldio vizinho à École Biblique. Consta que os sacerdotes aceitaram a situação sem protestar nem se agitar, embora ela se apresentasse numa época muito imprópria. Os restos do fundador da escola acabavam de chegar da França para ser enterrados no mosteiro, e, enquanto estavam sentados no pátio, os padres contavam histórias de seus primórdios. Na quarta-feira resolveram se distrair pronunciando uma série de conferências — o padre Benoit, o diretor, falaria sobre os Reis Magos; o padre De Vaux, sobre Abraão —, mas então o bombardeio recomeçou e se prolongou por uma hora e meia, durante a qual o terreno e o prédio — exceto a igreja do mosteiro — foram consideravelmente castigados. Depois que a guerra terminou e o Museu da Palestina se tornou propriedade de Israel, não havia mais razão para temer os árabes no tocante aos manuscritos; contudo os estudiosos estrangeiros que tanto trabalharam neles para a Universidade Hebraica poderiam achar embaraçoso assumir o controle dos documentos e distribuí-los entre diferentes editores. Dizem que o padre De Vaux declarou que, se isso acontecesse, seria inútil permanecer em Jerusalém e, como já não era diretor da escola, simplesmente voltaria para a França. Tranquilizou-o de imediato uma reunião com o professor Yigael Yadin e o diretor do Departamento de Antiguidades do governo israelense.

Combinou-se que todo o trabalho iniciado por De Vaux e seus colegas e pelos estudiosos que ele incumbira de editar os manuscritos prosseguiria como se nada tivesse acontecido. A principal mudança na qual Yadin insistiu referia-se ao título geral da série publicada pela Clarendon Press, que deveria passar de *Discoveries in the Judaean desert of Jordan* [Descobertas no deserto jordaniano da Judeia] para *Discoveries in the Judaean desert* [Descobertas no deserto da Judeia].

Quanto à American School, na qual eu ficara em maio, seu diretor anual, o dr. John H. Marks, de Princeton, partiu de táxi com a família às 11h25 da manhã da segunda-feira, assim que se dispararam os primeiros tiros. Por várias vezes os Marks se acharam sob fogo cruzado e viram a cúpula da igreja da Dormition "envolta numa nuvem de escombros", ao ser atingida por uma bomba jordaniana (essa igreja, que os israelenses estavam usando como posto militar, situa-se pouco além da fronteira, em Israel, e consta que dali o corpo de Maria teria sido levado para o Céu). Os Marks chegaram ao aeroporto de Amã, porém encontraram-no fechado, com os funcionários fugindo. Os israelenses estavam prestes a bombardeá-lo, e seguiram-se vários ataques aéreos contra a cidade, o que levou os Marks a uma boate transformada em abrigo. No fim eles conseguiram ir para Atenas, com escala em Teerã. O consulado dos Estados Unidos na Jerusalém jordaniana foi bombardeado, e seus ocupantes se refugiaram no prédio da American School. Quando saí da Jordânia, esse prédio estava para ser vendido a um xeque que representava o governo jordaniano. Os jordanianos reclamavam de sua isenção de impostos e queriam-no para abrigar repartições públicas, já que o edifício se localizava quase em frente à sede do governo. O preço seria 1 milhão de dólares, e na época o dr. Marks acreditava ter quase fechado o negócio, depois de reuniões desnecessariamente sigilosas, quando recebeu um cheque pós-datado cujo valor correspondia à sétima parte daquela soma. O banco de Amã devolveu o cheque, dizendo que a conta não existia. O advogado da American School embargou alguns bens do xeque para ressarcir a escola das despesas. A American School enviou uma carta ao xeque expressando sua indignação com o cheque falso e recebeu essa deliciosa resposta: "Uma vez que os Estados Unidos declararam na assembleia das Nações Unidas, em maio, que decidiram opor-se aos Estados Árabes Unidos e apoiar Israel, o pagamento de meu cheque [...] é algo, em minha opinião, do qual o desfecho pode não ser confiável".

Menos de duas semanas após a partida dos Marks o novo diretor anual chegou à American School e foi recebido por Omar, o cozinheiro, que trabalhava ali havia anos e explicara aos soldados israelenses que a escola era propriedade americana e não podiam mexer em nada. A escola continuou funcionando como antes, e devo a seus boletins e cartas a maior parte das informações sobre os acontecimentos narrados acima.

Fazia sete anos que o professor Yigael Yadin sabia da existência de outro manuscrito que se encontrava nas mãos do sírio Kando, ao qual os beduínos levaram o primeiro lote de pergaminhos, em 1947. Kando era sapateiro e comprara as velhas peças de couro porque achou que lhe poderiam ser úteis em seu trabalho. Depois disso, como já expliquei, atuou como intermediário entre os beduínos e os estudiosos. Totalmente ignorante, é um mestre da esperteza e tem enriquecido reunindo e vendendo manuscritos. Num artigo sobre o novo pergaminho Yadin declara:

> Neste estágio não posso revelar a forma como tal manuscrito chegou a nossas mãos, pois colocaria em risco as oportunidades de adquirirmos outros; basta dizer que essa história, quando for narrada, parecerá um conto das *Mil e uma noites*.

Tudo que sabemos de outras fontes é que os israelenses agarraram Kando e o levaram para Tel Aviv, onde o sapateiro ficou cinco dias em prisão domiciliar e foi "interrogado", segundo consta; e que Yadin recebeu o manuscrito procedente do território recém-invadido. Kando pedira pelo documento 1,3 milhão de dólares e o retivera na esperança de que algum ocidental rico o comprasse; Yadin acredita que sete anos do clima úmido de Belém danificaram o pergaminho mais que os dois milênios passados numa caverna do mar Morto. Quando o rolo chegou a suas mãos, conta Yadin, a parte superior parecia chocolate derretido e os vermes tinham penetrado nas camadas externas. Diz-se que Kando está processando o Estado de Israel por haver infringido uma lei jordaniana que confere ao Museu da Palestina o direito de comprar qualquer manuscrito encontrado no país. Contudo agora o museu se encontra em poder dos israelenses, assim como a margem ocidental do Jordão, onde Kando mora. Ainda não se definiu a situação dessa área, mas parece que a possibilidade de Kando recuperar seu pergaminho ou receber a indenização exigida é tão remota quanto a de a American School ser ressarcida das despesas que teve ao negociar a venda de seus prédios.

Esse manuscrito é um documento singular. É o mais longo de todos que foram encontrados até agora — tem 1,20 metro mais que o rolo completo de Isaías, descoberto na caverna um —, e Yadin diz que seu pergaminho é o mais fino que ele já viu: menos de um décimo de milímetro. Estão intactos 65 a 70% do texto. Sua linguagem indica que foi escrito na última parte do período do Segundo Templo — ou seja, no século I a.C. — e copiado talvez um pouco depois. O autor evidentemente era membro da seita, pois segue o calendário especial dos essênios e, ao criticar a prática do Templo, tem uma ênfase da polêmica sectária.

O aspecto mais extraordinário do rolo, que o torna único entre os textos religiosos hebraicos, é que passa por uma mensagem comunicada não através de um profeta e sim diretamente por Deus, o qual fala na primeira pessoa, mesmo quando cita Suas declarações contidas na Torá e referindo-se a Si mesmo por Seu nome impronunciável, que não tenta disfarçar, como ocorre em outros livros não bíblicos da seita, que o grafam em caracteres hebraicos antigos ou indicam-no apenas por *yodhs*. O autor parece acreditar que Deus fala diretamente a Moisés — acrescentando, na realidade, um novo livro à Torá. Estabelece normas relativas a limpeza e sujeira, citando com frequência a Torá, mas com acréscimos e omissões do texto aceito; enumera os sacrifícios e oferendas adequadas às festas, celebradas conforme o calendário dos essênios; e regulamenta os serviços do Templo. Quase a metade do documento se ocupa de planos para a construção do Templo — razão pela qual Yadin o denominou o rolo do Templo —, e muitos detalhes diferem do que sabemos sobre o Segundo Templo na forma como Herodes o remodelou. Contudo não se trata de um templo ilusório, previsto para "o Fim dos Tempos", e sim de um um templo concreto a ser edificado pelos homens. Pensou-se até no problema dos banheiros. Não deviam ser construídos muito alto, pois ficariam à vista — assim, não podiam situar-se nem a leste do monte das Oliveiras, nem a oeste, porque os constantes ventos oeste sopravam na direção do Templo. Seu lugar é a 1350 metros ao norte do prédio sagrado, ou seja, a pequena distância do local da Porta Mandelbaum, hoje destruída, e bem próximo da atual American School. O Templo compreenderia três pátios, um dentro do outro, tendo o exterior e o intermediário doze portas para as Doze Tribos, conforme as especificações de Ezequiel e do Apocalipse para as portas de Jerusalém. Em I Crônicas 28 Davi entrega a Salomão os planos divinos para a construção do Templo: "Todas estas coisas, disse o rei, me foram dadas escritas pela mão de Deus, para que eu compreendesse todas as obras do desenho". Yadin acredita que o rolo do Templo constituiu uma tentativa de especificar nesse documento o que não se encontra nas Escrituras, o que Deus entregou a Davi e este, por sua vez, passou ao filho, o qual efetivamente construiu o primeiro Templo. Na verdade parece que o Talmude palestino contém uma referência a esse rolo.

Outra parte do manuscrito trata dos Estatutos do Rei. Acho melhor deixar Yadin descrevê-lo com suas próprias palavras:

Embora se inicie com uma citação direta de Deuteronômio 17:14 ss ["Quando tiveres entrado na terra, que o Senhor, teu Deus, te dará, e tiveres tomado posse dela, e nela habitares e disseres: Eu constituirei um rei sobre mim, como o têm todas as nações em roda, elegerás aquele que o Senhor, teu Deus, tiver escolhido do número de teus irmãos"] [...], passa de imediato aos dois assuntos que mais interessam ao autor: a guarda real e os planos de mobilização — fase a fase — que o soberano deve concretizar quando a "terra de Israel" se deparar com a ameaça de uma guerra de extermínio. Segundo nosso autor, Deus estabelece que a guarda real compreenda 12 mil soldados — mil por tribo. Tais soldados não podem ter mácula, e sim devem ser "homens da verdade, tementes a Deus, avessos ao ganho injusto". Algumas expressões e princípios são emprestados de Êxodo 18, porém o que nos interessa são os acréscimos que refletem a situação política da época. O principal objetivo dessa guarda é proteger o rei "dia e noite, para que ele não caia nas mãos dos gentios". O medo dos gentios predomina nessa parte. Alhures o rolo prescreve a pena de morte para quem trair o povo de Israel e passar informação ao inimigo. Todavia a parte mais interessante — também do ponto de vista histórico — refere-se às fases de mobilização. Ao perceber que um inimigo deseja "tomar tudo que pertence a Israel", o rei mobilizará um décimo das forças nacionais. Se o contingente inimigo for maior, o rei convocará um quinto de suas forças. Se o inimigo surgir "com seu rei e seus carros e grande multidão", um terço das forças será mobilizado; dois terços permanecerão no país a fim de proteger suas fronteiras e cidades e impedir que "um grupo de inimigos penetre na pátria". Entretanto, se "a batalha for renhida", o rei deve mobilizar a metade da força total e "a outra metade permanecerá nas cidades" a fim de defendê-las. Tendo lido essas regras imediatamente após a guerra, não pude deixar de comentar na época que ali estava uma excelente descrição das fases de mobilização que precederam a Guerra dos Seis Dias em Israel. O paralelo entre o que o rolo prescreve para a mobilização diante do extermínio total e o que de fato aconteceu em Israel duas semanas antes da guerra é fantástico. Esta é, naturalmente, uma reação pessoal e subjetiva; a importância real dessa parte está no fato de que reflete os verdadeiros problemas políticos e históricos com os quais a antiga Israel se defrontava quando o rolo foi escrito. Tais normas diferem basicamente das do rolo da Guerra dos Filhos da Luz Contra os Filhos das Trevas. Este último trata exclusivamente da guerra escatológica ofensiva, enquanto aqui temos uma guerra defensiva contra um inimigo inominado.

Yadin vê também um significado, um símbolo do renascimento de Israel no aparecimento do apocalíptico rolo da Guerra dos essênios quase 2 mil anos depois e em meio à primeira guerra árabe, quando seu pai foi a Belém e reconheceu a autenticidade do primeiro lote de manuscritos. Em minha opinião essa mistura milenar de história antiga e moderna faz de Israel um lugar de interesse único e de estimulante inspiração. Os judeus antigos não tinham um sentido real do tempo como temos hoje. Seus verbos não possuem tempos, mas "aspectos". Alguns desses aspectos são usados atualmente para indicar o tempo; contudo visitar a moderna Israel e ver o que está acontecendo ali equivale a sentir-se em parte liberado das estreitas constrições do jornal de hoje e de ontem e, elevando-se acima dos anos, com suas catástrofes e suas idas e vindas, entrar em contato com uma das maiores forças humanas no tocante à tenacidade e à autoridade de nossa raça.

REFLEXÕES GERAIS

QUAL É O FASCÍNIO que essa tão mutilada biblioteca do mar Morto exerce sobre nós, levando-nos a tatear com extrema atenção entre os fragmentos de velhos pergaminhos escritos há quase 2 mil anos e a especular sobre as diferenças de doutrina entre antigas seitas cujo modo de pensar era muito diverso do nosso e a tecer teias e teias de teorias a partir de passagens incompletas ou apagadas a fim de descobrir quem as compôs e que situações as provocaram? Se o Velho e o Novo Testamentos representam a Revelação Divina, tais investigações não têm importância. Se eles são obra puramente humana, então é a curiosidade humana que nos impele a investigar como foram escritos e qual é sua relação com um culto de imenso prestígio. Sei que os clérigos mais liberais diriam que tais documentos ocupavam em sua época uma espécie de posição intermediária entre o judaísmo e o Novo Testamento; que Jesus e os profetas mais antigos eram verdadeiros porta-vozes de Deus e por isso mesmo podem ser estudados em seus papéis humanos com maior interesse ainda. Entretanto essa posição levanta problemas teológicos que não quero abordar aqui. Quero apenas expor o ponto de vista a partir do qual tenho escrito sobre esse assunto. Descobri que por temperamento e por mentalidade sou um redutor inato de mitos. Em meus livros sobre o socialismo marxista e sobre a Guerra Civil, acho que de início me atraíram o interesse dramático das crises históricas envolvidas e o idealismo aprimorador que tanto num quanto noutra desempenhou importante papel, mas depois que os estudei e efetivamente escrevi a respeito percebi, como inveterado redutor de mitos, que em certa medida solapei as pretensões idealísticas de ambos. Em meus textos sobre os manuscritos do mar Morto desempenhei uma função meio semelhante no tocante ao mito das origens do cristianismo — embora não seja o primeiro nessa área, obviamente. Era inevitável que os estudiosos que têm trabalhado com os manuscritos e me forneceram informações já tivessem desempenhado essa função. Desempenharam-na às vezes sem querer; todavia agora, conquanto a maioria desses estudiosos ainda tenham ou comecem a ter alguns compromissos religiosos, percebi que seus compromissos com as religiões oficiais tornam-se cada vez menos um empecilho e que eles apresentam suas pesquisas de modo mais aberto, motivados por um interesse em descobrir o que de fato aconteceu em termos terrenamente inteligíveis — desejo pelo qual eu também, que sigo suas conclusões em segunda mão, fui levado a escrever sobre elas. Em *A busca do Jesus histórico*, escrito antes da descoberta dos pergaminhos, Albert Schweitzer resumiu as várias tentativas de reconstituição ou explicação da vida de Jesus e no fim concluiu que não havia maneira de conhecer o Jesus histórico, o qual "será para nossa época um estranho e um enigma", pois é "um Ser não sujeito a condições temporais", mas vem a nós como "um governante imperioso", um "Desconhecido, sem nome", que "nos diz a mesma palavra: 'Segue-me!' e nos encarrega das tarefas que tem de realizar para nossa época" etc. Todavia sem essa concepção de Jesus não se pode aceitar tal ponto de vista, e entendo que até para os homens das várias Igrejas se torna mais difícil aceitá-lo, agora que temos tantos dados novos sobre a história da profecia judaica.

Isso não significa, como parecem pensar alguns, que eu seja necessariamente "antirreligioso" ou "anticlerical". Sei muito bem que para aqueles que têm verdadeira vocação religiosa suas transcendências e revelações religiosas são tão reais quanto qualquer outra coisa de sua vida, de fato podem ser até mais reais que o resto. As pesquisas dos estudiosos sobre as origens de suas religiões podem lhes parecer insignificantes. Os estudiosos reúnem relíquias humanas da vida dos profetas e dos santos, porém não apreendem a grande luz de Deus. Nunca tive essa visão da luz de Deus, nenhum momento de exaltação jamais fez com que me sentisse perto de Deus; contudo sei que várias criaturas humanas sentiram isso em várias situações e em vários ambientes mundanos; assim, por que não se poderia experimentá-lo através das palavras e feitos de Jesus contidos no Novo Testamento? O culto da "razão", tão difundido no decorrer dos últimos três séculos, parece-me agora um beco sem saída. O que chamamos de razão pode controlar nossos pensamentos e atos, mas não os origina. Não sou metafísico e não posso tentar descrever o que acontece quando o artista ou o cientista que afastou um problema da cabeça ou nunca sequer o teve de repente percebe que a solução está ali — que, como Coleridge, agora possui as palavras que compõem a harmonia de "Kubla Khan", ou como Descartes, deitado na cama, recebeu a revelação que lhe daria a chave do sistema da geometria analítica (ou seja, as linhas geométricas podem ser representadas por equações algébricas). É possível explicar esses dois produtos intelectuais em termos "racionais", porém o que inspira esses atos de criação? Derivam de um poder que não "compreendemos"; e o crente chama tal poder de Deus. Não consigo aceitar a palavra Deus, porque sinto que envolve um mito. Parece-me que qualquer tipo de Deus aceito deve ter uma face antropomórfica, e não posso aceitar como encarnação de Deus o rosto de Jesus, que não conhecemos e só podemos imaginar e idealizar, nem suas palavras e feitos, dos quais temos uma vaga noção e que certamente foram condicionados pelas circunstâncias de época e local históricos e das pessoas que os registraram. Sinto-me mais à vontade com o *élan vital* de Henri Bergson ou o princípio de concreção no universo de A. N. Whitehead. E todavia existem na literatura passagens baseadas na teologia cristã que me comoveram e impressionaram: o clímax no final de Dante, quando ele diz que não pode descrever a iluminação da Visão Divina, porque lhe fugiu da mente e nunca mais conseguirá captá-la de novo, que só é possível compará-la à quadratura do círculo e registrá-la como nossa imagem humana unificada de algum modo com a Luz Eterna; o último poema de *Dr. Jivago*, em que Jesus, após a agonia no Getsêmani, traído por um de seus discípulos e com todas as forças da sociedade voltadas contra ele, prediz que se levantará de novo para julgar os séculos que, como balsas num rio, "como as barcaças de uma caravana" rumarão para ele, saindo da escuridão.

E contudo, quando percebemos a presteza com que os seres humanos se dispõem a aceitar líderes "carismáticos", não podemos deixar de sentir certo desprezo. Quando foi colonizada, no final do século XVIII, a região setentrional do estado de Nova York recebeu uma população que provinha sobretudo da Nova Inglaterra e que, ao ganhar o imenso campo aberto, renegou a teologia restritiva do calvinismo de seus pais. No entanto essa gente precisava de religião e logo inventou novos cultos. Surgiram o perfeccionismo da Comunidade de Oneida,* fundada por John Humphrey Noyes, que acreditava que o Segundo Advento já havia ocorrido; os *Shakers*** de madre Ann Lee, que se considerava uma reencarnação de Cristo; e os seguidores de Jemima Wilkinson, que também se dizia reencarnação de Cristo e anunciou que nunca morreria. Dentre esses cultos o mais poderoso e duradouro foi, porém, o mormonismo de Joseph Smith, que se originou na cidade de Palmyra, ao norte dos lagos Finger. É estranho ler um relato documentado e honesto — o único existente, creio eu — do surgimento dessa nova religião na biografia de Joseph Smith, intitulada *No man knows my history* [Ninguém conhece minha história], de Fawn M. Brodie, que cresceu num vilarejo mórmon entre as lendas de acontecimentos miraculosos e sob o ministério de Smith, o profeta, e que mais tarde na vida se incumbiu de averiguar o que de fato ocorrera em todo o absurdo e o escân-

* *Comunidade de Oneida*: sociedade de religiosos perfeccionistas fundada em 1848 em Oneida, estado de Nova York. John Humphrey Noyes, seu fundador, acreditava que a reforma social eliminaria o pecado. A comunidade dissolveu-se e reorganizou-se em 1881 como empresa comercial. (N. T.)

** *Shakers*: membros da Igreja do Milênio, fundada na Inglaterra em meados do século XVIII e que preconiza o celibato, a separação dos sexos, a propriedade comum, a simplicidade de vida. O nome pelo qual se tornaram conhecidos e que significa literalmente "tremedores" deve-se ao costume de agitarem-se durante o culto. Entre seus fundadores figura Ann Lee, que em 1774 implantou a seita nos Estados Unidos. (N. T.)

dalo da seita. Aqui vemos progredir bem diante do nariz, em nosso conhecido Oeste americano e já no século XIX, o culto de um trapaceiro, charlatão, libertino inescrupuloso e insaciável; e baseada neste vemos estabelecer-se uma Igreja sólida e respeitável, que agora floresce com edifícios sagrados enormes e feios, um Tabernáculo e um Templo, seu sistema educacional específico e seu serviço missionário internacional, tendo como fundamentos os escritos fraudulentos e absurdos e a lenda de Joseph Smith, o mártir, bem como a administração hábil e a disciplina impostas por Brigham Young, sucessor de Smith.

Nascido em 1805, aos dez anos de idade Joseph Smith foi levado de Vermont para o norte do estado de Nova York. Segundo documentos não mórmons citados por Brodie, os vizinhos o consideravam um menino mentiroso e briguento, que gostava de contar façanhas de mágica e busca de tesouros enterrados. Aos 21 anos Smith se viu processado como "desordeiro e impostor". Não obstante era simpático e muito imaginativo. Um de seus concidadãos, que ajudou a montar os tipos para imprimir o Livro dos Mórmons, disse a seu respeito:

> Nunca vi um homem tão ignorante como Joe possuir uma imaginação tão fértil. Ele jamais conseguia contar um fato corriqueiro de seu cotidiano sem embelezar a história com sua imaginação; no entanto me lembro de tê-lo visto aflito no dia em que Parson Reed lhe falou que ia para o Inferno por causa de suas mentiras.

O jovem Joseph Smith interessou-se pelos túmulos dos índios e, sem saber do que se tratava, inventou que ali se travara uma grande guerra na qual muitos morreram. Aos 22 anos contou que Deus enviou um anjo vestido numa "túnica do mais puro alvor" e chamado Moroni para entregar-lhe um livro sagrado de revelação escrito em lâminas de ouro. Disse que encontrou essas lâminas num recipiente de pedra, onde achou ainda uma espada e um peitoral, aos quais estavam presos os misteriosos urim e tumim* contidos na Arca. A princípio não deixava ninguém ver as lâminas — isso significaria morte imediata, explicava. Afirmava que esse livro resolvia o problema da origem dos índios. A princípio houve na América duas raças que lutaram entre si durante mil anos, e os túmulos eram monumentos erguidos a suas batalhas. Smith contava que ditara o conteúdo do livro sem ao menos desembrulhar as lâminas. Depois colocou um biombo entre ele e a pessoa que tomava seu ditado e contou que o anjo Moroni lhe dera uns óculos que lhe permitiram traduzir as lâminas do que denominou "egípcio reformado". (Ainda não se haviam decifrado os hieróglifos.) Tentou comprovar sua história apresentando o que disse serem as tais lâminas sagradas, cujo texto não passava de um amontoado de disparates, segundo um professor de letras clássicas de Columbia:

> Caracteres gregos e hebraicos, cruzes e floreios, caracteres romanos invertidos ou inclinados estavam dispostos em colunas perpendiculares, e o conjunto terminava numa grosseira delineação de um círculo dividido em vários compartimentos, adornados com diversas marcas estranhas e evidentemente copiado de um calendário mexicano de Humboldt, porém copiado de tal modo que não traísse a fonte de que provinha.

A "tradução" é uma miscelânia de disparates, as únicas passagens que possuem alguma dignidade tendo sido emprestadas da Bíblia do rei Jaime e cuidadosamente alteradas a fim de parecerem distintas. (Quando falei num artigo para a revista *New Yorker* que Joseph Smith havia "ditado" o Livro dos Mórmons, o gabinete oficial da seita ao qual fora submetido o texto insistiu para que eu mudasse o termo para "traduzido".) Segundo o

* Parece que urim e os tumim, citados em Êxodo 28:30, eram objetos de metal ou pedra preciosa, com inscrições em símbolo, que o sumo sacerdote usava no peitoral para deles tirar, com o auxílio divino, as respostas adequadas ao bem-estar de seu povo. Etimologicamente parece que os dois termos significam "luz e integridade". (N. T.)

Livro dos Mórmons, o profeta Lehi viaja de Jerusalém à América em barcaças que contêm exemplares de todas as espécies animais então existentes no continente norte-americano, inclusive várias que foram na verdade importadas pelos europeus, como cavalos, porcos e carneiros. Quando perguntei ao Departamento de Informação do Joseph Smith Memorial, em Palmyra, onde se encontravam no momento as lâminas da revelação, disseram-me que foram levadas de volta para o Céu.

Martin Harris, um fazendeiro abastado que passara já por várias seitas, tornou-se um mórmon fervoroso. Testemunhou — e aqui cito Brodie — que

> viu Jesus sob a forma de um cervo e juntos caminharam três ou cinco quilômetros, conversando com a mesma intimidade com que dois homens conversam: o diabo, disse, parecia um asno, de pelos muito curtos e lisos como os de um camundongo. Ele profetizou que Palmyra seria destruída em 1836 e que em 1838 a Igreja de Joseph seria tão grande que os Estados Unidos não teriam necessidade de um presidente.

Outras visões ocorreram no estado de Nova York. Três forasteiros desconhecidos araram um campo à noite e espalharam fertilizante em outro campo. Um velho de barba branca apareceu para uma fazendeira que ordenhava uma vaca e disse-lhe que estava cansada e que ele tinha vindo para fortalecer sua fé.

Conta-se que Joseph Smith expulsou o demônio de um homem que desde jovem era o que hoje em dia chamamos de neurótico e, como era comum nessa época, estava obcecado com sua salvação. Em 1830 Smith fundou uma Igreja com seis membros, que ao cabo de um mês já eram quarenta. Continuava tendo má reputação entre os que não se converteram. Foi atacado pela multidão, preso duas vezes e duas vezes absolvido. Identificava-se com os mártires cristãos. Como os autores de alguns documentos do mar Morto, passou a falar sobre a construção de uma nova Jerusalém. Enviou missionários a um evangelista de Ohio que em Kirtland, a pequena distância de Cleveland, estabelecera uma comunidade e quase de imediato se converteu ao evangelho do Livro dos Mórmons. O próprio Smith mudou-se para Kirtland, a fronteira oriental da Terra Prometida, conforme disse a seus seguidores. Converteu mais pessoas, que se juntaram a ele, e o mormonismo se impregnou do milenarismo vigente — herança da profecia judaica — que, na primeira metade do século XX, impulsionou tantas seitas americanas. Joseph Smith ordenou sumos sacerdotes e designou doze discípulos. Não mereceu confiança em suas pretensões de realizar milagres: consta que curou uma mulher que tinha um braço paralisado; porém outras tentativas de cura fracassaram, e, quando desafiado por um pregador campbellita,* esquivou-se perguntando se esse cético preferia ter a mão seca ou ficar cego e mudo. Explicou que Ohio não era território consagrado e, portanto, não favorecia a realização de milagres; depois de besuntado de alcatrão e espancado em Ohio, instalou-se na progressista Independence, no Missouri, onde fundou uma Cidade Santa, lançando a pedra angular de um templo. Persuadiu muitos de seus convertidos a doar dinheiro para o movimento e transferir propriedades para sua igreja.

Os mórmons foram perseguidos em toda parte. Criaram em Kirtland um banco fictício, que diziam ser patrocinado por Deus e para o qual Smith fazia empréstimos ousados. No cofre do banco havia várias caixas, cada uma com um rótulo de mil dólares e todas contendo, na verdade, pedra, areia e ferro velho sob uma camada de autênticas moedas de prata no valor de meio dólar. Quando os credores começaram a pressionar, o banco passou a produzir novas notas que às vezes trocava por dinheiro real. Mas a fraudulência acabou se evidenciando de maneira inequívoca, e os mórmons se viram cobertos de pro-

* *Campbellita*: membro da Igreja dos Discípulos de Cristo, que, fundada nos Estados Unidos por Alexander Campbell no começo do século XIX, rejeita todos os credos, tem na Bíblia sua norma básica, ministra o batismo por imersão e celebra a Ceia do Senhor aos domingos. (N. T.)

cessos, e decretou-se a prisão de Smith. A seita precisou se deslocar sempre mais para o Oeste, e em 1844, aos 39 anos de idade, Smith foi morto a tiros numa cadeia de Illinois, onde se encontrava por haver incendiado a gráfica de um jornal hostil. Naturalmente a lenda transformou em martírios todos esses infortúnios. Claro está que Joseph Smith possuía algo do magnetismo pessoal, do poder hipnótico que sugerem o sobrenatural e aos quais sua biógrafa, de resto implacável, não é totalmente insensível. Ele tinha uma vitalidade intensa e inabalável, um calor simpático e convincente. Era particularmente persuasivo com as mulheres, e, segundo Brodie, foi seu desejo de ir para a cama com qualquer uma que o atraísse, inclusive com as esposas de seus colegas, que inspirou a política da poligamia — uma prática que contribuiu muito para a impopularidade dos mórmons e que em público Smith sempre negou. Em grande parte do tempo Joseph Smith deve ter vivido numa fantasia megalomaníaca. Contudo era um impostor consciente e decidido, que uma vez se referiu a seus seguidores como "tolos". Após seu assassinato em Illinois, Brigham Young levou seus adeptos para o despovoado Deseret, como Utah se chamava então, onde esse lacaio mais esperto e prático estabeleceu a Igreja de Jesus Cristo dos Santos dos Últimos Dias sob a forma de uma comunidade autocontida e estável.

Perto de Palmyra ergueu-se um alto obelisco de granito em homenagem à revelação de Joseph Smith. Tal monumento é obra de um escultor norueguês que se converteu ao mormonismo em sua pátria. No topo, uma estátua do anjo Moroni levanta o braço direito para o céu e sob o braço esquerdo segura as lâminas do Livro. O obelisco representa o grande raio de luz que apareceu para Joseph Smith num bosque das redondezas e os desenhos sobre ele traçados simbolizam a estrutura da administração da Igreja mórmon. Em três lados da base há placas que mostram Joseph Smith recebendo as lâminas do anjo; as Três Testemunhas que mais tarde tiveram o privilégio de contemplar as lâminas e o anjo; e as Oito Testemunhas que ainda mais tarde viram e seguraram as lâminas — embora dissessem que a princípio, quando se abriu a caixa, esta lhes pareceu vazia até que Smith as exortou a ajoelharem-se e rezar para pedir mais fé. Em deferência ao anjo, as três primeiras testemunhas apresentam-se de pé, com o chapéu de palha na mão. Eram importantíssimas para confirmar a história de Smith, que as induziu a assinar uma declaração de que ele chamara o anjo a sua presença. O cume da "colina Cumorah", como os mórmons biblicamente a denominam, erguendo-se bem alto e íngreme sobre os campos, no final da cunha onde se situa o monumento a Moroni, domina uma vista magnífica da planície hoje cultivada, e percebe-se que poderia estimular um menino imaginativo, de pouca instrução e pouca leitura além da Bíblia, a assumir um papel sinaítico e elaborar uma visão profética. Um departamento de informação exibe gratuitamente aos visitantes um filme colorido com uma preleção gravada sobre a infância e o "chamado" de Joseph Smith e a viagem dos mórmons em carro de bois. Em agosto realiza-se na encosta da colina um grande espetáculo com texto adaptado do Livro dos Mórmons. Um folheto que anuncia tal evento nos informa:

> Tão realista é a pantomima, bem como o tonitruante sistema de som e a iluminação intensa, que um crítico escreveu sobre a "Cena da destruição", clímax do espetáculo: "A ação era tão realista que me vi sentado ali boquiaberto. Quando a cidade foi destruída [a cidade de Zarahemla, invenção do Livro dos Mórmons], reproduziram perfeitamente relâmpagos e trovões. Lançaram-se bombas de fumaça, uma luz colorida rasgou a escuridão, e os atores movimentaram-se e caíram como uma multidão em pânico.

Naturalmente não comparo a expansão do mormonismo ao progresso do cristianismo, a não ser para ilustrar a inevitável necessidade que o homem tem de algum tipo de herói sobre-humano. Aqui a história toda é desagradável; Joseph Smith nada tem de santo. Todavia para quem não é crente, como eu, o fenômeno merece atenção como um exemplo dessa necessidade recorrente. Em seu romance *Imaginary friends* [Amigos imaginários] Alison Lurie apresenta o surgimento de uma religião fictícia. Essa escritora sempre teve um talento especial para captar a atmosfera, misturar os vários ingredientes de qualquer meio no qual mergulhou. Retratou a Califórnia meridional, uma faculdade da pequena elite da Nova Inglaterra e a Boston de Harvard e Cambridge com uma fidelidade ao tom e à cor, ao onipresente espírito do local que é espantosa para quem sempre esteve em contato com os lugares sobre os quais Lurie escreveu. Sua mudança recente para o noroeste de Nova York resultou num livro igualmente extraordinário que dramatiza os elementos da formação religiosa que outrora foram tão ativos nessa região. Um sociólogo acadêmico tenta estudar, a partir de um ponto de vista rigorosamente científico, um exaltado grupo local que, dominado por uma jovem clarividente, imagina ter estabelecido contato com seres do espaço cósmico. Inspira e governa tais seres uma divindade chamada Ro de Varna, e num momento de grande expectativa, quando o grupo aguarda a chegada de seu senhor, que virá do outro mundo, o sociólogo, tomado pela ilusão coletiva, acredita encarnar Ro. No fim é internado num sanatório, onde continua a identificar-se com essa divindade e converte alguns pacientes, ao mesmo tempo que declara a um de seus antigos alunos estar verificando, como sociólogo, a facilidade com que se conquista o poder em tal comunidade. Aqui Lurie descreveu em termos contemporâneos plausíveis a metamorfose de um líder como Joseph Smith — e talvez também de Jesus como o Messias judeu, que, segundo os relatos do Evangelho, parece que em alguns momentos teve não as interrogações da psicologia moderna, porém certas dúvidas sobre sua missão divina e sua proteção celeste.

É possível imaginar que num momento de ambição e inspiração alguém que cresceu acreditando numa Divindade de repente se julgue porta-voz dessa Divindade; no entanto, embora eu sempre tente compreender os motivos das crenças alheias, procure entrar na cabeça de quem tem ideias diferentes das minhas, e embora perceba pelos manuscritos do mar Morto que o papel de um Messias judeu foi tenazmente construído de antemão e que Jesus pode ter sido designado para esse papel e concordado com sua designação, não consigo me identificar com o cristão que acredita que Jesus era na realidade o filho de Deus, enviado pelo Pai Celeste para nos conceder uma oportunidade de redimir nossos pecados através da crença no mito de seu papel divino-humano. Por que nunca duvidaríamos que somos governados por um Deus que criou uma humanidade tão falível que logo no início já contraiu o Pecado Original e cometeu crimes cujo perdão só seria possível depois que Deus gerou um filho numa virgem e sacrificou esse filho para nos salvar? Ao ser crucificado, como Jesus poderia redimir os pecados de seus meios-irmãos? A ideia de agradar a Deus com sacrifício animal ou humano é bem comum; e sei que é possível reconstituir, pelo estudo de outras mitologias, todos os elementos do cristianismo. Mas como é possível, nos dias de hoje, convencer seres humanos a investir nessa história? Parece-me um conto de fadas tão absurdo como o achou o rabino Trífon em seu diálogo com Justino, o Mártir — conquanto Justino obviamente não pretendia nos fazer concordar com o rabino —, como o mito grego de Zeus descendo sobre Dânae sob a forma de uma chuva de ouro para conceber Perseu. O máximo que consigo é entender que os sentimentos de culpa resultantes dos esforços imperfeitos para se viver de acordo com os padrões práticos impostos pelas exigências de uma sociedade específica em benefício de sua viabilidade pode levar alguém a imaginar-se perdoado pelo rebento meio humano de uma Divindade, que vê nossas vidas de um nível superior — ou seja, parece-me que, elevando-nos em alguns momentos a um nível superior, tornamo-nos capazes de perdoar a nós mesmos. Quanto ao resto, só consigo explicar a força do cristianismo, como a força de outras religiões, pela inocente credulidade da raça humana. E isso não é nada difícil para quem viu Stálin e Hitler exaltados como os salvadores de sociedades que eles estavam conduzindo à servidão ou à ruína.

* * *

Entretanto é preciso estabelecer uma distinção fundamental entre tiranos como Stálin e Hitler e os fundadores das grandes religiões. Eles tocaram necessidades muito diferentes; é impossível analisar a trajetória e a personalidade de Herodes, "o Grande", sem perceber as analogias com a trajetória e a personalidade de Stálin; e é interessante comparar o papel de Herodes ao de Jesus.

Como Stálin, Herodes não tinha o mesmo sangue da maioria de seus governados e, sabendo que estava numa situação precária, esforçou-se para menoscabar suas origens — assim como o georgiano Stálin não se mostrou benevolente em relação às nacionalidades minoritárias da União Soviética, a uma das quais ele próprio pertencia. Os pais de Herodes eram edomitas, e os edomitas estavam entre os inimigos hereditários dos judeus, seus vizinhos. Seu rei não permitiu que os judeus atravessassem seu território quando Moisés voltava do Egito; e mais tarde os edomitas foram subjugados por Davi, cujo general, Joab, segundo Reis permaneceu seis meses no país a fim de garantir o extermínio de toda a população masculina. E depois Roma elevou Herodes. Seu pai fora procurador da Judeia, e Herodes fora prefeito da Galileia. Após o cerco e a destruição de Jerusalém, defendida pelo último rei judeu asmoniano, Herodes mandou executar esse asmoneu; e mais tarde convenceu Augusto a dar-lhe o trono da Judeia. Para isso foi a Roma, e durante sua ausência os galileus se rebelaram e mataram seu irmão José; e Herodes nunca pôde ter certeza de que o povo não se ergueria contra ele também e não restauraria a dinastia asmoniana — assim como Stálin, pouco instruído e nada viajado, sempre odiou e temeu os velhos bolcheviques cosmopolitas, os quais mais tarde eliminou sistematicamente. A crônica de intriga palaciana, assassinato em família e escândalo sexual, registrada por Josefo, é complexa demais para resumi-la aqui. Um dado importante nessa história é o casamento de Herodes com a princesa asmoniana Mariamne. Consta que Herodes a amava. Ela era neta de um dos reis judeus e espezinhava a sogra e a cunhada por seu berço edomita inferior. Ao ausentar-se numa visita oficial, Herodes confiou-a a um cunhado chamado José, incumbindo-o de matá-la se ele não voltasse. Entretanto José contou isso a Mariamne, e quando retornou Herodes ficou sabendo de tudo e ainda ouviu de sua irmã que José fora amante de sua esposa. José foi executado, porém Mariamne continuou viva — até que, depois de mais uma ausência, o rei soube através da mãe e da irmã que a mulher pretendia envenená-lo e, instigado pela irmã, relutantemente mandou matar Mariamne, que estava então com 28 anos de idade. Torturado pelo remorso, adoeceu durante uma caçada na Samaria. Esperando que ele morresse, sua terrível sogra asmoniana tratou de assegurar o trono para si mesma; quando se recuperou e voltou à corte, Herodes tomou conhecimento de tudo e mandou executar a sogra também. Stálin igualmente suspeitava dos parentes da esposa que ele levou ao suicídio e os aprisionou ou exilou. E, como Stálin, Herodes se tornou cada vez mais desconfiado, cada vez mais louco e maligno. A mãe de Mariamne o convencera a transformar seu filho de dezesseis anos em sumo sacerdote; todavia, ao descobrir que isso elevara o moral dos judeus, o rei mandou afogar o jovem, submergindo-o no banho, durante um festim em Jericó. Agora os dois filhos que tivera com Mariamne voltaram de uma viagem a Roma e, sendo asmonianos por parte da mãe, conquistaram grande popularidade entre os judeus. Instigado pelo pai e ajudado pela tia, um filho de um casamento anterior de Herodes forjou cartas e arrancou confissões de escravos torturados para produzir provas de que seus meios-irmãos tinham planos sinistros em relação a Herodes. Ambos foram estrangulados. E o meio-irmão sobrevivente passou a tramar a morte do pai, o qual, ao saber disso, acorrentou-o no cárcere. Entrementes, já com seu poder solidificado, Herodes entrou em sua fase de esplendor: investiu generosamente em obras públicas, reconstruiu a arrasada Samaria — que Augusto lhe dera —, ergueu belos templos em homenagem a Augusto e empenhou-se em restaurar o Templo judaico em Jerusalém. No entanto não conseguiu apaziguar os judeus, pois ao mesmo tempo que favorecia suas instituições impunha-lhes os jogos olímpicos e as lutas de gladiadores com feras, que eram coisas de pagãos. Contratou mercenários da Germânia, Galácia e Trácia e reprimiu com extrema crueldade as conspirações contra ele. Uns jovens conduzidos por dois mestres da Lei tentaram arrancar uma águia romana da porta do Templo, em Jerusalém, e por causa disso foram queimados vivos. Nessa época o próprio Herodes literalmente se decompunha em função de uma doença da qual Josefo nos dá uma descrição horripilante. Ao saber, através dos Magos, que o Rei dos Judeus acabara de nascer, Herodes ordenou o massacre imediato de todos os meninos com menos de dois anos existentes em Belém e seus arredores — nossa única fonte abalizada dessa história é o Evangelho de Mateus, mas eis aí o tipo de coisa que o tirano da Judeia andava fazendo nessa época. Em dado momento tentou o suicídio; depois, quando descobriu que seu filho prisioneiro procurara subornar o carcereiro para que o libertasse, mandou executá-lo imediatamente. Temendo que os judeus não chorassem sua morte, encerrou numa arena alguns de seus homens mais ilustres e ordenou que os matassem todos quando ele morresse. No entanto sua irmã os libertou quando Herodes de fato morreu, cinco dias após o assassinato de seu filho.

Existe alguma lei de polarização pela qual uma vida como a de Herodes, uma época como aquela em que ele floresceu devam exigir e originar seu oposto — de tal modo que a insolência do edomita, tendo por trás as conquistas de Roma, é compensada em Belém pelo nascimento do Jesus que, tendo por trás um Deus judaico abrandado, procura perdoar, declarar a irmandade humana e liberar da ignomínia da competição criminosa os irmãos enlouquecidos? Já falei da belicosidade que deve ter permanecido parcialmente latente nas prédicas atribuídas a Jesus; mas outra mensagem também está aí, a mensagem que, embora mitificada, seria tão importante para o mundo. O reinado de Stálin na Rússia, ainda mais exterminador com seu moderno equipamento de destruição, produziu alguns resultados um pouco semelhantes. Boris Pasternak, o poeta judeu, criticou a tradição de seus ancestrais por não ter conseguido aceitar Jesus e, para consternação dos sucessores de Stálin, apresentou em *Doutor Jivago* uma grande reafirmação do que muitos ainda acatam como princípios cristãos. Svetlana Alliluyeva, filha de Stálin, rompeu com a União Soviética: repudiou o sistema mantido por seu pai e assumiu uma afiliação religiosa, fazendo-se batizar na proscrita Igreja ortodoxa grega. Svetlana só leu o livro de Pasternak quando o encontrou na Suíça, depois de deixar a Rússia; então, descobrindo que suas disposições eram substancialmente idênticas às do escritor, comoveu-se e fortaleceu-se com a leitura. Isso não significa, obviamente, que todo tirano, todo período de estupidez e brutalidade engendrou o ideal de um Jesus Cristo; no entanto parece que em tais situações às vezes se estimula uma contratendência à harmonia, à tolerância e à paz. As pequenas unidades comunistas autocontidas dos inícios do século XIX pretendiam realizar alguma coisa desse tipo. O fato de o comunismo ter se tornado agora o nome usado para designar um governo despótico e uma população escravizada, da mesma forma como a cristandade foi o nome usado para designar perseguições fanáticas e guerras exterminadoras, apenas mostra que o polo destrutivo sempre pode se impor novamente.

De qualquer modo é impressionante que, apesar das muitas discrepâncias e maravilhas taumatúrgicas existentes nos relatos sectários dos Evangelhos, apesar dos sinais manifestos da pressão de acontecimentos políticos sob a ocupação romana e da rebelião contra práticas corruptas e antiquadas prescrições oficiais do próprio judaísmo, no momento da história judaica em que Jesus viveu, o mito do semideus que tudo perdoa, sofre e redime tomasse forma após sua morte e perdurasse pelos séculos seguintes, coexistindo com aquele nome de Jesus pelo qual se justificaram tantos horrores e ódios e se mantiveram tantas desuniões; que ainda seja algo real para certas pessoas excepcionais — e com suas admoestações atormente muitas outras — que tentam adequar os próprios pensamentos e atos a esse obsessivo ideal projetado pela imaginação humana.

As incertezas e as incoerências, as palavras obscuras e as invocações místicas certamente foram fatores importantes para o sucesso do Novo Testamento, porque, como nos casos mais recentes dos textos de Nietzsche e Marx e Engels, prestam-se a uma variedade de interpretações.

APÊNDICE

INCLUÍ AQUI uma troca de correspondência com a publicação *Listener*, de Londres, a propósito de uma crítica anônima do livro de Millar Burrows sobre os manuscritos do mar Morto para exemplificar o tipo de controvérsia existente nesse campo bíblico. Note-se o tom arrogante do crítico, que nunca chega realmente a fundamentar todas as suas opiniões — e note-se também minha vontade de apoquentar um desses eruditos pretensiosos.

18 de outubro de 1956

Prezado Senhor. Creio que vale a pena comentar a resenha de *The Dead sea scrolls*, de Millar Burrows, que saiu publicada na *Listener*, apesar de ter saído já há bastante tempo, na edição de 16 de agosto. Entendo que deve ser difícil para um editor decidir o que fazer com esses livros sobre os manuscritos. Trata-se de um assunto novo, e mesmo entre especialistas em semítico poucos são os que o abordaram com algum grau de profundidade. O editor pode não saber quem é especialista e tenderá a entregar o último livro a qualquer professor ou clérigo que julgue ter algum conhecimento de hebraico. Os resultados às vezes são fantásticos. O crítico pode ser muito incompetente, porém com algumas referências de ar erudito que na verdade nada significam conseguirá intimidar o leitor, para o qual todo o campo do hebraico é quase com certeza remoto e obscuro. Disso o exemplo mais notável até agora é a resenha do livro do dr. Burrows publicada na *Listener*. Do começo ao fim é quase toda um disparate.

Tal resenha consiste de seis parágrafos, apenas um dos quais, o terceiro, realmente trata do livro em questão. Esse parágrafo dá um vago resumo de seu conteúdo.

Quanto ao resto, o primeiro parágrafo traça uma comparação, desfavorável para mim, entre o amplo estudo do dr. Burrows e meu breve livrinho popular sobre os manuscritos. Este último, diz seu crítico, "foi prejudicado pelas desastrosas tentativas de fazer sensacionalismo com alguns textos, em especial com a cópia de são Marcos do rolo de Isaías. Seus rudimentos de hebraico lhe forneceram uma base insuficiente para lidar com os problemas textuais das chamadas passagens cristológicas de Isaías". Quais foram essas tentativas de fazer sensacionalismo às quais meus recursos eram inadequados? Simplesmente uma referência a um artigo do dr. W. H. Brownlee — no *Bulletin of the American Schools of Oriental Research*, 132 — sobre a nova leitura dada na cópia do mosteiro de são Marcos a Isaías 52:11, no qual sugere que o grupo de caracteres ligeiramente distintos deva ser lido como uma forma do verbo *ungir*, para que seja a frase "Assim ungi seu semblante", em vez da ininteligível "Seu rosto estava tão desfigurado" do texto massorético. Isso, diz ele, corresponderia ao "Assim espargirá muitas nações", no começo do versículo seguinte.

No segundo parágrafo seu crítico afirma que os estudiosos americanos, dos quais fazia parte o dr. Burrows, que publicaram o Isaías de são Marcos "arbitrariamente ignoraram a diferença entre o *mem* (a letra *m*) final e inicial ou medial, sem saber como essa era vital para calcular a idade do manuscrito". Essa afirmação não tem o menor sentido. Os editores da publicação em pauta — *The Dead sea scrolls of st. Mark's monastery, Volume I* [Os manuscritos do mar Morto do mosteiro de são Marcos, Volume I] — não tiveram o ensejo de lidar com a questão do *mem*. Excetuando-se uma breve apresentação, o livro consiste basicamente de reproduções fotográficas das colunas de dois manuscritos e uma transcrição dos textos. O problema com as duas formas do *mem* é que o copista desse rolo de Isaías não seguiu invariavelmente a prática que se acabou adotando de escrever uma dessas formas no começo e no meio e a outra no fim das palavras.

Será que o crítico dos editores desse texto está lamentando o fato de eles não terem mantido a incoerência ao transcrevê-lo em caracteres modernos? E por que acusa o dr. Burrows de haver ignorado tal problema? O dr. Burrows discute-o longamente, com desenhos das várias formas do *mem*, no livro — páginas 91-4 — que o crítico estaria criticando. O dr. Burrows explica que, desejando atribuir aos manuscritos uma data mais recente, alguns estudiosos tentaram mostrar que a diferença entre as duas formas ainda não se estabelecera definitivamente no século II d.C. e apresenta vários argumentos que refutam essa teoria. Seu crítico não concorda com ele? Ou então do que se trata? E diz sobre os textos publicados: "Houve ainda uma porção de erros de transcrição, dos quais o mais espantoso é, talvez, *nethibhim* em lugar de *nethibhoth* (Isaías 43:20)". Em primeiro lugar a referência está errada: essa leitura ocorre em Isaías 43:19, e não 20. A questão aqui é que o manuscrito de são Marcos traz uma palavra que significa *vereda* em vez da que significa *cursos* constante da versão massorética. Tal palavra pode ser tanto masculina — *nathibh* — quanto feminina — *nethibhah* —, com plural nos dois gêneros *nethibhim* e *nethibhoth*. Bastam alguns rudimentos de hebraico (como os que o crítico me atribui) para olhar o manuscrito (na base da Lâmina XXXVI da reprodução) e ver que a palavra foi borrada de tal modo que não se pode decifrar o final. Os editores a transcreveram no masculino; porém depois um deles, John C. Trever, tirou outra foto dessa passagem com raios infravermelhos e concluiu que a palavra fora grafada na forma feminina (*Bulletin of the American Schools of Oriental Research*, 121). O que há de "espantoso" no fato de num estágio anterior o dr. Burrows ter-se decidido por *mem* e não por *taw*? Seu artigo sobre o manuscrito publicado no *Bulletin* de fevereiro de 1949 mostra que a princípio ele optara por *taw*. De qualquer modo até hoje ninguém tem muita certeza.

No quarto parágrafo o crítico lamenta o "ar de esterilidade espiritual" que "parece pairar sobre os textos dessa seita estranhamente confusa e desconcertante"; e diz que o livro do dr. Burrows deve "ser considerado como um trabalho provisório. Mostra-nos o quanto é provisório o fato de hoje sabermos que o que o professor Burrows e seus colegas chamaram há alguns anos de rolo de Lamec é na realidade uma paráfrase em aramaico [...] do Gênesis". O crítico parece ignorar que o chamado rolo de Lamec é o único documento da primeira caverna que só foi desenrolado recentemente. Estava tão grudado que não se podia manuseá-lo como os outros. Recebeu o nome de "rolo de Lamec" simplesmente porque se viu num fragmento solto uma referência a Lamec. Se seu crítico *sabia* disso, então só se pode explicar o comentário que fez como uma tentativa de confundir o leitor em relação à confiabilidade do dr. Burrows.

O quinto parágrafo consiste da seguinte reclamação: ao dedicar seu livro em aramaico ao professor C. C. Torrey, especialista nessa língua, o dr. Burrows cometeu dois erros. Lamento dizer que não estou habilitado a corrigir o aramaico do dr. Burrows. Se incorreu em dois erros porque, como afirma seu crítico, "debruçou-se demais sobre a versão siríaca (Peshitta) do Novo Testamento", não há dúvida de que se deveria chamar-lhe a atenção para eles. Nesse caso o professor Torrey teria se abstido de mencioná-los. No entanto o dr. Burrows ainda está vivo para notá-los — não morreu, como seu crítico imagina.

O sexto parágrafo lamenta que a edição inglesa do livro do dr. Burrows não foi impressa tipograficamente mas por fototipia e que é "um disparate pagar trinta xelins por um livro que contém 'tipos' borrados, letras quebradas e papel de má qualidade". Quanto a isso os editores já explicaram, em seu número de 23 de agosto, que, se tivesse sido impresso na Inglaterra, o livro custaria 45 xelins, e não trinta.

Atenciosamente,
Edmund Wilson

25 de outubro de 1956

Prezado senhor. Considerando que Edmund Wilson impugnou minha boa-fé e competência, cabe responder racionalmente a suas acusações. Passo a analisar, uma a uma, as questões que ele levanta.

1) *Mishhath*, “desfigurado”, no texto massorético, *versus mashahti*, “Ungi”, a nova leitura do Isaías de são Marcos (52:14, e *não* 11, como diz Wilson). Wilson assume uma atitude de inocência ofendida porque ousei criticar sua apropriação dos argumentos do artigo do dr. W. H. Brownlee sem submetê-los a um exame imparcial. Naturalmente eu devia ter percebido que Wilson não possui a bagagem necessária para fazer isso de forma adequada. Não é possível dominar em alguns anos — muito menos em alguns meses — o estudo dos problemas textuais da Bíblia hebraica. Se fosse versado nessa árdua matéria, Wilson teria avaliado os muitos obstáculos que se opõem à aceitação da nova leitura, com suas implicações cristológicas sensacionalistas.

O que afirmo é que a nova leitura contraria todo o espírito e o teor dos versículos 14-15 desse capítulo de Isaías. Temos aqui os sofrimentos e tribulações do Servo Sofredor. A inserção de uma frase como “Ungi” é inadequada, assim como o é *yazzeh*, “ele espargirá”, no versículo seguinte. O escriba que alterou o *mishhath* massorético para *mashahti* evidentemente ficou perplexo com *mishhath*. Não é surpreendente, pois trata-se de um *hapax legomenon*, quer dizer, ocorre apenas uma vez em toda a Bíblia hebraica. Como acontece com frequência, o escriba altera quando não entende. Assim, num momento de extrema irresponsabilidade, ele substituiu o texto massorético por *mashahti*. (Se fosse mais instruído, teria visto que *mishhath*, que nos primeiros tempos da transmissão da Bíblia hebraica naturalmente não possuía indicação de vogal, também admitia a leitura *mashaht(I)*, sem a inserção do *yōdh*, o “y”.) Ademais, ao ler *mashahti*, o escriba derivou a palavra do radical *mashah*, “ungir”, e não de *shahath*, “desfigurar, destruir”, se fora aceito o massorético *mishhath*. Em relação a isso posso mencionar também que a palavra *yazzeh*, “espargirá”, que ocorre no versículo seguinte (15) do capítulo 52 — e que, acompanhando o dr. Brownlee, Wilson adota —, é suspeita. É muito provável que essa palavra perdeu uma consoante — possibilidade que a Versão dos Setenta corrobora.

2) Assinalei que os editores falharam com seu dever não transcrevendo a forma exata do *mem* (a letra *m*) como a encontraram no manuscrito. Wilson diz:

> Essa afirmação não tem o menor sentido. Os editores da publicação em pauta — *The Dead sea scrolls of st. Mark's monastery, Volume I* — não tiveram o ensejo de lidar com a questão do *mem*.

Aqui Wilson exibe sua ignorância. Os editores do rolo de Isaías de são Marcos incluíram em sua edição não apenas fotos, mas também uma *transcrição* do texto tal como se encontra nas fotos, pelo que lhes cabia lidar com questões como a forma do *mem*. É evidente que Wilson não podia verificar a acurácia dessa transcrição. Se possuísse uma vaga noção de paleografia hebraica, teria reconhecido que os editores falharam com seu dever ao transcrever as fotos. Repetidas vezes — minha cópia comentada está repleta de exemplos — colocaram um *mem* final no fim da palavra, quando o original tinha a forma inicial (ou medial). Do mesmo modo, quando um *mem* final aparecia no meio da palavra, os editores colocaram a forma inicial. Uma falha tão séria para com seus deveres editoriais tinha de desorientar e confundir os estudiosos. Nenhum paleógrafo digno de tal nome ousaria alterar o texto de maneira tão afrontosa. Aqui é importantíssimo ter a forma correta da letra *mem*, pois essa peculiaridade ortográfica ajuda a estabelecer a data do manuscrito. Tal distinção não apresentaria dificuldades para os impressores. Em função dessa negligência por parte dos editores, todo o trabalho de transcrição terá de ser refeito.

3) A leitura *nethibhoth* em oposição a *nethibhim* em Isaías 43:19. Desde logo devo dizer que a forma *nethibhim*, que os editores adotaram e para a qual Wilson inutilmente procura encontrar uma sombra de confirmação, nunca existiu. Quando encontrei a transcrição *nethibhim* na edição fac-símile, imedia-

tamente a corrigi para *nethibhoth*. Nada poderia ser mais claro para o paleógrafo experiente em hebraico. Não foi surpresa para mim descobrir que autoridades como o professor W. F. Albright, de Baltimore, ou o professor de Boer, de Leiden, também perceberam essa falha, que notei sozinho. Wilson tenta atenuar o erro crasso de *nethibhim* argumentando que aqui há um borrão. Mas a tarefa do paleógrafo consiste em ler através do borrão. Nossos grandes editores conseguiram decifrar textos muito mais difíceis. O supremo absurdo dessa gafe ocorreu quando um professor dos Estados Unidos escreveu um artigo cheio de erudição porém inútil sobre essa forma, que existiu apenas na imaginação dos editores.

Ao sustentar que *nethibhim* é o plural de *nathibh* e *nethibhoth* é o plural de *nethibhah*, Wilson só pode provocar risos no especialista em hebraico. Na realidade, se a forma feminina *nethibhah* nunca tivesse existido, o plural de *nathibh* ainda seria *nethibhoth*. Nenhum esforço por parte de Wilson pode reabilitar uma forma tão desacreditada como *nethibhim*. Já que se põe a exibir seus conhecimentos da gramática hebraica, deveria saber que muitos termos masculinos em hebraico formam o plural com a terminação "feminina" *-oth*, enquanto muitas palavras femininas fazem o plural com a terminação masculina *-im*. Evidentemente Wilson tratou a gramática hebraica com os preconceitos que assimilou de sua educação clássica. Em latim e grego, com poucas exceções (como *poeta*, *nauta*), os masculinos têm terminação masculina e os femininos têm terminação feminina. Uma esquematização tão rígida não condiz com as línguas semíticas. Posso dizer que eu sabia muito bem que *nethibhoth* era uma variante textual de *neharoth* (uma forma curiosamente análoga a *nethibhoth* por ter a terminação "feminina" do plural acrescentada ao singular "masculino"). Mas eu estava discutindo a paleografia da palavra, não seu significado textual.

4) "O *rolo de Lamec*". Naturalmente eu sabia que esse manuscrito só foi desenrolado em época recente. Gostaria de advertir sobre o perigo de atribuir prematuramente a um documento desconhecido um rótulo como "O rolo de Lamec". Por causa

desse título muitos estudiosos acreditaram que continha o apócrifo perdido de Lamec. Uma denominação neutra ou menos comprometedora (por que não rolo X?) teria sido mais adequada.

5) O professor C. C. Torrey, o ilustre aramaísta — gostei de saber que ainda está vivo —, sem dúvida conseguirá descobrir por si mesmo os dois erros cometidos pelo professor Burrows (cujo conhecimento do aramaico judeu está longe de se encontrar) numa única linha de sua dedicatória.

Seu crítico

29 de novembro de 1956

Prezado senhor. Permita-me responder brevemente à resposta de seu crítico à minha resposta à resenha que ele fez do livro do professor Burrows, *The Dead sea scrolls*.

1) O novo manuscrito de Isaías, em 52:14, realmente traz *mashahti*. Seu crítico diz que isso se deve a "um momento de extrema irresponsabilidade" por parte do escriba que o copiou. O dr. Brownlee reconheceu perfeitamente que o escriba poderia ser responsável por essa leitura. O problema é que, mesmo que isso fosse verdade, pareceria indicar uma preocupação messiânica por parte da seita do mar Morto.

2) Não é necessário ter nem mesmo "uma vaga noção de paleografia hebraica" para perceber as várias formas de *mem* nos fac-símiles do Isaías do mar Morto publicados pelo dr. Burrows e por seus colegas. Por que seu crítico haveria de esperar que uma transcrição impressa reproduzisse as idiossincrasias da escrita desse documento?

3) Seu crítico afirma que a forma *nethibhim*, "para a qual Wilson inutilmente procura encontrar uma sombra de confirmação, nunca existiu". Minha sombra de confirmação está no dicionário de Gesenius, que traz os plurais masculino e feminino.

4) Quanto aos supostos erros de aramaico na dedicatória do dr. Burrows — por que seu crítico não nos diz quais são? —, o

professor Torrey, "o ilustre aramaísta" (como declara Seu crítico), não tomou conhecimento de sua existência, segundo eu soube.

Em minha carta anterior repreendi Seu crítico por fazer uma referência errada a Isaías. Agora ele assinala que a referência nessa carta a Isaías 52:11 deveria ser Isaías 52:14. Não sei como ocorreu tal erro. Em meu livro menciono o versículo correto. De qualquer modo, no tocante a referências incorretas a Isaías, agora Seu crítico e eu estamos quites.

Atenciosamente,
Edmund Wilson

13 de dezembro de 1956

Prezado senhor. A resposta de Wilson a minha carta, embora escrita num estilo bem mais brando que seu ataque original, demanda resposta.

1) Ele vai longe demais ao dizer que "uma preocupação messiânica por parte da seita do mar Morto" foi responsável pelo absurdo *mashahti*, "ungi". (Cabe notar, aliás, que o entusiasmo de Wilson por essa nova leitura arrefeceu bastante desde que escreveu seu livro.) A seita devia respeitar demais o caráter sagrado do texto da Bíblia hebraica para alterá-lo deliberadamente. O escriba responsável pela cópia de são Marcos do rolo de Isaías pode muito bem ter adotado a leitura feita por alguém que não tinha ligação com a seita.

2) Wilson mantém-se estranhamente insensível aos méritos de uma transcrição acurada e douta de um texto antigo tão importante quanto a Bíblia hebraica. Se tivessem reproduzido as peculiaridades ortográficas do *mem* inicial e final, os editores teriam ganho a eterna gratidão dos hebraístas. Para reforçar meu argumento, vou tomar um exemplo de outro campo da literatura, com o qual Wilson está mais familiarizado. Se um estudioso americano ou inglês deixasse de notar uma variante or-

tográfica significativa e recorrente em sua transcrição de um manuscrito original de Dryden ou Pope, com certeza Wilson seria o primeiro a criticar uma violação tão flagrante das normas acadêmicas.

3) Quanto à forma *nethibhim*, que não consta da Bíblia hebraica, Wilson nos diz que o dicionário de Gesenius traz os plurais masculino e feminino. Ao ler isso, algumas pessoas poderão pensar que a Bíblia hebraica contém o masculino plural *nethibhim*. Mas isso está definitivamente errado. Talvez Wilson nos dê a referência exata. Não consegui encontrar essa forma nem na edição inglesa de Gesenius, feita por Brown, Driver e Briggs, nem na 17ª edição alemã, de Buhl. Pode ser que algumas edições mais antigas de Gesenius tragam *nethibhim*, uma forma que se encontra na literatura rabínica, porém em nenhum lugar da Bíblia hebraica.

4) Wilson torna a pedir detalhes dos erros existentes na primeira linha da dedicatória que o professor Millar Burrows redigiu em seu próprio aramaico judeu. A princípio hesitei em fornecê-los, pois envolveriam uma discussão extremamente técnica. Todavia, como Wilson insiste tanto e como o professor Torrey, que não pôde encontrar nenhuma falha na dedicatória, infelizmente faleceu depois que Wilson escreveu sua carta, devo fazer o possível para responder-lhe.

O que o professor Burrows fez foi retraduzir para o aramaico judeu as partes pertinentes de Mateus 13:52 da tradução de Torrey, *The four Gospels* [Os quatro Evangelhos], baseada num suposto original aramaico (um brinquedo caro ao professor, que o usou demais). Torrey traduz: [A] "homem de letras que recebeu o ensinamento do reino do céu" [e] "é como um chefe de família etc." O professor Burrows retraduz da seguinte maneira: *Saphera di meth'allaph le-malkhuth shemayya dame' le-ghabhra* etc. O que está errado é a forma verbal *meth'allaph*. Uma autoridade do porte do falecido Gustaf Dalman, mestre em aramaico (ver seu *Die worte Jesus*, [As palavras de Jesus], segunda edição, Leipzig, 1930, página 87), afirma que no aramaico judeu não existe verbo equivalente a *matheteutheis* (o termo pertinente no Novo Testamento grego). O único modo de traduzi-lo para o aramaico judeu é através de uma paráfrase, como, por exemplo: [*Kol*] *saphera de-hu' thalmidh le-* (ou *be-*) *malkhutha dhi-shmayya.*

Wilson tem toda a liberdade de experimentar sua pontinha de satisfação ao me acusar de uma referência errada, o que em sua opinião nos deixa quites. Irrefletidamente escrevi "Isaías 43:20", ao invés de "19", pois o final do versículo 19 e o começo do 20 apareciam na mesma linha na edição fac-símile. Isso explica meu pecado, se não o perdoa.

Seu crítico

5 de janeiro de 1957

A carta seguinte foi escrita na data mencionada. Não consegui descobrir se foi publicada.

Prezado senhor. Em segunda réplica à réplica de seu crítico a meu protesto contra a resenha que elaborou do livro *The Dead sea scrolls*, de Millar Burrows.

1. Meu "entusiasmo" pela leitura *mashahti* em Isaías 52:11 não "arrefeceu" nem um pouco — se assim cabe dizer. O que parece ter arrefecido é o entusiasmo de seu crítico pela ideia anterior de que o escriba do mar Morto registrou *mashahti* "num momento de extrema irresponsabilidade". Agora ele declara que a seita do mar Morto "devia respeitar demais o caráter sagrado do texto da Bíblia hebraica para alterá-lo deliberadamente". Não sei o que quer dizer com isso. Que texto? Numerosos textos divergentes de vários livros da Bíblia foram encontrados entre os manuscritos do mar Morto. De qualquer modo o crítico admite que alguém possa ter feito um texto que diverge do massorético, quando diz que a leitura no Isaías de são Marcos pode ter ocorrido antes de o texto chegar à seita.

2. Continua sendo inteiramente ridículo em relação ao fato de Burrows não ter chamado a atenção para as várias formas de *mem* em sua edição das reproduções fotográficas do rolo de

Isaías de são Marcos. O volume em que essas figuravam não continha nenhum aparato acadêmico. A analogia entre o procedimento para lidar com o manuscrito de Isaías e o procedimento para lidar com um manuscrito de Dryden ou Pope não podia ser mais infeliz. Ao publicar um fac-símile de um manuscrito do século XVII ou XVIII, acompanhado de uma transcrição impressa, com certeza não se imprimiriam os *ss* longos.

3. O masculino plural *nethibhim* figura na página 709 de minha edição inglesa de Gesenius (Boston, 1844). O crítico admite que essa forma ocorre na literatura rabínica. Com isso quer dizer que qualquer forma que não se encontre na Bíblia massorética nunca poderia ocorrer em qualquer outro texto, que todas as inflexões possíveis das palavras hebraicas estão contidas na Bíblia massorética?

4. A questão da correção do aramaico da dedicatória de Burrows a Torrey parece vir em auxílio de seu crítico da autoridade de um especialista contra a de outro — estando hoje ambos mortos. Porém mesmo com o apoio de "uma autoridade do porte do falecido Gustaf Dalman" seu crítico é decepcionante. Prometeu-nos *dois* erros cometidos pelo professor Burrows e demonstrou apenas um. O crítico interpola *kol* em sua versão corrigida, mas não insiste no erro de sua omissão.

Atenciosamente,
Edmund Wilson

ÍNDICE REMISSIVO

Edmund Wilson nasceu em Red Bank, Nova Jersey, em 1895, e morreu em 1972. Figura decisiva na vida intelectual norte-americana, esteve entre os primeiros a saudar autores como Joyce, Fitzgerald e Hemingway. Crítico ativo até o fim da vida, assinou também várias obras de história das ideias. Escreveu, entre outros, *Os anos vinte*, *O castelo de Axel*, *Memórias do condado de Hecate*, *Onze ensaios* e *Rumo à estação Finlândia*, todos publicados pela Companhia das Letras.

COMPANHIA DE BOLSO

Jorge AMADO
Capitães da areia
Hannah ARENDT
Homens em tempos sombrios
Philippe ARIÈS, Roger CHARTIER (Orgs.)
História da vida privada 3 — Da Renascença ao Século das Luzes
Karen ARMSTRONG
Uma história de Deus
Paul AUSTER
O caderno vermelho
Marshall BERMAN
Tudo que é sólido desmancha no ar
David Eliot BRODY, Arnold R. BRODY
As sete maiores descobertas científicas da história
Jacob BURCKHARDT
A cultura do Renascimento na Itália
Italo CALVINO
O cavaleiro inexistente
Fábulas italianas
Por que ler os clássicos
Bernardo CARVALHO
Nove noites
Jorge G. CASTAÑEDA
Che Guevara: a vida em vermelho
Ruy CASTRO
Chega de saudade
Mau humor
Louis-Ferdinand CÉLINE
Viagem ao fim da noite
Jung CHANG
Cisnes selvagens
Catherine CLÉMENT
A viagem de Théo
Joseph CONRAD
Coração das trevas
Nostromo
Charles DARWIN
A expressão das emoções no homem e nos animais
Jean DELUMEAU
História do medo no Ocidente
Georges DUBY (Org.)
História da vida privada 2 — Da Europa feudal à Renascença
Rubem FONSECA
Agosto
A grande arte
Meyer FRIEDMAN, Gerald W. FRIEDLAND
As dez maiores descobertas da medicina
Jostein GAARDER
O dia do Curinga
Jostein GAARDER, Victor HELLERN, Henry NOTAKER
O livro das religiões
Fernando GABEIRA
O que é isso companheiro?
Luiz Alfredo GARCIA-ROZA
O silêncio da chuva
Eduardo GIANNETTI
Auto-engano
Vícios privados, benefícios públicos?
Edward GIBBON
Declínio e queda do Império Romano
Carlo GINZBURG
O queijo e os vermes
Marcelo GLEISER
A dança do Universo
Tomás Antônio GONZAGA
Cartas chilenas
Philip GOUREVITCH
Gostaríamos de informá-lo de que amanhã seremos mortos com nossas famílias

Milton HATOUM

Dois irmãos

Relato de um certo Oriente

Eric HOBSBAWM

O novo século

Albert HOURANI

Uma história dos povos árabes

Henry JAMES

Os espólios de Poynton

Retrato de uma senhora

Ismail KADARÉ

Abril despedaçado

Franz KAFKA

O castelo

O processo

John KEEGAN

Uma história da guerra

Amyr KLINK

Cem dias entre céu e mar

Jon KRAKAUER

No ar rarefeito

Milan KUNDERA

A identidade

A insustentável leveza do ser

O livro do riso e do esquecimento

Danuza LEÃO

Na sala com Danuza

Paulo LINS

Cidade de Deus

Claudio MAGRIS

Danúbio

Naghib MAHFOUZ

Noites das mil e uma noites

Javier MARÍAS

Coração tão branco

Heitor MEGALE (Org.)

A demanda do Santo Graal

Evaldo Cabral de MELLO

O nome e o sangue

Patrícia MELO

O matador

Jack MILES

Deus: uma biografia

Ana MIRANDA

Boca do Inferno

Vinicius de MORAES

Livro de sonetos

Antologia poética

Fernando MORAIS

Olga

Vladimir NABOKOV

Lolita

Friedrich NIETZSCHE

Além do bem e do mal

Ecce homo

Genealogia da moral

Humano, demasiado humano

O nascimento da tragédia

Adauto NOVAES (Org.)

Ética

Michael ONDAATJE

O paciente inglês

Malika OUFKIR, Michèle FITOUSSI

Eu, Malika Oufkir, prisioneira do rei

Amós OZ

A caixa-preta

José Paulo PAES (Org.)

Poesia erótica em tradução

Michelle PERROT (Org.)
História da vida privada 4 — Da Revolução Francesa à Primeira Guerra

Fernando PESSOA
Livro do desassossego
Poesia completa de Alberto Caeiro
Poesia completa de Álvaro de Campos
Poesia completa de Ricardo Reis

Décio PIGNATARI (Org.)
Retrato do amor quando jovem

Edgar Allan POE
Histórias extraordinárias

Antoine PROST, Gérard VINCENT (Orgs.)
História da vida privada 5 — Da Primeira Guerra a nossos dias

Darcy RIBEIRO
O povo brasileiro

Edward RICE
Sir Richard Francis Burton

João do RIO
A alma encantadora das ruas

Philip ROTH
Adeus, Columbus
O avesso da vida

Elizabeth ROUDINESCO
Jacques Lacan

Arundhati ROY
O deus das pequenas coisas

Salman RUSHDIE
Os versos satânicos

Oliver SACKS
Um antropólogo em Marte

Carl SAGAN
Bilhões e bilhões
Contato
O mundo assombrado pelos demônios

Edward W. SAID
Orientalismo

José SARAMAGO
O Evangelho segundo Jesus Cristo
O homem duplicado
A jangada de pedra

Arthur SCHNITZLER
Breve romance de sonho

Moacyr SCLIAR
A majestade do Xingu
A mulher que escreveu a Bíblia

Dava SOBEL
Longitude

Susan SONTAG
Doença como metáfora / AIDS e suas metáforas

I. F. STONE
O julgamento de Sócrates

Drauzio VARELLA
Estação Carandiru

Caetano VELOSO
Verdade tropical

Erico VERISSIMO
Clarissa
Incidente em Antares

Paul VEYNE (Org.)
História da vida privada 1 — Do Império Romano ao ano mil

XINRAN
As boas mulheres da China

Edmund WILSON
Os manuscritos do mar Morto
Rumo à estação Finlândia

Esta obra foi composta pela Verba Editorial em Janson Text
e impressa em processo sob demanda pela Um Livro sobre
papel Offwhite para a Editora Schwarcz a partir de 2025